长江三峡工程
文物保护项目 报告

乙种第十八号

秭归陶家坡

国务院三峡工程建设委员会办公室
国家文物局 编著

科学出版社

内 容 简 介

本书全面系统地介绍了湖北省秭归县陶家坡墓葬群2004～2007年的发掘成果。该墓群是配合三峡水利枢纽工程建设的一处重要考古发掘项目。其延续时间为汉代—明清时期，本书分别介绍了该地区各个历史时期的墓葬，对不同时期的墓葬进行了分期排队，早晚关系明确，时代脉络清晰。

本书可供从事考古学、历史学、人类学研究的学者及广大爱好者阅读、参考。

图书在版编目(CIP)数据

秭归陶家坡/国务院三峡工程建设委员会办公室，国家文物局编著．
—北京：科学出版社，2010

（长江三峡工程文物保护项目报告．乙种；18）
ISBN 978-7-03-029272-8

Ⅰ．①秭… Ⅱ．①国…②国… Ⅲ．①墓葬（考古）–发掘报告–秭归县
Ⅳ．①K878.8

中国版本图书馆CIP数据核字(2010)第202475号

责任编辑：闫向东　王光明／责任校对：陈玉凤
责任印制：赵德静／封面设计：黄华斌

科学出版社 出版
北京东黄城根北街16号
邮政编码：100717
http://www.sciencep.com

中国科学院印刷厂 印刷
科学出版社发行　各地新华书店经销

*

2010年12月第 一 版　开本：A4(880×1230)
2010年12月第一次印刷　印张：10 1/4　插页：21
印数：1—1 500　　字数：259 000

定价：168.00元
（如有印装质量问题，我社负责调换）

Reports on the Cultural Relics Conservation
in the Three Gorges Dam Project
B(site report) Vol.18

The Taojiapo Site in Zigui, Hubei

State Council Three Gorges Project Construction Committee Executive Office
&
State Administration of Cultural Heritage People's Republic of China

Science Press

长江三峡工程文物保护项目报告

湖北库区编委会

主　　任　张　通

副主任　杜建国

编　　委　汪元良　沈海宁　杨德菊　吴宏堂
　　　　　黎朝斌　陈振裕　邢　光　梁今辉
　　　　　王风竹　包东波　孟华平

总　　编　沈海宁

副总编　黎朝斌　王风竹

长江三峡工程文物保护项目报告

乙种第十八号

《秭归陶家坡》

主　编

黄大建　袁　虹

项目承担单位

咸宁市博物馆

目 录

壹 前言 ·· (1)
    一、地理环境及墓葬区域位置 ································· (1)
    二、工作概况 ·· (2)
    三、资料整理与报告编写 ······································ (2)

贰 汉代墓葬 ·· (4)
    一、概述 ··· (4)
    二、墓葬介绍 ·· (5)
        （一）砖室墓 ··· (5)
        （二）石室墓 ··· (8)
    三、分期与年代 ··· (15)
    四、小结 ·· (16)

叁 六朝墓葬 ·· (17)
    一、概述 ··· (17)
    二、墓葬介绍 ·· (20)
        （一）砖室墓 ··· (20)
        （二）石室墓 ··· (50)
        （三）砖石合筑墓 ·· (54)
        （四）洞室墓 ··· (60)
        （五）土坑墓 ··· (63)
    三、分期与年代 ··· (63)
        （一）随葬品 ··· (63)
        （二）墓砖 ··· (67)
    四、小结 ·· (72)

肆 唐宋墓葬 ·· (73)
    一、概述 ··· (73)
    二、墓葬介绍 ·· (75)

（一）砖室墓 ………………………………………………………………………………（75）
　　（二）砖石合筑墓 …………………………………………………………………………（79）
　　（三）土坑墓 ………………………………………………………………………………（81）
　三、分期与年代 …………………………………………………………………………………（114）
　四、小结 …………………………………………………………………………………………（118）

伍　明清墓葬 ………………………………………………………………………………………（119）
　一、概述 …………………………………………………………………………………………（119）
　二、墓葬介绍 ……………………………………………………………………………………（120）
　三、小结 …………………………………………………………………………………………（143）

陆　结语 ……………………………………………………………………………………………（144）

插 图 目 录

图一	陶家坡墓地位置图	(1)
图二	陶家坡墓葬分布示意图	(3)
图三	M1 平、剖面图	(6)
图四	M2 平、剖面图	(7)
图五	M5 平、剖面图	(8)
图六	M5 出土器物	(9)
图七	M3 平、剖面图	(10)
图八	M3 出土器物	(10)
图九	M4 平、剖面图	(插页)
图一〇	M4 出土器物	(11)
图一一	M89 平、剖面图	(13)
图一二	M90 平、剖面图	(13)
图一三	M90 出土器物	(14)
图一四	M91 平、剖面图	(14)
图一五	M91 出土器物	(15)
图一六	M35 平、剖面图	(20)
图一七	M35 墓砖拓片	(21)
图一八	M35 出土器物	(22)
图一九	M38 平、剖面图	(插页)
图二〇	M38 出土器物	(23)
图二一	M39 平、剖面图	(24)
图二二	M39 墓砖拓片	(24)
图二三	M39 出土器物	(25)
图二四	M42 平、剖面图	(26)
图二五	M42 墓砖拓片	(27)
图二六	M42 出土器物	(28)
图二七	M43 平、剖面图	(29)
图二八	M43 墓砖拓片	(30)
图二九	M43 出土器物	(31)
图三〇	M46 平、剖面图	(32)

图三一	M46 出土器物	(33)
图三二	M47 平、剖面图	(34)
图三三	M47 墓砖拓片	(34)
图三四	M47 出土器物	(35)
图三五	M48 平、剖面图	(35)
图三六	M49 平、剖面图	(36)
图三七	M50 平、剖面图	(36)
图三八	M50 墓砖拓片	(37)
图三九	M63 平、剖面图	(38)
图四〇	M63 墓砖拓片	(39)
图四一	M63 出土器物	(40)
图四二	M66 平、剖面图	(41)
图四三	M66 墓砖拓片	(42)
图四四	M66 出土器物	(43)
图四五	M72 平、剖面图	(44)
图四六	M72 出土器物	(44)
图四七	M76 平、剖面图	(45)
图四八	M76 墓砖拓片	(45)
图四九	M76 出土器物	(46)
图五〇	M82 平、剖面图	(48)
图五一	M82 墓砖拓片	(49)
图五二	M82 出土器物	(50)
图五三	M31 平、剖面图	(51)
图五四	M37 出土器物	(52)
图五五	M75 平、剖面图	(53)
图五六	M75 出土器物	(54)
图五七	M30 平、剖面图	(插页)
图五八	M30 墓砖拓片	(55)
图五九	M30 出土器物	(56)
图六〇	M65 平、剖面图	(58)
图六一	M65 出土器物	(59)
图六二	M15 平、剖面图	(61)
图六三	M15 出土器物	(62)
图六四	M56 平、剖面图	(63)
图六五	M56 出土瓷钵（M56:1）	(63)
图六六	东晋早期墓砖拓片	(68)

图六七	东晋中期墓砖拓片	(69)
图六八	东晋晚期墓砖拓片	(70)
图六九	南朝早期墓砖拓片	(71)
图七〇	南朝晚期墓砖拓片	(72)
图七一	M7 平、剖面图	(76)
图七二	M7 出土器物	(77)
图七三	M8 平、剖面图	(78)
图七四	M9 平、剖面图	(79)
图七五	M36 平、剖面图	(80)
图七六	M36 出土器物	(80)
图七七	M17 出土器物	(82)
图七八	M18 平、剖面图	(83)
图七九	M18 出土瓷罐（M18∶1）	(84)
图八〇	M20 平、剖面图	(85)
图八一	M20 出土瓷罐（M20∶1）	(85)
图八二	M22 平、剖面图	(85)
图八三	M22 出土器物	(86)
图八四	M23 平、剖面图	(87)
图八五	M23 出土铜镜（M23∶1）	(87)
图八六	M24 平、剖面图	(88)
图八七	M24 出土瓷罐（M24∶1）	(88)
图八八	M25 平、剖面图	(88)
图八九	M26 平、剖面图	(89)
图九〇	M26 出土器物	(89)
图九一	M27 平、剖面图	(89)
图九二	M27 出土器物	(90)
图九三	M28 平、剖面图	(91)
图九四	M28 出土器物	(91)
图九五	M29 平、剖面图	(92)
图九六	M29 出土器物	(92)
图九七	M33 平、剖面图	(92)
图九八	M33 出土瓷碗（M33∶1）	(92)
图九九	M40 平、剖面图	(93)
图一〇〇	M40 出土器物	(94)
图一〇一	M41 平、剖面图	(94)
图一〇二	M41 出土器物	(95)

图一〇三	M44 平、剖面图	(96)
图一〇四	M44 出土器物	(97)
图一〇五	M45 平、剖面图	(97)
图一〇六	M45 出土器物	(98)
图一〇七	M51 平、剖面图	(98)
图一〇八	M51 出土瓷盏（M51∶1）	(98)
图一〇九	M52 平、剖面图	(99)
图一一〇	M53 平、剖面图	(100)
图一一一	M53 出土瓷盏（M53∶1）	(100)
图一一二	M54 平、剖面图	(101)
图一一三	M54 出土器物	(101)
图一一四	M55 平、剖面图	(102)
图一一五	M55 出土器物	(103)
图一一六	M57 平、剖面图	(103)
图一一七	M57 出土铜钱（M57∶1）	(103)
图一一八	M58 平、剖面图	(104)
图一一九	M58 出土器物	(105)
图一二〇	M59 平、剖面图	(106)
图一二一	M59 出土石斧（M59∶1）	(106)
图一二二	M68 平、剖面图	(107)
图一二三	M68 出土器物	(107)
图一二四	M70 平、剖面图	(108)
图一二五	M70 出土瓷碗（M70∶1）	(109)
图一二六	M71 平、剖面图	(109)
图一二七	M71 出土瓷罐（M71∶1）	(110)
图一二八	M77 平、剖面图	(110)
图一二九	M77 出土铜钱（M77∶1）	(111)
图一三〇	M80 平、剖面图	(111)
图一三一	M80 出土器物	(111)
图一三二	M83 平、剖面图	(112)
图一三三	M83 出土器物	(113)
图一三四	M85 平、剖面图	(113)
图一三五	M85 出土瓷盘（M85∶1）	(113)
图一三六	M87 平、剖面图	(113)
图一三七	M6 平、剖面图	(121)
图一三八	M10 平、剖面图	(122)

图一三九	M11 平、剖面图	(123)
图一四〇	M12 平、剖面图	(124)
图一四一	M13 平、剖面图	(124)
图一四二	M14 平、剖面图	(125)
图一四三	M16 平、剖面图	(126)
图一四四	M19 平、剖面图	(127)
图一四五	M21 平、剖面图	(127)
图一四六	M32 平、剖面图	(128)
图一四七	M34 平、剖面图	(129)
图一四八	M60 平、剖面图	(130)
图一四九	M61 平、剖面图	(131)
图一五〇	M62 平、剖面图	(132)
图一五一	M62 出土器物	(133)
图一五二	M64 平、剖面图	(133)
图一五三	M67 平、剖面图	(133)
图一五四	M69 平、剖面图	(134)
图一五五	M73 平、剖面图	(135)
图一五六	M74 平、剖面图	(135)
图一五七	M78 平、剖面图	(136)
图一五八	M79 平、剖面图	(137)
图一五九	M81 平、剖面图	(138)
图一六〇	M84 平、剖面图	(139)
图一六一	M86 平、剖面图	(140)
图一六二	M88 平、剖面图	(140)
图一六三	M92 平、剖面图	(141)
图一六四	M93 平、剖面图	(142)

插 表 目 录

表一	陶家坡汉代墓葬一览表	(4)
表二	陶家坡六朝墓葬一览表	(17)
表三	陶家坡六朝墓葬主要随葬品型式组合关系表	(64)
表四	陶家坡六朝墓葬典型随葬品分期表	(65)
表五	陶家坡唐宋墓葬一览表	(73)
表六	陶家坡唐宋墓出土铜钱登记表	(114)
表七	陶家坡唐宋典型墓葬随葬品型式组合关系表	(116)
表八	陶家坡唐宋典型墓葬随葬品分期表	(118)
表九	陶家坡明清墓葬一览表	(119)

彩 版 目 录

彩版一　陶家坡墓地
彩版二　汉代器物
彩版三　六朝墓葬
彩版四　六朝瓷器
彩版五　六朝器物
彩版六　六朝饰件
彩版七　唐宋瓷器
彩版八　唐宋器物

图 版 目 录

图版一　汉代墓葬
图版二　汉代墓葬
图版三　汉代墓葬
图版四　汉代器物
图版五　六朝墓葬
图版六　六朝墓葬
图版七　六朝墓葬
图版八　六朝墓葬
图版九　六朝墓葬
图版一〇　六朝墓砖
图版一一　六朝瓷器
图版一二　六朝瓷器
图版一三　六朝瓷器
图版一四　六朝器物
图版一五　唐宋墓葬
图版一六　唐宋墓葬
图版一七　唐宋墓葬
图版一八　唐宋墓葬
图版一九　唐宋瓷罐
图版二〇　唐宋瓷罐
图版二一　唐宋瓷器
图版二二　唐宋瓷器
图版二三　唐宋瓷器
图版二四　唐宋器物
图版二五　明清墓葬
图版二六　明清墓葬
图版二七　明清墓葬

壹 前 言

一、地理环境及墓葬区域位置

陶家坡位于湖北省秭归县归州镇，原秭归县治所在地，中心地理坐标为北纬30°58′55″，东经110°43′24″。

秭归县地处湖北西部长江西陵峡两岸，系巫山余脉，北倚兴山县，南靠长阳土家族自治县，东临宜昌县，西与巴东县接壤，长江自西向东贯穿全境，境内绝大部分面积为高山区和半高山区，群山耸立，层峦叠嶂，长江两岸及其支流有许多发育较好的阶地。这里属亚热带大陆性气候，温暖湿润，雨量充足，四季分明，土地肥沃，植被丰富茂盛，是人们栖息生活的理想场所，考古调查结果表明，从新石器时代开始，长江两岸及其支流的台地上就分布有许多古代遗址和墓葬。通过考古工作者几十年的努力，三峡地区古代文化发展序列基本清晰，反映三峡地区古代环境、部落关系、人群迁徙、劳作生活、埋葬习俗等方面的资料逐步增多。

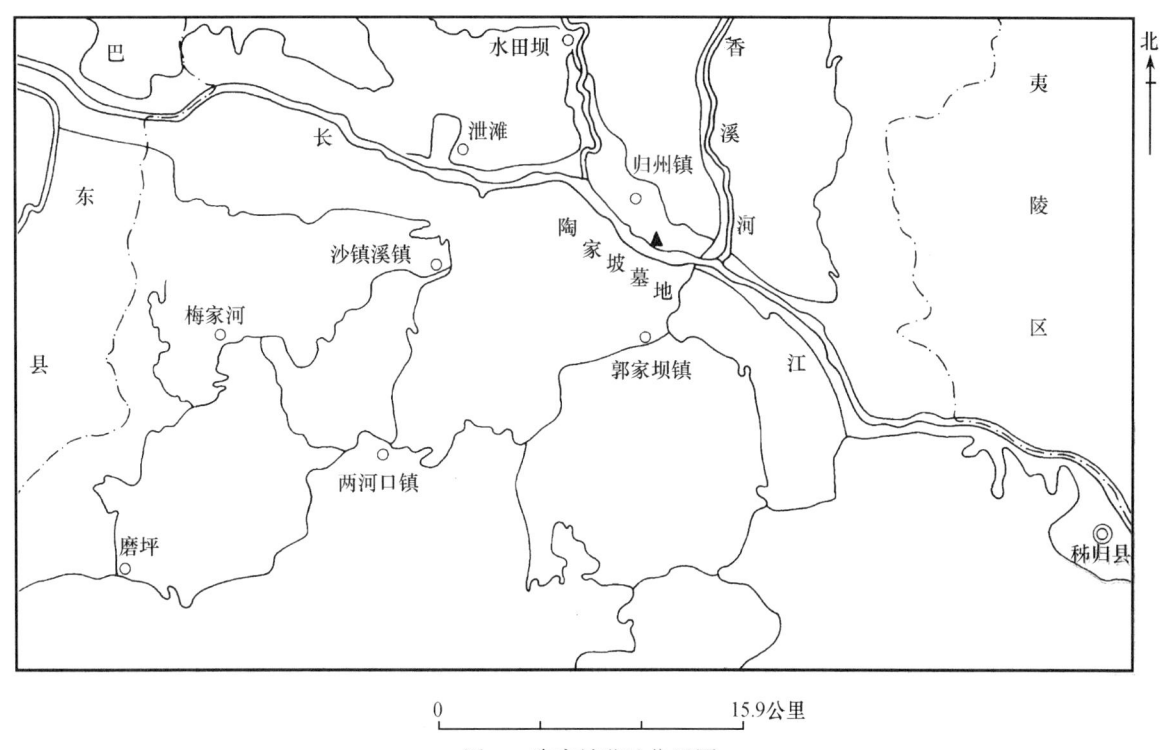

图一 陶家坡墓地位置图

陶家坡墓地位于长江北岸，现归州镇西南的缓坡阶地上，搬迁前的屈原庙就建在这里，这一带坡势平缓，黄土堆积较厚，背山临水，自然条件较好，镇的东面是长江的一大支流香溪河的入江口，江对面是郭家坝镇，这一带是秭归古代文化遗存最丰富的区域之一（图一；彩版一，1）。

二、工作概况

秭归陶家坡由于地理位置和自然条件较好，自古以来都是人们生活劳作的好地方，著名的屈原庙就坐落在这里。50年代以来，在山地改造和人们的生产劳动中，经常发现古代墓葬，秭归县文物部门也在这一带清理过一些残墓。

1992年，第七届全国人民代表大会第五次会议通过了兴建长江三峡水利水枢纽工程的决议，对三峡工程淹没区的文物进行彻底调查和保护。文物部门对175米水位线以下的区域及迁建区内进行了深入细致的调查和勘探工作，基本上掌握了三峡坝区和淹没区的文物数量、分布状况和保存情况，在确定的800多处文物点中，秭归县有100余处，陶家坡墓地就是其中一处比较重要的文物点。

2004年3月，根据湖北省三峡工程文物保护领导小组的统一安排，咸宁市博物馆承担了秭归陶家坡墓地的考古发掘工作，湖北省考古研究所周国平担任领队，从2004~2007年，陶家坡墓地的发掘先后进行了4次，总共发掘面积5500平方米，发掘汉~明清墓葬93座，共出土随葬品200多件。我们将陶家坡的墓葬分三个区域进行发掘，2004年为Ⅰ区，发掘面积1000平方米，发掘区域位于屈原祠以东罗家槽附近，在海拔120~140米之间布10米×10米探方10个，发掘墓葬9座。参加发掘的人员有黄大建、杜峰、袁虹、丁伟、徐刚、范江欧美。2005年发掘面积1000平方米，发掘区域为Ⅲ区，位于屈原祠西下方，原秭归旅游码头处，在海拔130~165米之间布10米×10米探方10个，发掘墓葬37座。参加发掘的人员有黄大建、袁虹、丁伟、徐刚、王清槐、陈安宁、王成武。2006年发掘面积2000平方米，与2007年1500平方米合为一次发掘，发掘区域为Ⅱ区，位于屈原祠东面，在海拔140~175米之间布10米×10米探方35个，发掘墓葬47座。参加发掘人员有黄大建、袁虹、丁伟、徐刚、吴爱民（图二；彩版一，2）。

三、资料整理与报告编写

2004年7~9月，咸宁市博物馆组织专业人员对当年在陶家坡发掘的9座墓进行了资料整理工作，考古发掘简报发表在《湖北库区考古报告集》第四卷，袁虹负责整个简报的编写，执笔黄大建、袁虹，墓葬形制图由丁伟、徐刚完成，出土器物图的描绘由马小娇完成，文物修复工作由袁虹完成。由于陶家坡墓地墓葬分布较密集，且延续时间长，2005年湖北省三峡工程文物保护办公室又在陶家坡安排发掘面积1000平方米，发掘墓葬37座。2006年和2007年分别追

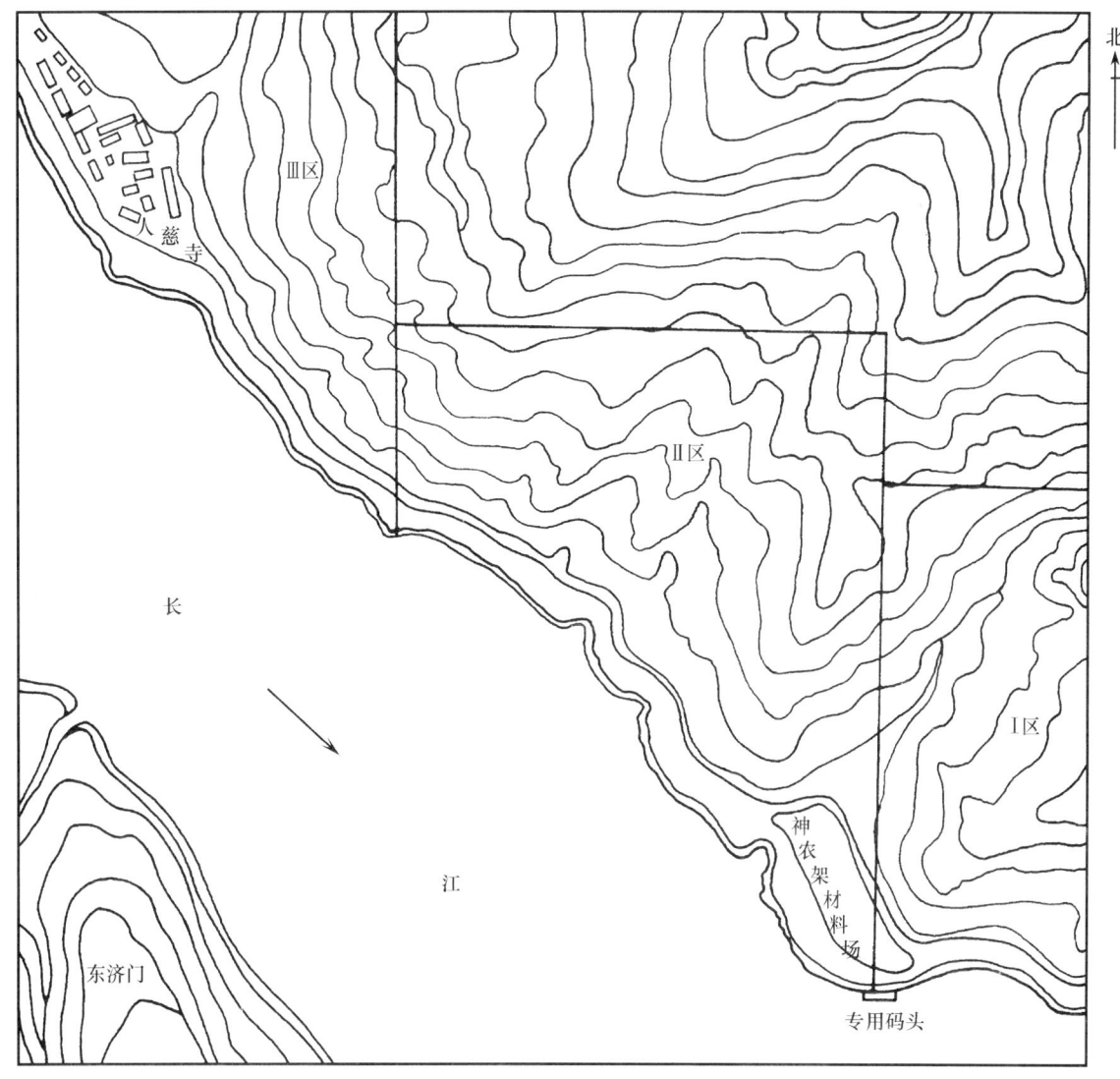

图二　陶家坡墓葬分布示意图

加发掘面积2000平方米和1500平方米，这两年的发掘计划于2007年3～6月一并完成，共发掘墓葬47座。每次发掘的墓葬编号从1开始按自然顺序排列，本报告编写时尽可能全面系统地介绍陶家坡墓地四次的发掘成果，客观地反映每座墓葬的本来面貌，所介绍的出土文物不含墓葬填土、淤土和扰乱层中的遗物。为了叙述和阅读方便，将墓葬编号按发掘年份顺序排列，从M1～M93，即2004年发掘墓葬编号M1～M9，2005年发掘墓葬编号M10～M46，2006年和2007年发掘墓葬编号M47～M93，后三期发掘的墓葬形制图由丁伟、徐刚、吴爱民、陈安宁等人完成，肖友红描绘，其他绘图工作均由肖友红完成，文物修复工作由袁虹、刘冬梅完成，文物照相由黄大建完成。

本报告的编写工作于2008年11月开始，2009年8月完成初稿，黄大建负责整个报告的编写工作，执笔袁虹、黄大建。在考古发掘、整理和报告的编写过程中，得到了湖北省文物局领导的关心支持和省考古所专家学者的指导，在此谨表深切的谢意。

贰 汉代墓葬

一、概 述

陶家坡墓地发现的汉代墓葬共8座，均为土圹墓，开口在②层下。分砖室墓和石室墓两类，其中砖室墓3座，分别是M1、M2和M5，这三座墓在同一区域和高度。石室墓5座，分别是M3、M4、M89、M90和M91。M3和M4为相邻的两座墓，这二座墓在结构、方向、风格上存在许多相似性。M89、M90、M91这三座墓并排，高度基本一致，均为制作较精致的墓葬，墓室较宽大，所用石材选料讲究，制作规整，这些墓葬均遭严重破坏，有的只残留底部和后墙，人骨保存很差，个体不明，随葬品大多被盗掘或毁坏，放置无规律，组合关系不详。种类有陶器、瓷器、铁器和铜钱（表一）。

表一 陶家坡汉代墓葬一览表　　　　　　　　　　　　（单位：厘米）

墓号	层位关系		形制结构	墓底长×宽	方向	葬具	葬式	墓砖纹饰	随葬品	备注
	开口	打破								
M1	②层下	生土	土圹砖室	残长 220×148	0°	棺钉	不详	四分界格双、单交叉线格纹	无	
M2	②层下	生土	土圹砖室	残长 484×190	0°		不详	三分界格双交叉线格纹	无	
M5	②层下	生土	土圹砖室	425×210	90°	棺钉	不详	二分界格双交叉线纹	盆、罐、五铢、石饼	
M3	②层下	生土	土圹石室	残长 510×344	355°	漆皮	不详		五铢、剪轮五铢、货泉	
M4	②层下	生土	土圹石室	600×280	0°	漆皮	四个头骨		盘口壶、钵、陶俑、滑石猪、耳珰、陶仓灶、五铢、货泉	前后室
M89	②层下	生土	土圹石室	310×220	10°		不详		无	
M90	②层下	生土	土圹石室	700×285	25°		不详		罐、铁器、瓦片、五铢、剪轮五铢	
M91	②层下	生土	土圹石室	残长 580×305	0°	棺钉	不详		盏、罐、瓦、瓦当	前后室

砖室墓只 M5 出有陶器残片，其组合形式为盆、罐、铜钱。

石室墓出少量随葬品的 4 座，其组合形式为：

铜钱组合，1 座。

盘口壶、罐、钵、陶俑、滑石猪、耳珰、陶仓灶、铜钱组合，1 座。

罐、铁器、铜钱组合，1 座。

盏、罐组合，1 座。

这些墓中出土的瓷器釉色偏深绿，陶器均为夹砂或泥质红陶，多为轮制。

二、墓葬介绍

（一）砖室墓

汉代砖室墓共 3 座。

M1　长方形土圹砖室券顶墓，墓室南端已残，其形制不详。开口在②层下，正南北向，墓圹残长 250、宽 218 厘米，墓室残长 220、宽 148、高 172 厘米。墓砖为错缝平砌，第 20 排起券，券高 94 厘米。无铺底砖，墓底铺一层鹅卵石，墓室北部放一较大圆形石块，填土较杂。该墓由于破坏严重，没有发现任何葬具和随葬品，只是在西北角发现 2 枚棺钉和 3 颗人牙。墓砖为四分界格双交叉线格和单交叉线格纹，砖长 36、宽 15、厚 4~5 厘米（图三）。

M2　凸字形土圹砖室券顶墓，正南北向，开口②层下。分甬道和墓室两部分，甬道在墓室南端，已残。墓室残长 484、内宽 190 厘米。券顶已无存，墓室内填土为灰白色，较细腻。墓砖为青灰色，砖侧为三分界格双交叉线格纹，错缝平铺，砖长 36、宽 16、厚 5 厘米。无铺底砖，整个墓底铺小鹅卵石，东西两壁用衬砖紧顶坑壁，分上下两层，该墓破坏严重，未见葬具和任何随葬品，只在西侧发现零星骨渣（图四）。

M5　长方形土圹券顶砖室墓，方向 90°，开口②层下，打破生土。墓口距地表深 60 厘米，墓口长 430、宽 210 厘米，墓底距地表最深处 210 厘米。墓底长 425、宽 210 厘米，券顶已残，墓砖为错缝平砌，南北两壁各斜铺三块衬砖，紧顶坑壁，坑壁和墓砖之间约 15 厘米间隙用红色黏土填充，以坚固墓室。墓底砖呈人字形平铺，墓室西部两侧用砖平砌成两个小长方形，形成耳室，长 110、宽 30、高 26 厘米，推测随葬品置于此。墓砖为灰色，长 35、宽 16.5、厚 6.5 厘米，砖的烧造较差，大多数砖心为红色，宽面有绳纹，一侧有两分界格双交叉线纹。该墓填土松散，已被扰乱，只发现 4 枚棺钉和两块陶片，可辨器形为宽折沿盆和直口方唇罐，均为黑皮陶，胎为红色，墓室东部出土"五铢"钱一枚，北部出土红色彩石一块（图五）。

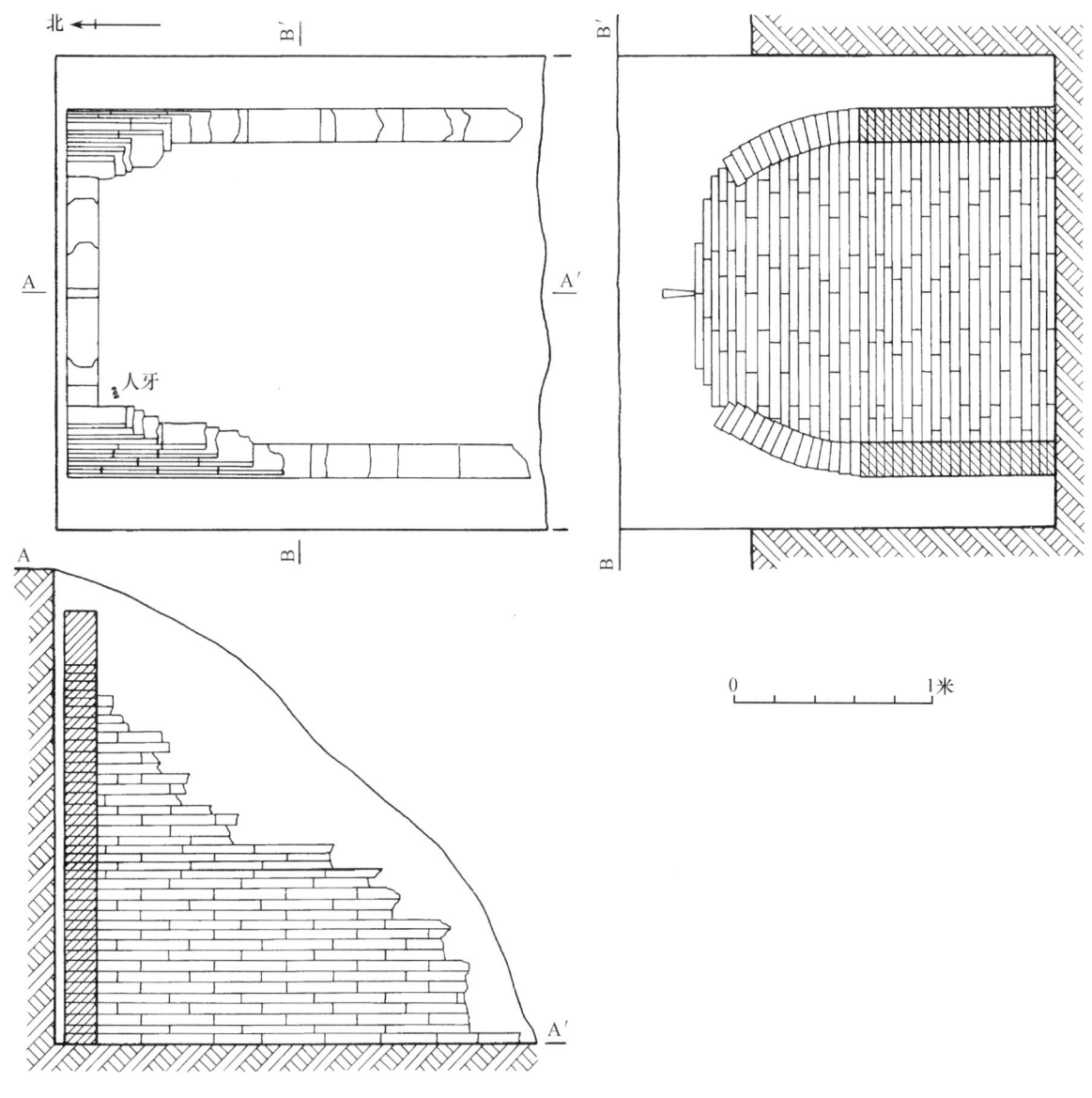

图三 M1 平、剖面图

盆 1件。标本M5:1，泥质黑皮陶，红褐色胎，胎质细腻，宽折沿，圆唇，上腹有四道凹弦纹，下腹斜收，底残。口径26.4、残高9.8厘米（图六，1）。

罐 1件。标本M5:2，泥质黑皮陶，红褐色胎，直口，方唇，矮颈，溜肩，器身有明显泥条盘筑痕迹，下腹及底残。口径18、残高5.6厘米（图六，2）。

石饼 1件。标本M5:3，红褐色，为自然石块，圆饼形，未经过加工，边缘有使用痕迹（图六，3）。

铜钱 1枚。五铢。标本M5:4，面有轮有郭，"五"字交叉两笔较弯曲，"朱"字头较圆弧，与"金"字平齐。直径2.5厘米（图六，4）。

贰 汉代墓葬

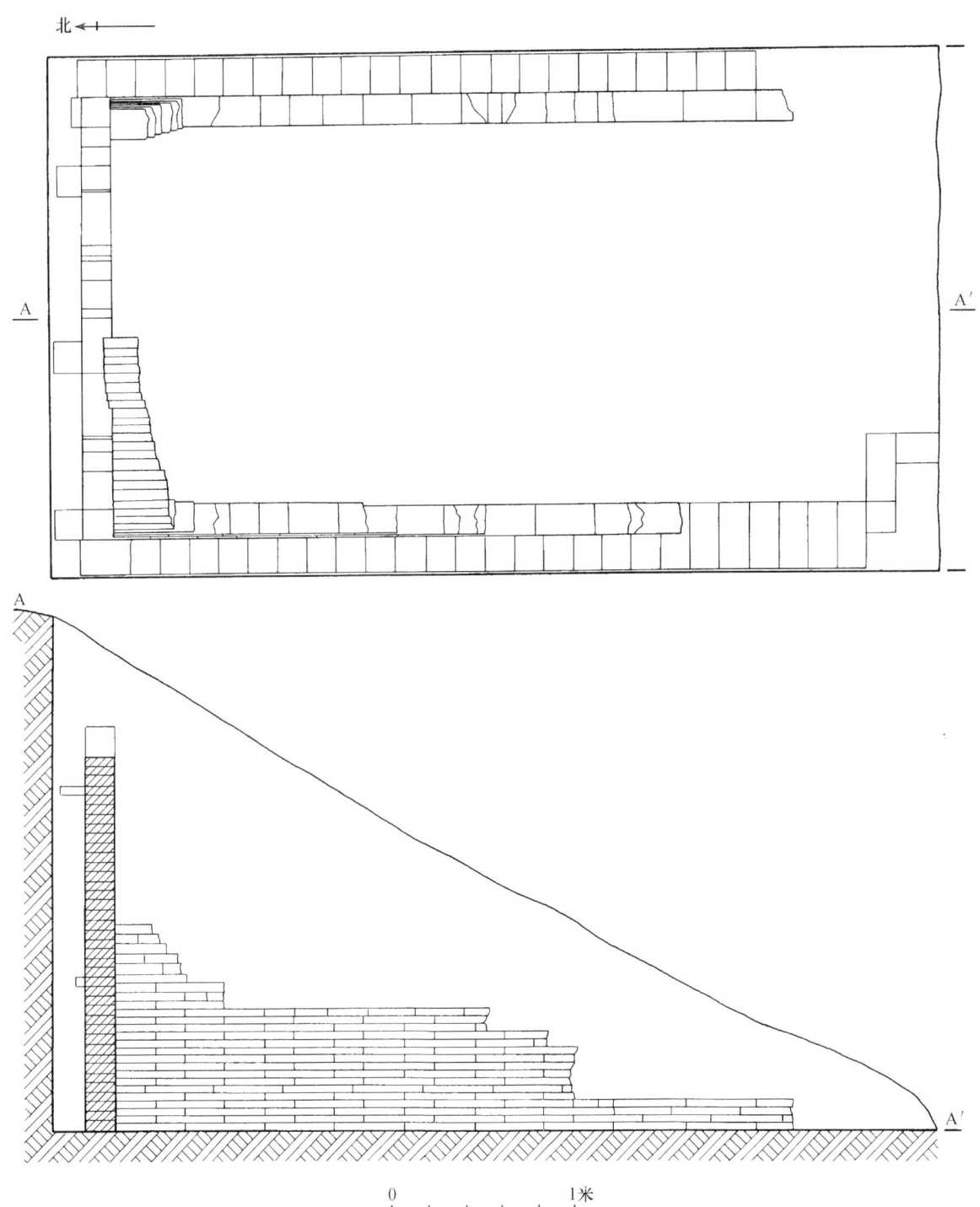

图四　M2 平、剖面图

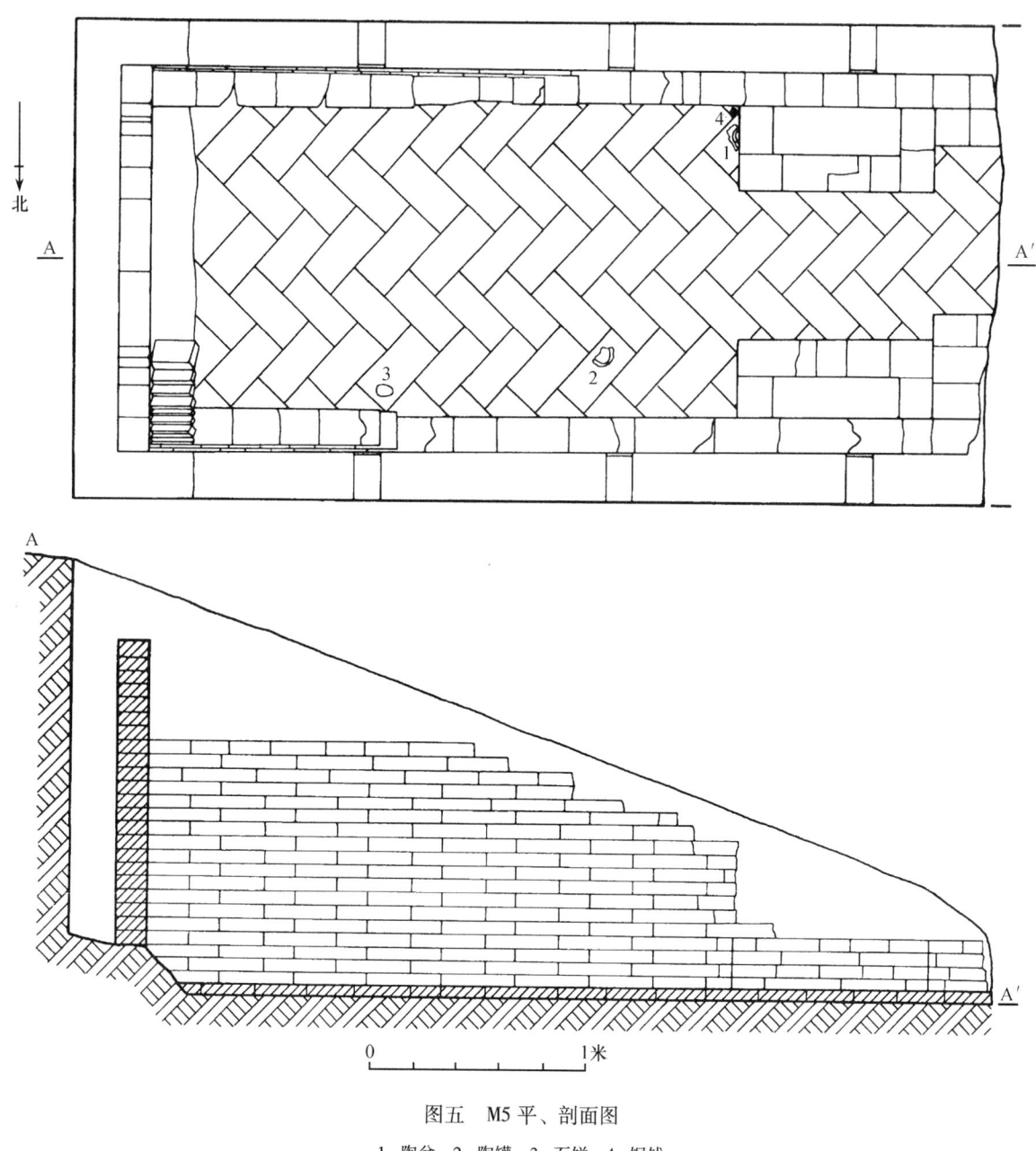

图五 M5 平、剖面图
1. 陶盆 2. 陶罐 3. 石饼 4. 铜钱

（二）石室墓

汉代石室墓共 5 座。

M3 长方形土圹竖穴券顶石室墓。开口②层下，打破生土，方向 355°。南端和券顶已无存，有无甬道不详。墓坑长度不详，宽 380 厘米；墓室残长 510、宽 344 厘米，墓坑和墓壁中间填塞黄灰色黏土。墓室用青灰色条石错缝平砌，石质尖硬，三面打磨整齐，规整的一面均向墓室内。墓室填土为灰褐色，墓内只发现少量人骨碎块，局部发现红色漆皮，分析应有葬具，葬式不详。随葬品只发现筒瓦残片和铜钱 25 枚，大多数已残，有"五铢"、剪轮"五铢"、"货

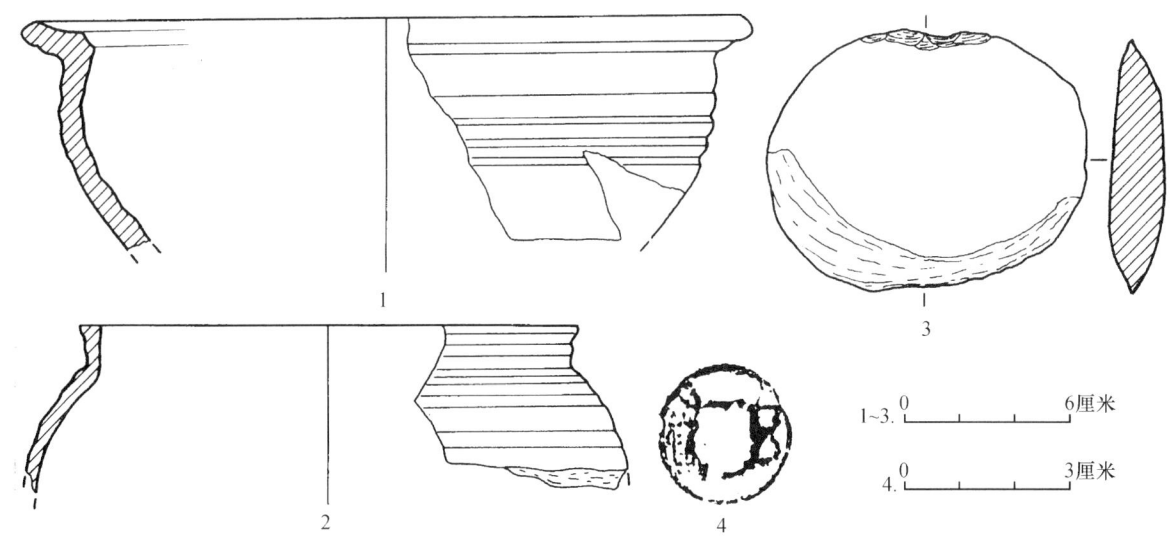

图六 M5 出土器物
1. 陶盆（M5:1） 2. 陶罐（M5:2） 3. 石饼（M5:3） 4. 铜钱（M5:4）

泉"（图七）。

五铢 11枚。大多数字迹不清，篆体阳文，钱文较清瘦，"五"字交叉两笔微曲，"朱"字头略显方折，"金"较"朱"字头低。标本M3:3-1、M3:3-2、M3:3-3，直径2.4厘米（图八，1~3；彩版二，1）。

货泉 4枚。篆体阳文，有轮有郭。标本M3:3-1，直径2.1厘米。M3:3-2，直径2.3厘米（图八，4、5）。

剪轮五铢 破碎严重，不做介绍。

M4 凸字形土圹竖穴券顶石室墓。正南北向，开口②层下，甬道残，墓室和券顶均保存完好。墓坑长度不详，宽360厘米。墓室长600、宽280厘米。甬道位于墓室南部，残长150、宽190厘米。墓室和券顶均用条石砌筑，石块加工较规整，光面朝向墓室，第五层开始起券，无铺底石，用鹅卵石及砂石铺底，厚约5厘米。在距墓室北部220厘米处有一生土台，台高15厘米，台面修理平整，南部用石块隔开，生土台上发现红色漆皮和4个人头骨及少量肢骨，而在墓室南端未见头骨，只发现零乱肢骨，分析棺木均置于生土台上，且有延续使用的现象。墓坑填土共分五层，从上至下为：灰褐色土，厚10厘米；黄沙土，厚12厘米；黄灰土，不含沙，厚30厘米；灰黄沙土，厚约40厘米；灰黑土，厚约50厘米。该墓由于早期被破坏，随葬品所剩无几，只发现一些青瓷片、铜钱、陶俑、陶仓灶、滑石猪、残铁器等。其中陶仓灶的陶质较差，破损严重，不能分辨其形状，铁器已成碎片（图九；图版一，1、2）。

瓷器 5件。

盘口壶 1件。标本M4:7，浅盘口，尖圆唇，颈较短，溜肩，上腹鼓；颈下有四耳和凹弦纹夹圆圈纹一周，最大径在上腹，下腹急收，平底。釉色青中泛绿，黄白色胎，施釉不及底。高20、口径12.2、腹径21.8、底径11.6厘米（图一〇，1；图版四，1）。

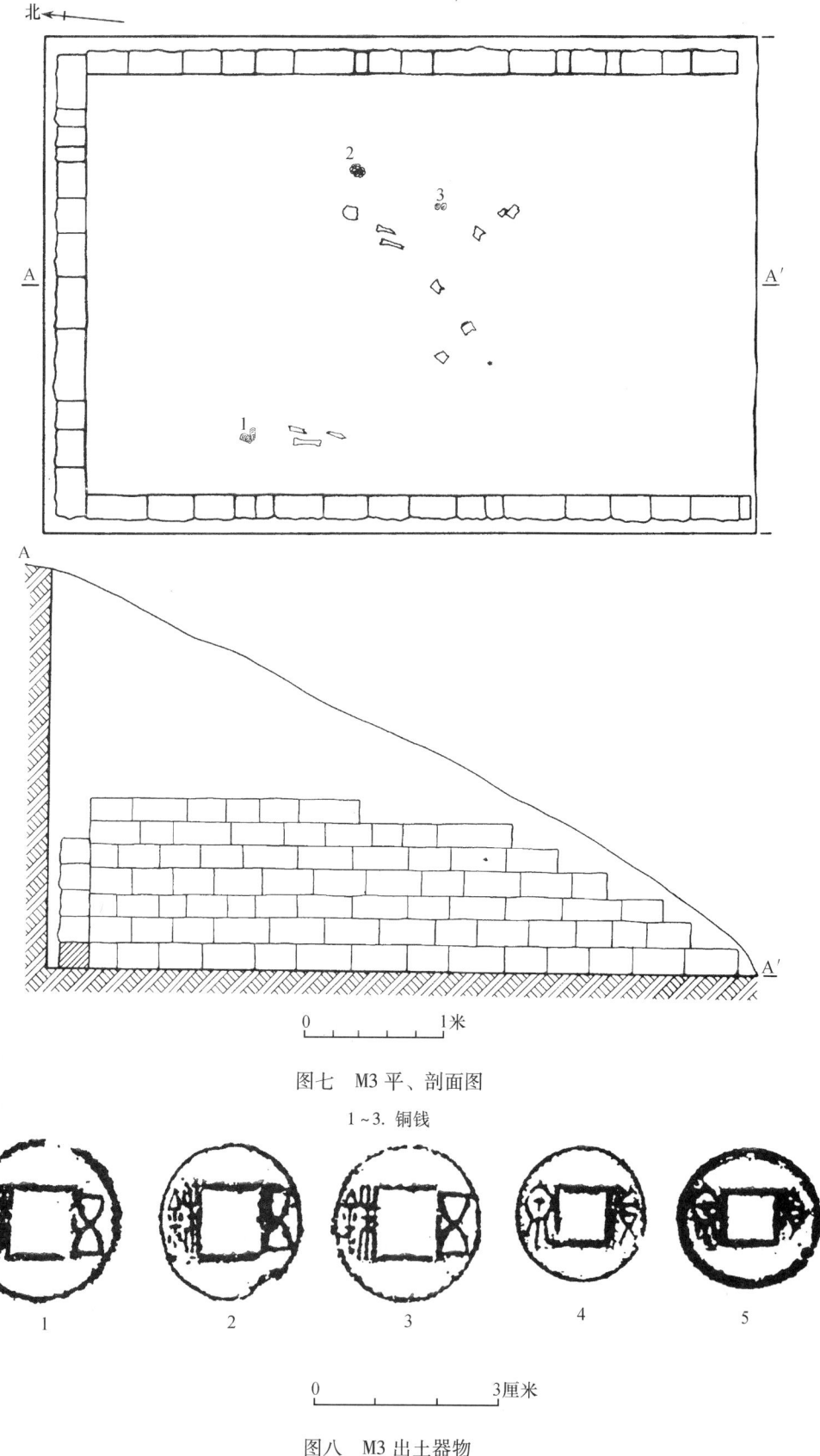

图七　M3 平、剖面图
1~3. 铜钱

图八　M3 出土器物
1~5. 铜钱（M3:1-1、M3:1-2、M3:1-3、M3:3-1、M3:3-2）

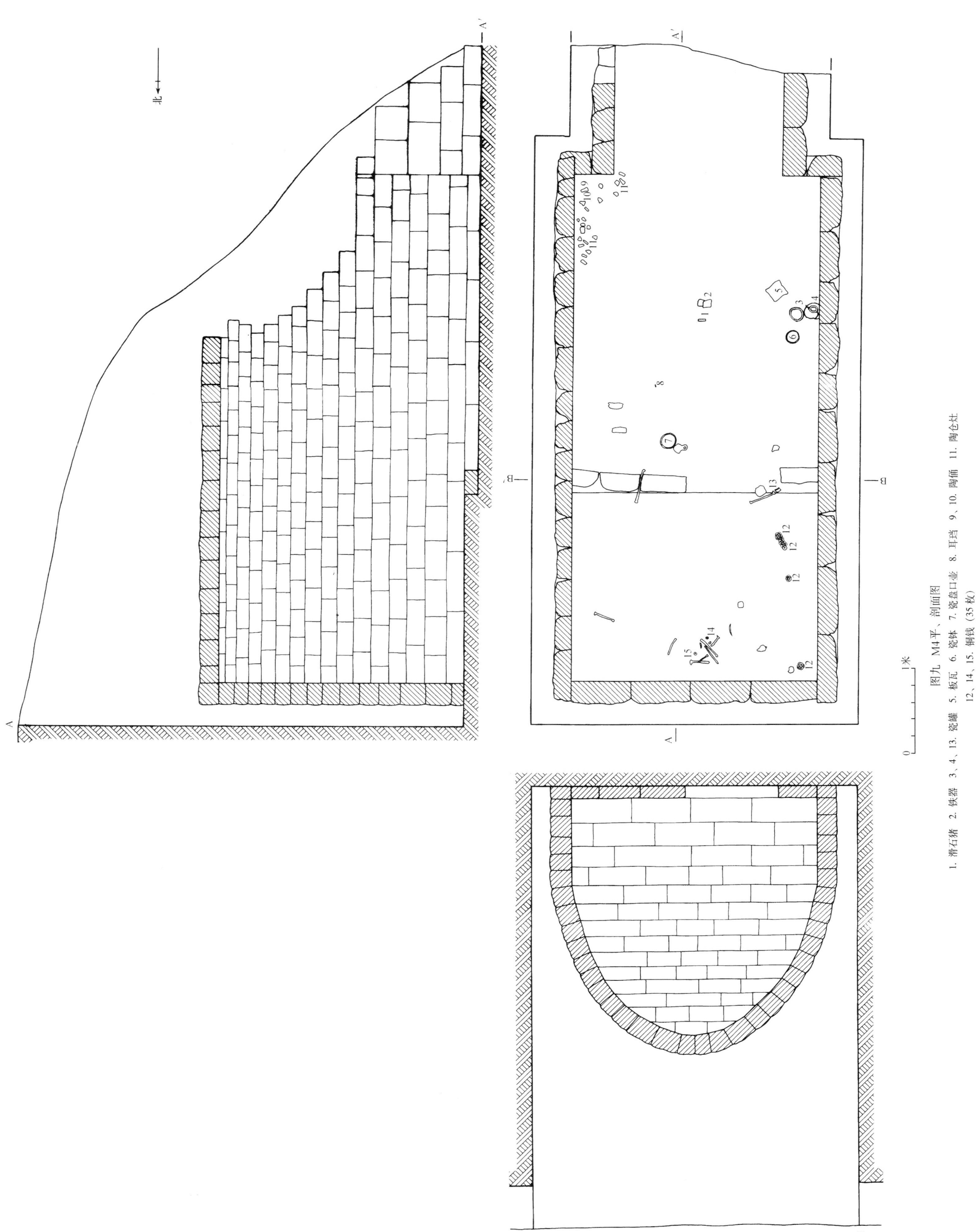

图九 M4 平、剖面图
1. 滑石猪 2. 铁器 3、4、13. 瓷罐 5. 板瓦 6. 瓷钵 7. 瓷盘口壶 8. 耳珰 9、10. 陶俑 11. 陶仓灶 12、14、15. 铜钱（35 枚）

罐 3件。标本M4:3,直口圆唇,颈与肩结合处有一道凸棱,肩部有四耳和二道凹弦纹,鼓腹,平底,最大径在腹中部。黄白胎,青绿釉,施釉不及底。口径10.1、底径8.8、腹径13.1、高6.4厘米(图一〇,5;图版四,3)。标本M4:4,直口、圆唇、溜肩,肩部有四耳贴于瓷胎上,饰两道凹弦纹。鼓腹、平底,最大径在腹中部,下腹和底露胎,青绿釉,黄白色胎,可见轮制痕迹。口径11.2、高13、腹径18.4、底径12.4厘米(图一〇,4;图版四,2)。标本M4:13,撇口,溜肩,肩部有刻划纹饰,线条刻划粗细和深浅不一,器身有麻点纹。灰白胎,褐黄色釉。残高5.1厘米(图一〇,2)。

钵 1件。标本M4:6,口微敛,尖唇,唇下有一道凹弦纹,壁斜直内收,灰白胎,釉色泛青。口径14、高8.4、底径9.8厘米(图一〇,8)。

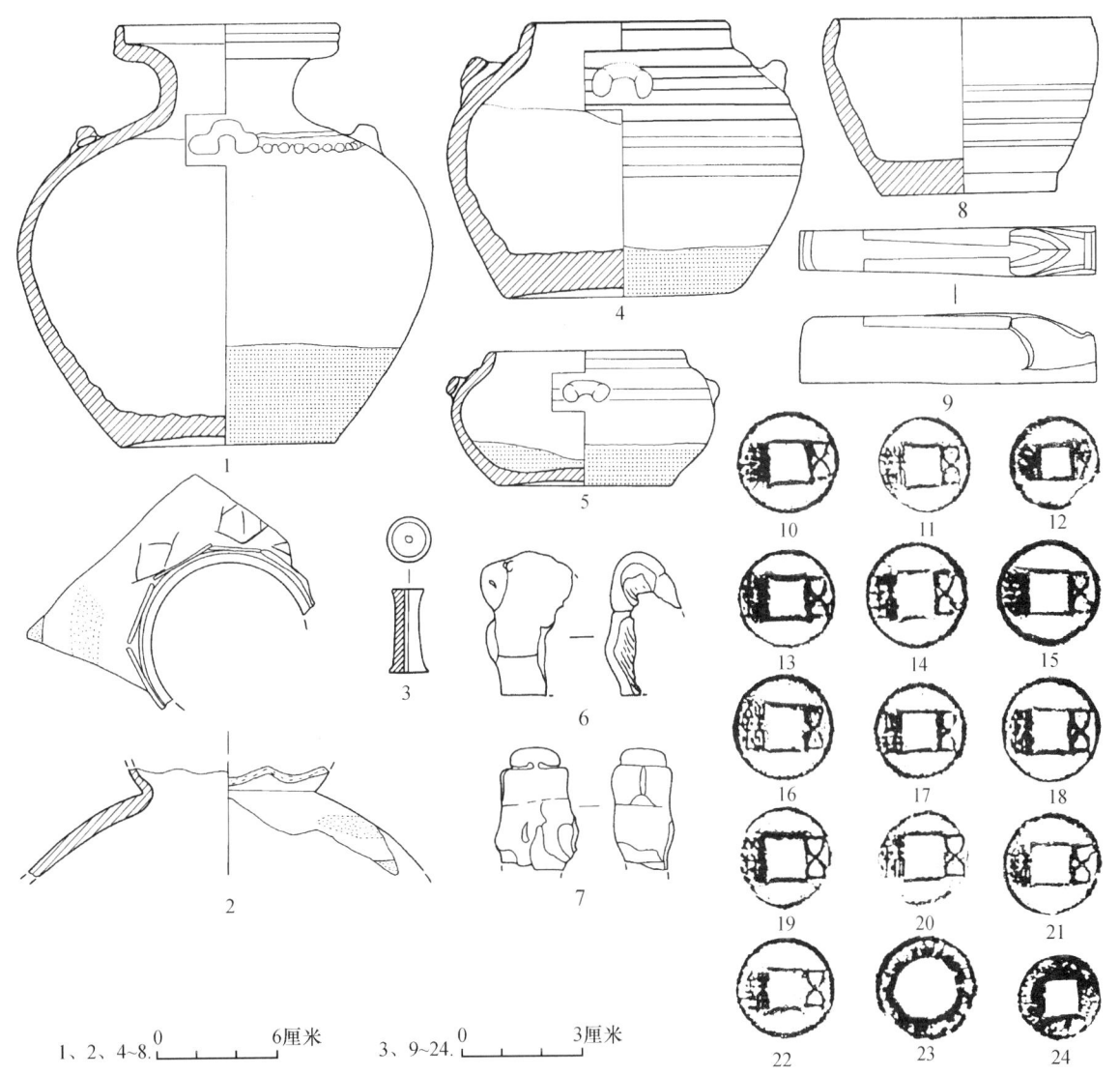

图一〇 M4出土器物

1. 瓷盘口壶(M4:7) 2、4、5. 瓷罐(M4:13、M4:4、M4:3) 3. 耳珰(M4:8) 6、7. 陶俑(M4:10、M4:9) 8. 瓷钵(M4:6) 9. 滑石猪(M4:1) 10~24. 铜钱(M4:12-1、M4:12-2、M4:12-3、M4:12-4、M4:12-5、M4:12-6、M4:12-7、M4:12-8、M4:12-9、M4:12-10、M4:12-11、M4:12-12、M4:12-13、M4:14、M4:15)

陶俑　2件。标本M4:9，泥质红陶，扁圆头，圆身，下部残，中心空。残高5.8厘米（图一〇，7）。标本M4:10，泥质红陶，头较大，挺胸，下半部分残，空心。残高6.9厘米（图一〇，6）。

滑石猪　1件。标本M4:1，整体呈长方形，用灰白色石料抽象地雕刻出猪的外形，线条简单流畅，器形别致。长7.8、宽1.1、高1.7厘米（图一〇，9）。

耳珰　1件。标本M4:8，墨绿色，玻璃质，两头大、中间细，中心有一小圆孔纵穿器身。长2厘米（图一〇，3）。

陶仓灶　标本M4:11，泥质红陶，破碎相当严重，已不能看出器形。

铁器　标本M4:2，锈蚀严重，器形不明。

铜钱　比较完整的有35枚，大多数字迹不清，有"五铢"、"货泉"。

五铢　共25枚。篆体阳文，分三式。

Ⅰ式　5枚。钱文清瘦，"五"字交叉两笔较斜直，"朱"字头近方折，"金"字头低于"朱"字头。标本M4:12-7，面、背均有轮有郭。直径2.6厘米（图一〇，16）。标本M4:12-8，面、背均有轮有郭。直径2.4厘米（图一〇，17）。

Ⅱ式　10枚。"五"字交叉两笔较弯曲，"朱"字头较圆折，"金"与"朱"字头基本平齐。标本M4:12-13，面有轮有郭。直径2.4厘米（图一〇，22）。M4:12-1，面有轮有郭。直径2.5厘米（图一〇，10）。标本M4:12-2，面背均有轮有郭。直径2.3厘米（图一〇，11）。标本M4:12-4，面有轮有郭。直径2.4厘米（图一〇，13）。

Ⅲ式　11枚。钱文丰满，字体略长，"五"字交叉两笔弯折，"朱"字头圆折。标本M4:12-9，面有轮有郭。直径2.5厘米（图一〇，18）。M4:12-11，面有轮有郭。直径2.3厘米（图一〇，20）。标本M4:12-5，面背均有轮有郭。直径2.6厘米（图一〇，14）。标本M4:12-6，面背均有轮有郭。直径2.6厘米（图一〇，15）。标本M4:12-10，面有轮有郭。直径2.4厘米（图一〇，19）。标本M4:12-12，直径2.4厘米（图一〇，21）。

剪轮五铢　2枚。字迹不清。标本M4:15，直径2厘米（图一〇，24）。

綖环钱　3枚。标本M4:14，外径2.5、内径1.7厘米（图一〇，23）。

货泉　4枚。面有轮有郭，标本M4:12-3，直径2.3厘米（图一〇，12）。

M89　凸字形土圹竖穴券顶石室墓，方向10°，开口②层下，打破生土，分墓室和甬道两部分。墓坑残长426、宽306厘米，墓室长310、宽220厘米，墓口距现地表的深度为0~80厘米，该墓东、西壁和南壁只剩基石。整个墓葬采用大块长方形青石砌成，南部墓室与甬道之间残留门楣，门楣为一长条形石块，加工成高低两个平面，低的一面两边各凿一个直径16厘米的圆窝，应用于安装墓门，甬道基本被破坏。北墙保存稍好，残高180厘米，共8层石块错缝平砌，无铺底石。该墓制作规整，石料讲究，在同类墓中较少见。由于该墓破坏严重，没有发现人骨和任何随葬品（图一一；图版二，1）。

M90　长方形土圹竖穴券顶石室墓，方向25°，紧临M89，开口②层下，打破生土，墓室南部已残，其结构不详。墓室残长700、宽285厘米，券顶残高280厘米。其构筑方法为先将墓坑挖好后，用厚约10厘米的方形石块铺底，再用凿好的长方形石块错缝平砌，石块上有明显凿痕，由于外力影响，铺底石有的被挤凸起。墓室北部发现人骨渣，个体不清，未见葬具痕迹，西侧清理出瓷罐碎片和粗绳纹瓦片，西北角清理出锈蚀严重的铁器残片，南部墓底含较多炭渣，出土五铢和剪轮五铢共10余枚，有的取出后成为碎渣（图一二；图版二，2）。

瓷器　1件。

罐　1件。标本M90:1，直口，尖唇，唇部向内倾斜。口较小，颈粗，溜肩，肩下饰圆圈加网格纹。半釉，釉色较深而光亮，为褐绿色，最大径在腹中部，下腹微收，平底。口径11、高27、腹径23、底径12厘米（图一三，1；彩版二，2；图版四，4）。

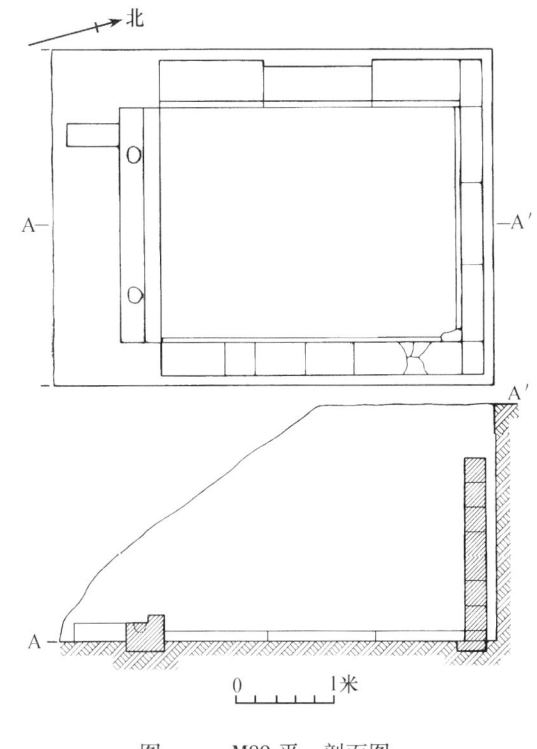

图一一　M89平、剖面图

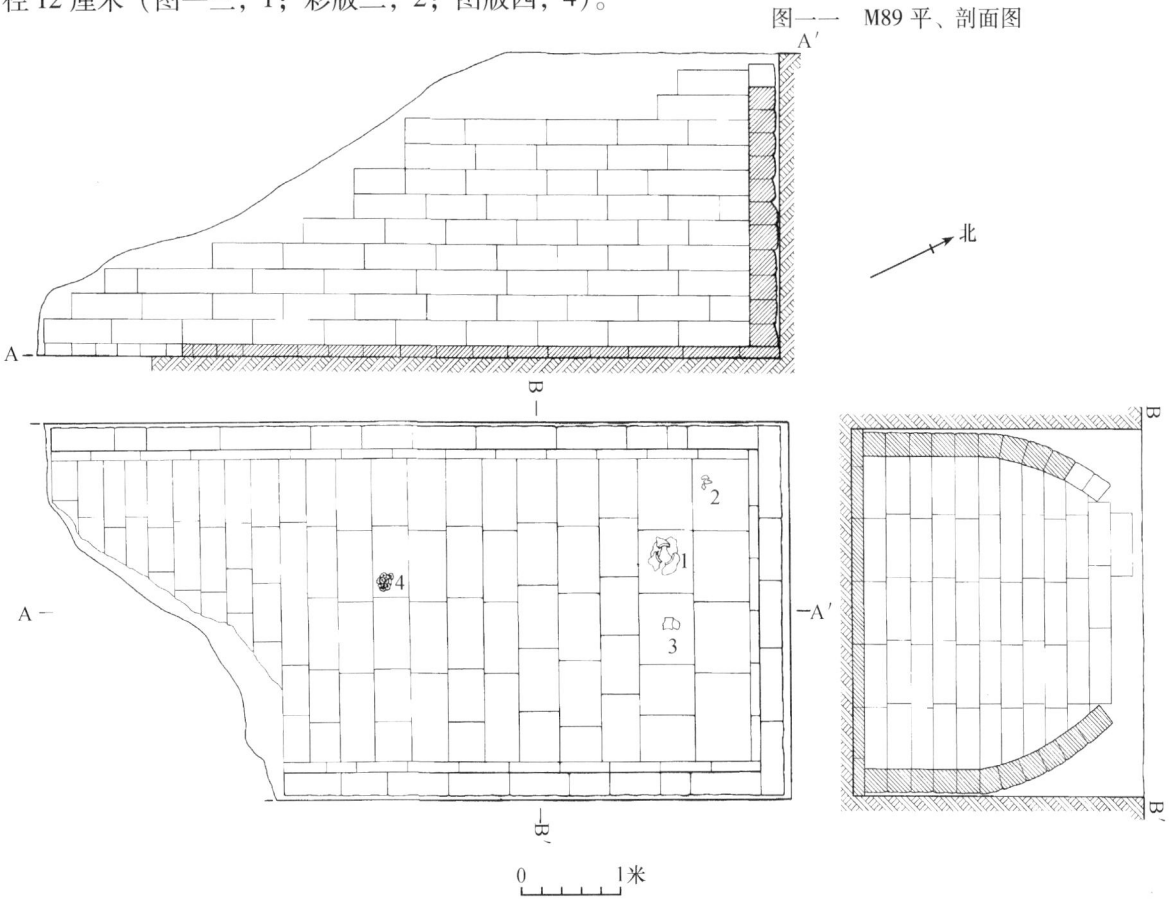

图一二　M90平、剖面图

1. 瓷罐　2. 铁器　3. 板瓦　4. 铜钱（10枚）

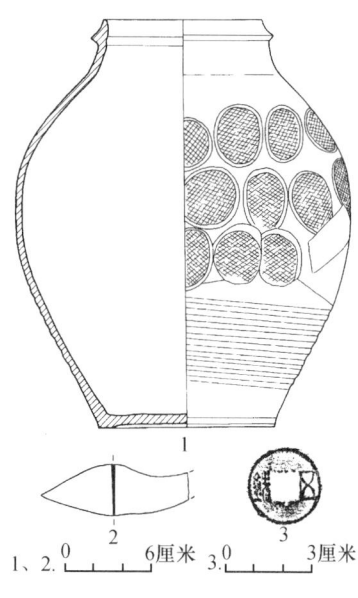

图一三 M90 出土器物
1. 瓷罐（M90:1） 2. 铁器（M90:2）
3. 铜钱（M90:4）

铁器　1件。标本M90:2，为几片锈蚀严重的薄片（图一三，2；图版四，6）。

板瓦　1件。标本M90:3，仅为残片，粗绳纹。

铜钱　10枚。为五铢和剪轮五铢，可辨字体者6枚。

五铢　1枚。标本M90:4，面有轮有郭，背有轮有郭，字体显得清秀，五字交笔较弯曲，朱字头较方折，与金字头并齐。直径2.5厘米（图一三，3）。

剪轮五铢　5枚。破碎严重，直径1.3~1.7厘米。

M91　长方形土圹竖穴券顶石室墓，紧临M90，其结构不详，正南北向，开口②层下，打破生土。墓室残长580、宽305厘米，由于外力作用，该墓南端已向坡下倾斜，东西两壁已有不同程度的变形，整个墓室用较规整的长方形石块错缝平砌，墓室南部发现一雕有蛇纹的浮雕石块被毁坏，无铺底石，墓室中部用条石分成前后室，墓底均为生土，后室长250厘米，高出前室25厘米，墓内填土为灰褐色。由于破坏严重，只发现几枚棺钉、少量瓷片、粗绳纹瓦和瓦当（图一四；图版三，1、2）。

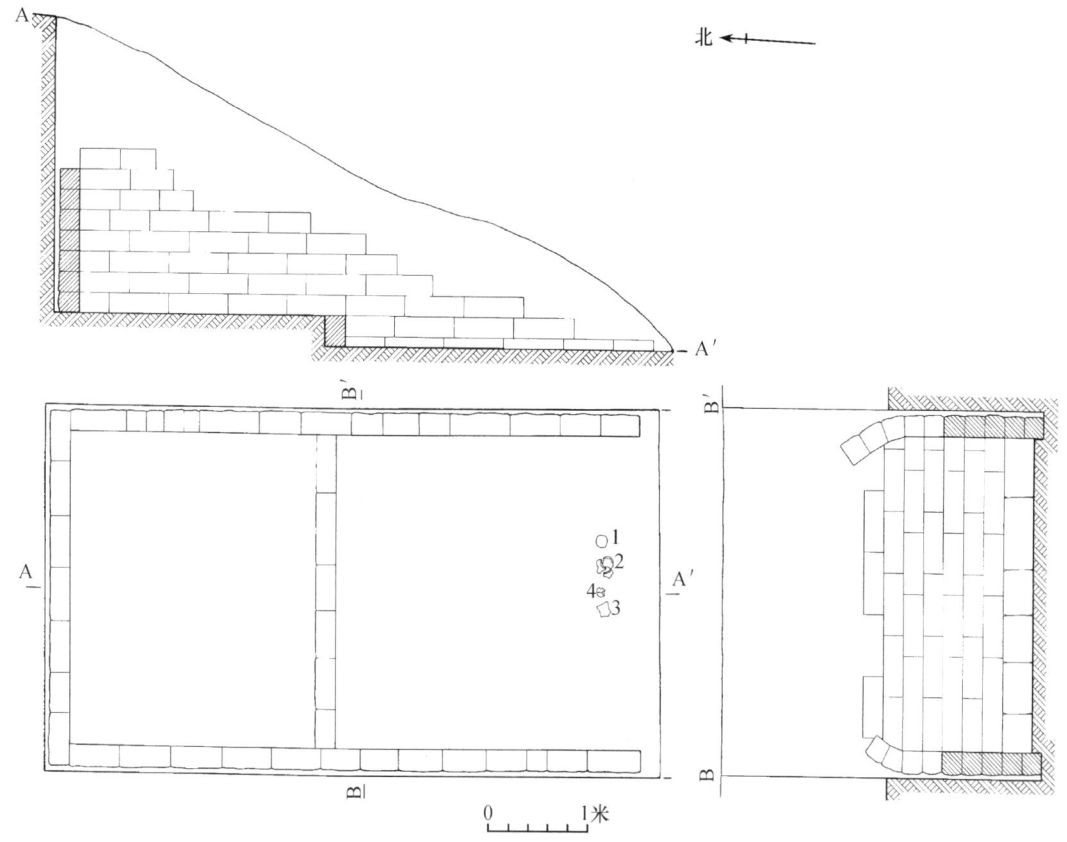

图一四　M91 平、剖面图
1. 瓷盏　2. 瓷罐　3. 板瓦　4. 瓦当

瓷器 2件。

盏 1件。标本M91:1，直口，圆唇，上壁较直，微内敛，中部内折，收成平底。灰白胎，青绿釉，底露胎。口径7.2、高3、底径3.4厘米（图一五，2；图版四，5）。

罐 1件。标本M91:2，直口，颈和肩的连接部位有沿向上斜侈，似双唇罐，上腹部四个横耳，灰白胎，下腹无存。口径9.6厘米（图一五，1）。

瓦当 1件。标本M91:4，正面为圆圈数道，中心有一小纽，整体较轻薄，残，无法复原。

板瓦 标本M91:3，粗绳纹，整体较厚大，残，无法复原。

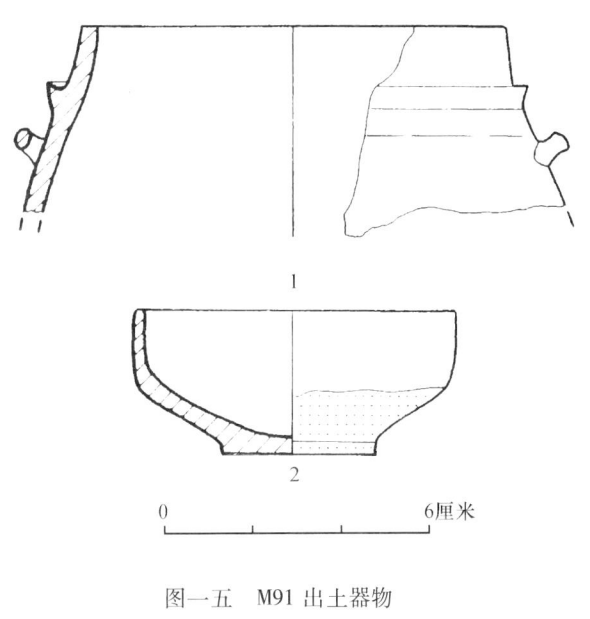

图一五 M91出土器物
1. 瓷罐（M91:2） 2. 瓷盏（M91:1）

三、分期与年代

八座墓葬均遭到严重破坏，可供分析对比的资料甚少，所掌握材料不足以对其时代进行分期排队，只是根据墓葬的结构和随葬品对其相对年代做大致框定。M1、M2和M5为紧临的三座砖室墓，基本处于同一高度，墓砖花纹均为交叉线格纹，错缝平铺，M5出土的陶盆与秭归庙坪M77:1的形制相似[①]，五铢的"五"字较弯曲，"铢"字头圆折，体现了东汉晚期的特点，M1、M2虽未出随葬品，但墓砖花纹和错缝平铺的砌法，与M5基本一致。M4出土的青瓷罐其釉色和形制具有东汉晚期特征，盘口壶和四系罐带有长江中下游地区三国时期的特点，陶仓灶和陶俑在东汉墓葬中常见，陶俑在巴东县张家坟墓群2003年发掘的M1中见到[②]，该墓的墓志铭有"元和四年"年号。M3和M4较多出五铢钱，其Ⅱ式五铢和Ⅲ式五铢的朱字头圆折、五字较弯曲的特点具有东汉风格。货泉和剪轮五铢流行于东汉晚期，综上所述，我们认为M3和M4的时代应在东汉晚期到蜀汉时期。M89、M90、M91为石室墓，其石料选择讲究，石块较大，制作规整，构筑风格基本一致，体现了东汉石室墓流行不久规整、大气的风格。M91和M4在许多方面存在相似性，如在墓室内用石块分成前后室且后室高于前室以及多人合葬的现象，应为家族墓，是峡江地区东汉流行的葬俗，青瓷盏釉色褐绿，腹较浅，罐直口的器形有别于以后的同类器。M90:1青瓷罐釉色褐绿，与M91:1相似，其带圈方格纹为峡江地区东汉瓷器

---

① 湖北省文物事业管理局、湖北省三峡工程移民局：《秭归庙坪》，《长江三峡工程文物保护项目报告》，科学出版社，2003年。
② 恩施自治州博物馆：《巴东县张家坟墓群2003年发掘简报》，《湖北库区考古报告集》第四卷，科学出版社，2007年。

常见纹饰，如巴东葛藤坪遗址就见有同样纹饰①，该墓出土的五铢和剪轮五铢为东汉流行货币，所以我们认为这三座石室墓应为东汉中晚期，略早于所发现的其余几座汉代墓葬。

从5座石室墓墓葬形制看，墓室由方形逐步向长方形变化，东汉后期方形石室墓少见。

四、小　　结

陶家坡8座汉墓虽然破坏严重，形制不全，随葬品所剩无几，有的甚至全无，但仍给我们提供了极其珍贵的资料。

（1）陶家坡发掘的汉代砖室墓从规模上要小于石室墓，砖侧面多为几何纹图案，以交叉线纹居多，有的墓无铺底砖，砌法都为错缝平砌。

（2）石室墓的制作均较规整讲究，石料选择和加工规范，有的用方形石块铺底，有的用鹅卵石铺底，有的直接在生土上放置棺木，体现了当时人们埋葬习俗的多样性。

（3）砖室墓和石室墓都有多人合葬现象，应视为家族合葬墓，前后室的区分、后室高于前室的现象，在秭归和巴东一带的同时期墓葬中常见，是否反映了家族成员的地位不同、尊卑不同，这对研究东汉庄园经济兴起时的经济状况、人际关系、家庭结构、埋葬习俗等方面提供了实物资料。

---

① 宜昌博物馆：《巴东县葛藤坪遗址发掘简报》，《湖北库区考古报告集》第四卷，科学出版社，2007年。

叁 六朝墓葬

一、概　　述

陶家坡发掘的六朝时期墓葬共22座，分砖室墓、石室墓、砖石合筑墓、洞室墓（以窑为室墓）和土坑墓五种类型（表二）。其中砖室墓15座、石室墓3座、砖石合筑墓2座、洞室墓1座、土坑墓1座。前三类墓均为土圹墓，券顶大多坍塌，墓室遭到不同程度的破坏，人骨保存较差，葬具无存，随葬品放置无一定规律，大多只剩一些小件器物和饰品，填土多为灰褐色花土。M15较为特别，该墓为夫妻合葬墓，以一座废弃的窑址作为墓穴，窑室即为墓室，窑门作墓门，用多种花纹砖将窑门封住，我们将这一座形制特殊的墓葬归为洞室墓类型。土圹墓和洞室墓的随葬品包括瓷器、铁器、小件饰品和铜钱等。土坑墓的墓坑窄小，随葬品只有一件瓷器。

表二　陶家坡六朝墓葬一览表　　　　　　　　　　　　（单位：厘米）

墓号	层位关系 开口	层位关系 打破	形制结构	墓底 长×宽	方向	葬具	葬式	随葬品	备注
M35	②层下	生土	土圹砖室	残长 430×270	220°	棺钉	不详	盘口壶、盘、滑石猪	
M38	①层下	生土	土圹砖室	748×320	95°	漆皮	仰身直肢	盘、铁器、石器	罐、碗、壶、盏、杯（填土中）
M39	①层下	生土	土圹砖室	728×240	70°		不详	灯、盘、盘口壶、滑石猪	
M42	①层下	生土	土圹砖室	490×254	15°	棺钉	不详	碗、盘口壶、壶、滑石猪、铜钱	
M43	②层下	生土	土圹砖室	434×192	40°	棺钉	不详	四系罐、盘、滑石猪、铜钱	
M46	①层下	生土	土圹砖室	残长 440×190	340°		不详	四系罐、贝壳	

续表

墓号	层位关系 开口	层位关系 打破	形制结构	墓底 长×宽	方向	葬具	葬式	随葬品	备注
M47	②层下	生土	土圹砖室	370×200	23°		不详	三足砚、熏炉	
M48	②层下	生土	土圹砖室	残长 390×180	44°		不详		
M49	②层下	生土	土圹砖室	残长 420×192	53°	棺痕	仰身直肢	板瓦	多具人骨
M50	②层下	生土	土圹砖室	374×132	42°	棺钉	不详	红色方格纹硬陶片、青瓷片	
M63	②层下	生土	土圹砖室	590×236	260°	棺痕	不详	钵、碟、熏炉、盘、滑石猪、铜钱	
M66	②层下	生土	土圹砖室	460×255	270°		不详	碗、盘口壶、罐、盘、滑石猪	
M72	②层下	生土	土圹砖室	残长 360×190	97°		不详	盘、熏炉、料珠、贝壳	
M76	②层下	生土	土圹砖室	400×176	89°		不详	盘口壶、盘、碗	
M82	②层下	生土	土圹石室	416×168	41°		不详	盘、博山炉、滑石猪	
M31	②层下	生土	土圹石室	375×140	270°	棺钉	不详		
M37	②层下	生土	土圹石室		东西向		不详	盘口壶、碗、骨哨、瓦当、瓦、铜钱	墓室未清理
M75	②层下	生土	土圹砖室	残长 380×120	75°	棺钉	不详	四系罐、碟、滑石猪	
M30	③层下	生土	土圹砖、石	400×200	285°	棺钉	仰身直肢	三足砚、盂、铁镜、料器、铜钱	二具人骨
M65	②层下	生土	土圹砖、石	360×180	58°	棺钉	不详	碗、钵、尊形器、盘口壶、四系罐	
M15	②层下	生土	以窑为室	325×200	240°	棺钉	仰身直肢	碗、铜环、铁剪、料珠、马头、铜钱	二具人骨
M56	②层下	生土	长方形土坑	残长 20×56	75°	棺钉	不详	钵	

15座砖室墓规模和大小不同，最大的M38，长748、宽320厘米。有的墓室窄长，券顶坍塌，有的甬道和部分墓室无存，有的墓室内积满淤土。葬具已朽，少数墓可以看见棺痕，大多数墓只发现棺钉，葬式多为仰身直肢。M38比较特殊，其砖室墓被唐代人所利用，并在墓室内的上层随葬唐代瓷器十余件，我们将这座唐墓另外编号M17。15座砖室墓中，随葬品保存较好的墓有M42、M43、M66、M76、M82，大多数墓的随葬品放置无一定规律，以瓷器为主，器形有碗、盘口壶、熏炉、盘、滑石猪等，组合形式为：

盘口壶、盘、滑石猪组合，1座。

盘、铁器、石器组合，1座。

熏炉、盘、盘口壶、滑石猪组合，1座。

碗、盘口壶、壶、滑石猪、铜钱组合，1座。

四系罐、盘、滑石猪、铜钱组合，1座。

四系罐、贝壳组合，1座。

三足砚、熏炉组合，1座。

钵、碟、熏炉、盘、滑石猪、铜钱组合，1座。

碗、盘口壶、罐、盘、滑石猪组合，1座。

盘、熏炉、料珠、贝壳组合，1座。

盘口壶、盘、碗组合，1座。

三足盘、博山炉、滑石猪组合，1座。

3座石室墓有一座未出随葬品，M37由于特殊原因，只清理了甬道，出有少量随葬品，M75出土随葬品3件，组合形式为：

盘口壶、碗、骨哨、瓦、铜钱组合，1座。

四系罐、碟、滑石猪组合，1座。

2座砖石合筑墓均出有随葬品，其组合形式为：

三足砚、盂、铁镜、料器组合，1座。

碗、钵、尊形器、盘口壶、四系罐组合，1座。

M15是一座以窑为室的夫妻合葬墓，这类墓在三峡地区的考古发掘中少见，其随葬品的组合形式为：碗、铜环、铁剪、马头、铜钱。

土坑墓仅发现1座，即M56，该墓的墓坑窄小，坑壁绝大部分已无存，随葬1件青瓷钵。

有些墓由于破坏严重，或者早期被盗，只剩少量器物残片，并不是全部的器物组合，我们只能根据现有材料进行介绍和分析。

二、墓 葬 介 绍

（一）砖室墓

六朝时期砖室墓共15座。

M35　长方形土圹竖穴券顶砖室墓。开口②层下，上部被M36打破。该墓已残，形制不完整，方向220°，墓底残长430、宽270厘米，券顶已坍塌，墓室用砖错缝平砌，砖侧边框内为三线交叉线纹，正面饰绳纹，长40.8、宽17.6、厚8厘米（图一七）。底砖呈人字形平铺，墓内填土为灰色砂土，葬具不详，墓底发现两枚棺钉和散乱骨渣，个体数目不详，随葬品较零乱，共5件，有盘口壶1件、盘3件、滑石猪1件（图一六；图版五，1）。

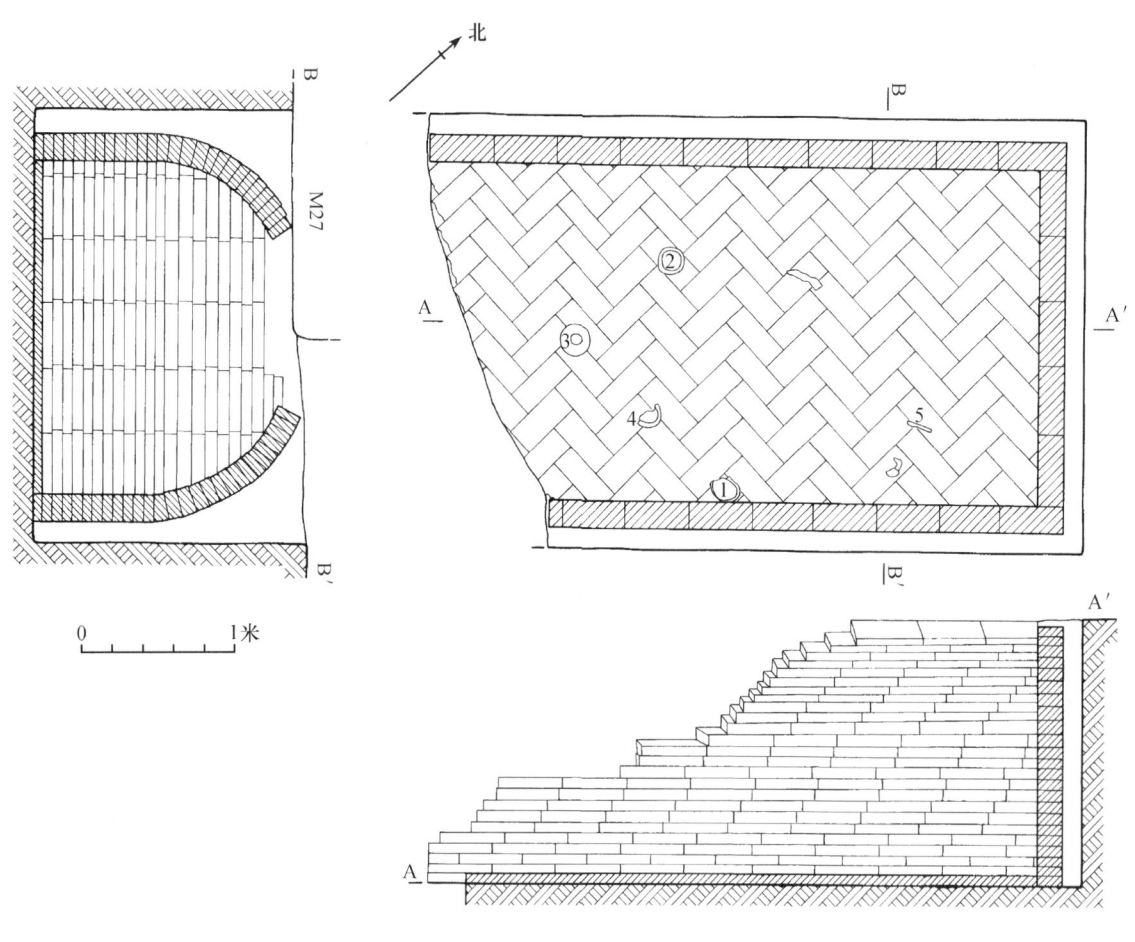

图一六　M35平、剖面图
1、2、4. 瓷盘　3. 瓷盘口壶　5. 滑石猪

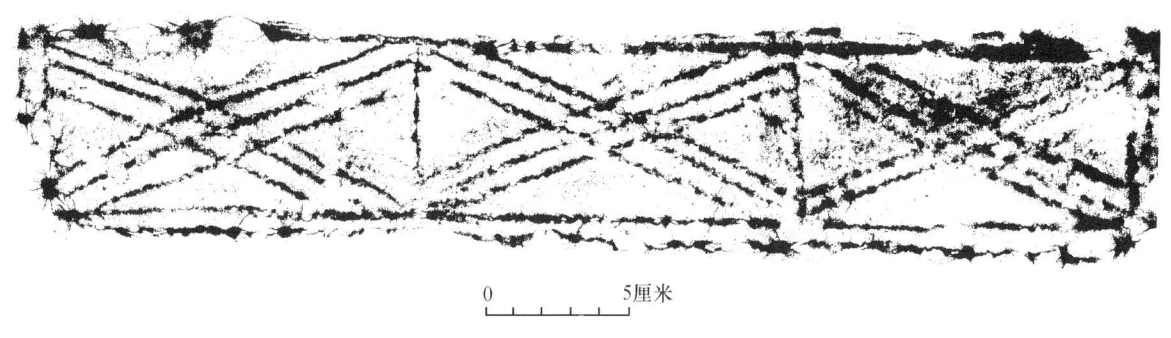

图一七　M35 墓砖拓片

青瓷器　4 件。

盘　3 件。浅盘，壁较厚，口外侈。标本 M35:1，灰白胎，青绿釉，釉色大多已脱落，圆唇，上壁外侈，底较厚，盘内中心有一周凹弦纹。盘径 13.6、底径 12.2、高 2 厘米（图一八，2）。标本 M35:2，釉色泛黄，胎厚，上壁外侈。盘径 13.2、底径 12.4、高 2.4 厘米（图一八，3）。标本 M35:4，壁略薄，半釉。口径 14、底径 12.6、高 2 厘米（图一八，5）。

盘口壶　1 件。标本 M35:3，灰白胎，青绿釉，釉色泛绿，浅盘口，近口部外撇，圆唇，细颈，颈以下残（图一八，1）。

滑石猪　1 件。标本 M35:5，灰白色石料，长条形，头部线条简化，器身雕刻出猪的五官和四肢，卧状。通长 8.2 厘米（图一八，4）。

M38　凸字形土圹竖穴券顶砖室墓，被 M17 打破。分墓道和墓室两部分。开口①层下，打破生土，方向 95°，该墓型制保存较完整，墓道位于墓室北部，券顶低于墓室券顶约 1 米，券顶正中有一个 2 米多长的洞，墓口距地面深 150 厘米，墓圹长 748、宽 320 厘米。墓室呈长方形，长 420、宽 200 厘米。墓道券顶较完整，低于墓室券顶，发掘时有些向外倾斜，长 140、宽 120 厘米。墓室内填土有二层，上层为灰褐色土，厚约 120 厘米，下层为灰红色瘀土，厚约 100 厘米。墓壁用花纹砖错缝平砌，砖侧花纹为二分界格双交叉线纹，墓砖长 38、宽 19、厚 7 厘米，无铺底砖。下层底部的东端发现人的头骨碎片和少量肢骨，分析其头向东，葬式不清，葬具已朽，只发现红色漆皮。上层有较完整的人骨一具，头向西，仰身直肢，葬具不清，从墓葬的破坏情况和随葬品分析，该墓在唐代被二次利用，人体从顶部放入墓室，再用土掩埋。上层和下层共出土随葬品 21 件，有瓷器、铁器、贝壳，其中上层 16 件，下层 5 件，上层 16 件另作介绍。下层 5 件随葬品均为瓷器，有 4 件置于墓室东北角，1 件置于墓室西南角（图一九；图版五，2）。

瓷器　5 件。

碗　4 件。标本 M38:3，灰白胎，青绿釉，底露胎。尖唇，壁较浅，平底。口径 10.6、底径 6.8、高 4 厘米（图二〇，3；图版一三，3）。标本 M38:4 同 M38:3（图二〇，4；图版一三，1）。标本 M38:1，灰白胎，青绿釉，底露胎。尖唇，壁弧且厚，口微内敛，假圈足。口径 8、底径 5、高 4.4 厘米（图二〇，1）。标本 M38:2 形制同 M38:1，口径 8.2、底径 5、高 5 厘米（图二〇，2；图版一三，2）。

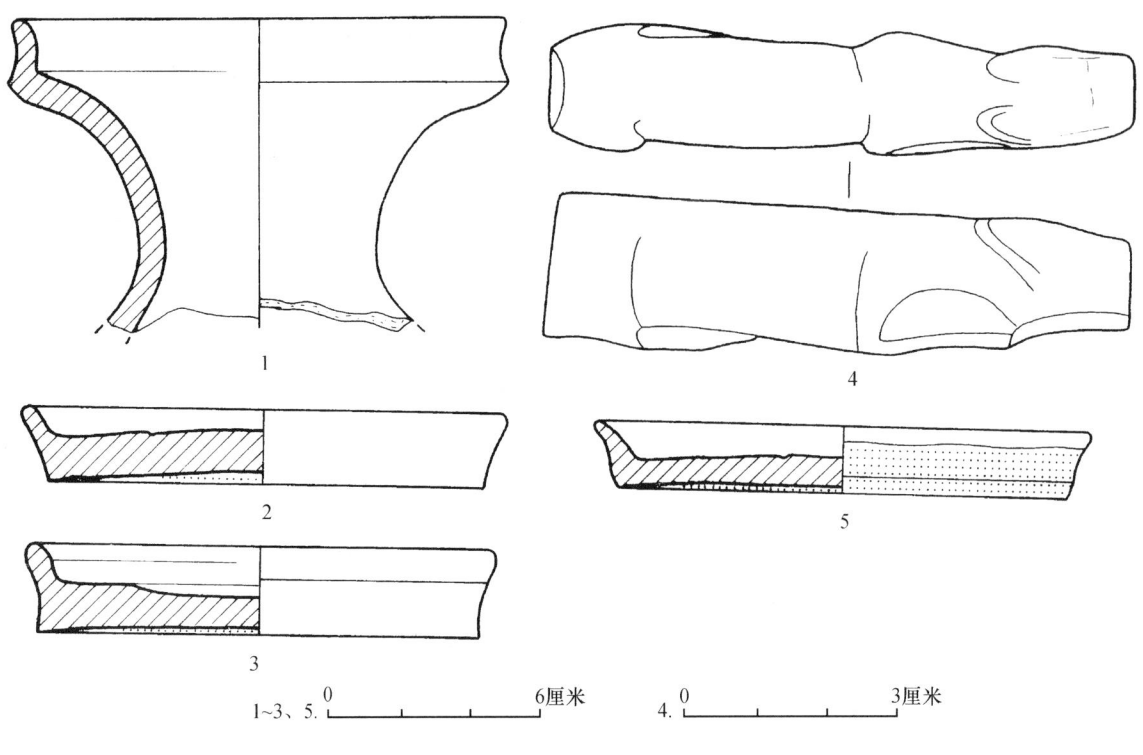

图一八　M35 出土器物

1. 瓷盘口壶（M35:3）　2、3、5. 瓷盘（M35:1、M35:2、M35:4）　4. 滑石猪（M35:5）

盘　1件。标本M38:5，灰白胎，青绿釉，浅盘，斜直壁，平底较厚，盘内和底部各有一周凹弦纹。口径14.2、底径13.4、高2.1厘米（图二○，5）。

M39　刀字形土圹竖穴券顶砖室墓。开口①层下，打破生土。长方形墓坑，由墓室和甬道两部分组成，券顶已毁坏，方向70°，墓圹总长728、宽240厘米，墓室长450、宽150厘米，甬道长250、宽136厘米。墓室用花纹砖错缝平砌，砖侧花纹为三分界格双交叉线纹，正面为绳纹，砖长42、宽16.2、厚7.2厘米（图二二）。墓内填土为灰褐色，底砖呈人字形平铺，墓内未见人骨和葬具。随葬品多放于墓道和墓室的结合处，共5件，熏炉1件、盘2件、盘口壶1件、滑石猪1件（图二一）。

瓷器　4件。

灯　1件。标本M39:1，灰白胎，青绿釉，上半部分为钵形，直口圆唇，器身有四道凹弦纹，三蹄足。下半部分为浅盘形，盘壁有三道凹弦纹，底部向内斜收，平底。通高9.2、盘径17.6厘米（图二三，2；图版一二，1）。

盘　2件。标本M39:2，灰白胎，青绿釉，直壁圆唇，浅盘，盘内有一周凹弦纹，平底。口径14.6、高2.4厘米（图二三，4；图版一二，5）。标本M39:3，灰白胎，青绿釉，浅盘，圆唇，上壁外侈。盘径14.8、高2.1厘米（图二三，5；图版一二，3）。

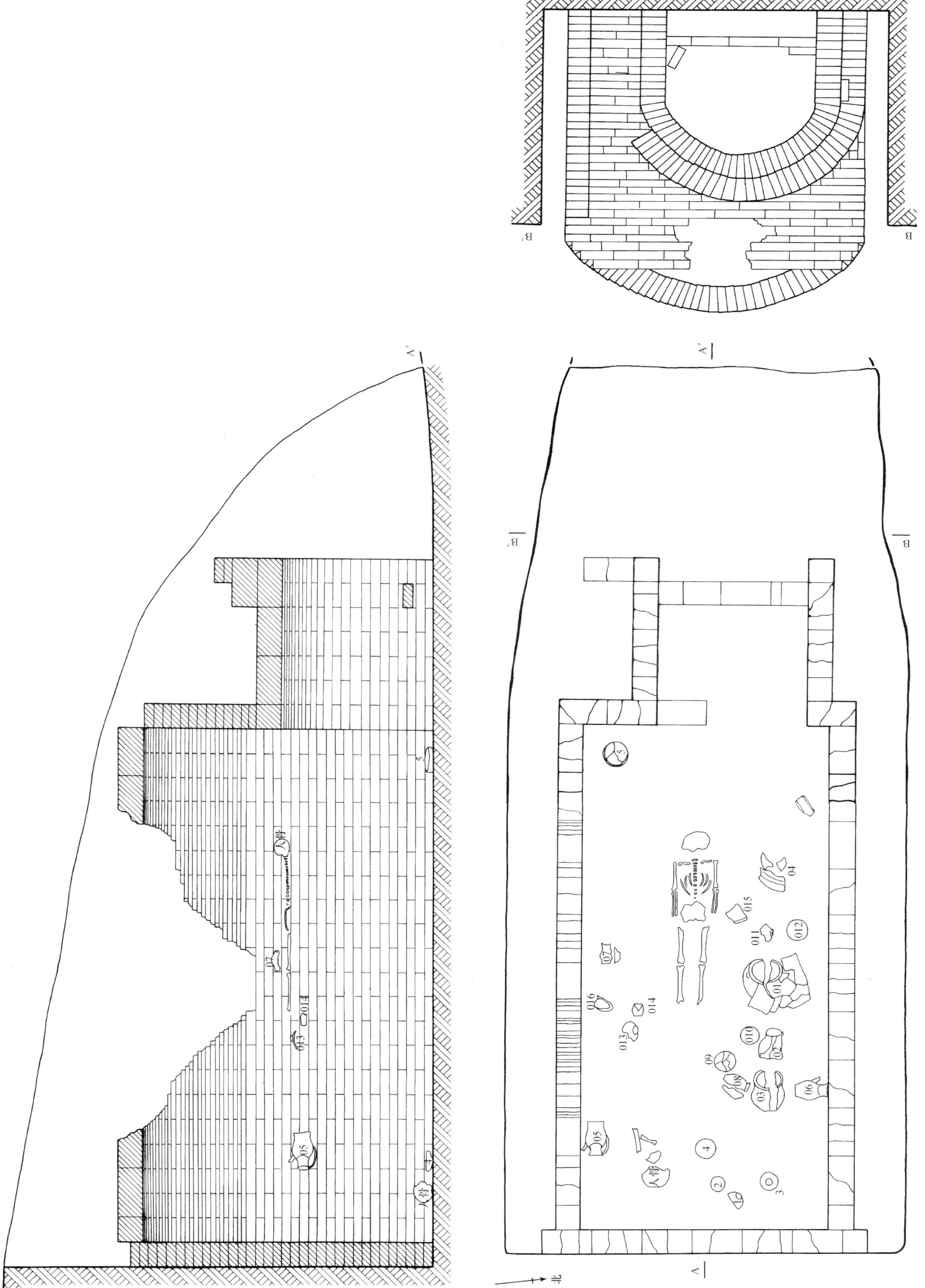

图一九 M38平、剖面图

0 1米

上层:01~04、07、08. 瓷罐 05、06. 瓷执壶 09~013. 瓷盘 014. 瓷杯 015. 铁器 016. 贝壳 下层:1~4. 瓷碗 5. 瓷盘

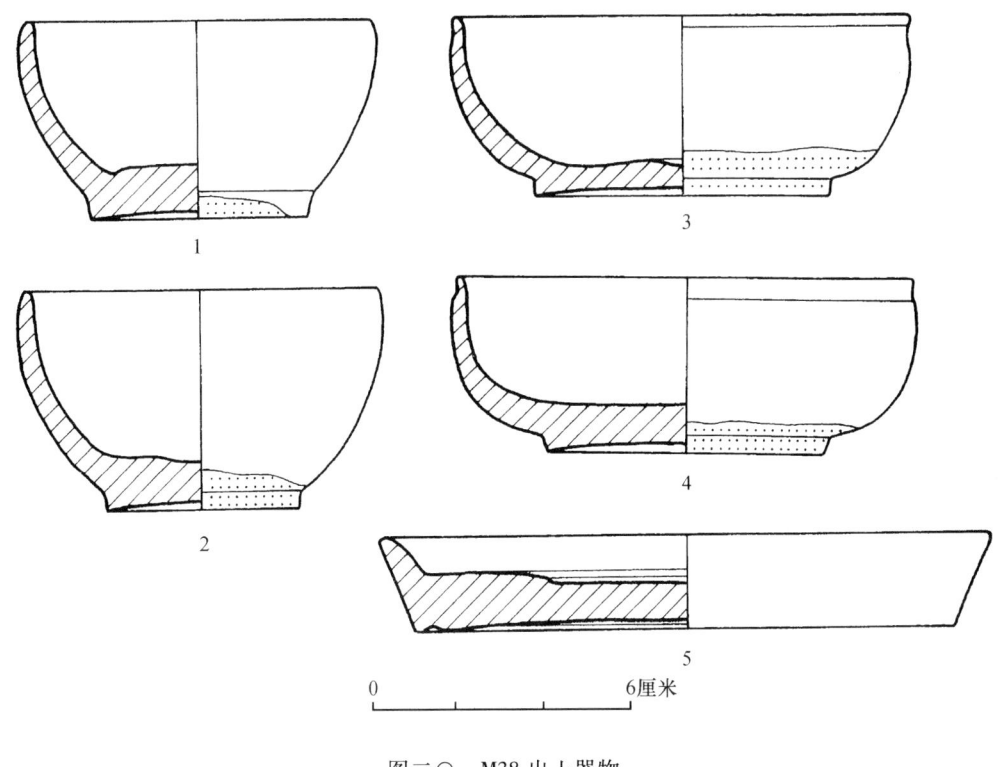

图二○　M38出土器物
1~4. 瓷碗（M38:1、M38:2、M38:3、M38:4）　5. 瓷盘（M38:5）

盘口壶　1件。标本M39:5，灰白胎，青绿釉，盘口较深且外侈，尖唇，颈较粗，溜肩，肩有四耳竖置，腹较圆，平底。口径20.4、腹径23.4、高35.6厘米（图二三，1；图版一一，2）。

滑石猪　1件。标本M39:4，用白色石料极抽象地雕刻出猪的头部，整体呈长方形。长8.1厘米（图二三，3）。

M42　凸字形土圹竖穴券顶砖室墓，分墓室和甬道两部分。开口①层下，打破生土，该墓券顶已被破坏，墓室有被扰乱现象。墓口距地面深10~30厘米，墓底距地面深40~250厘米，墓室长490、宽254厘米，甬道长112、宽176厘米，方向15°，墓室用砖错缝平砌，底砖呈人字形平铺，墓内填土为灰黄色，甬道正中用墓砖对靠形成倒三角形空间，作为排水沟伸出墓外，再用墓砖平置于其上将沟盖住，排水沟低于墓室20厘米，墓内只有极少骨渣，未见葬具，只清理出几枚棺钉。壁砖长38、宽18、厚6.5厘米，砖的花纹有三种，一种侧面为四分界格双交叉线纹，端面边框内为两分界格双交叉线纹，正面为绳纹；另一种侧面为两分界格鱼纹加卷云纹，端面为无界格钱纹，正面为绳纹（图二五）。楔形砖在窄端模印四分界格网格纹。墓内出土随葬品16件（图二四）。

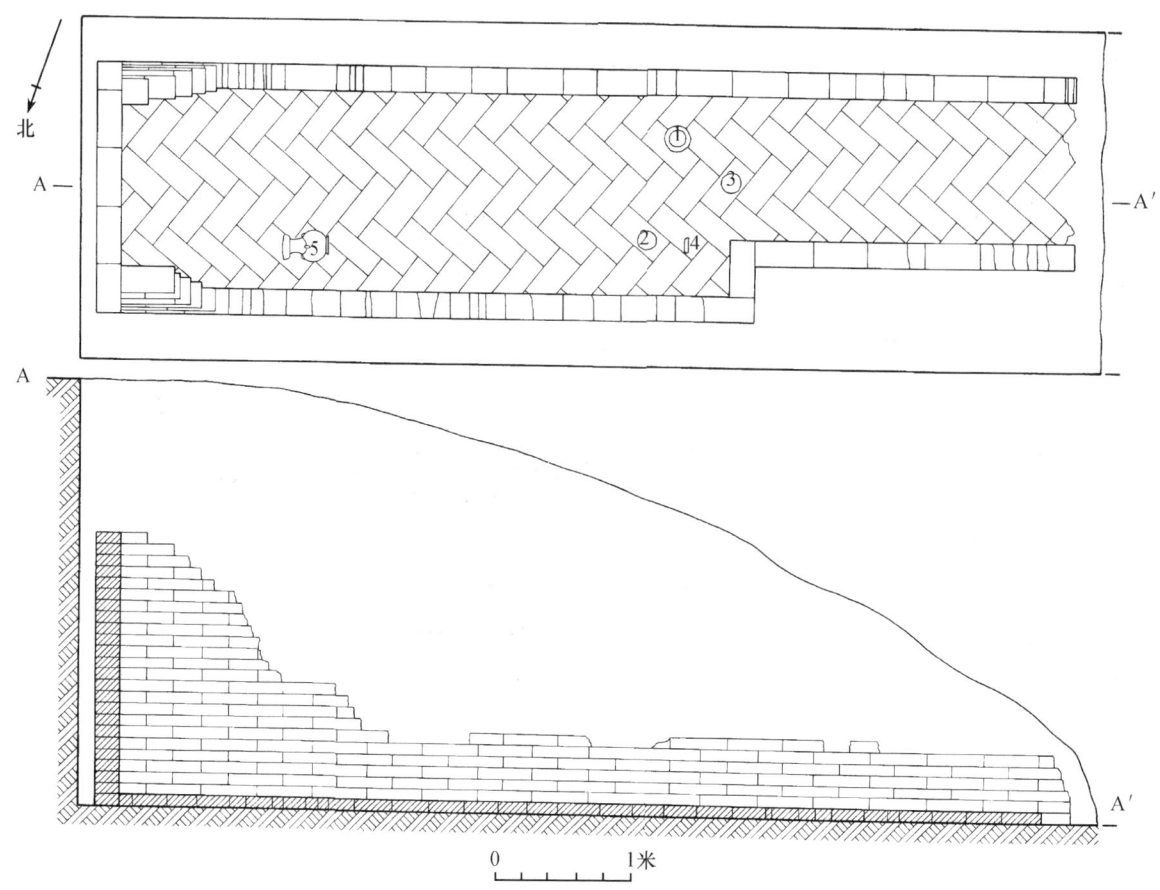

图二一　M39 平、剖面图

1. 瓷灯　2、3. 瓷盘　4. 滑石猪　5. 瓷盘口壶

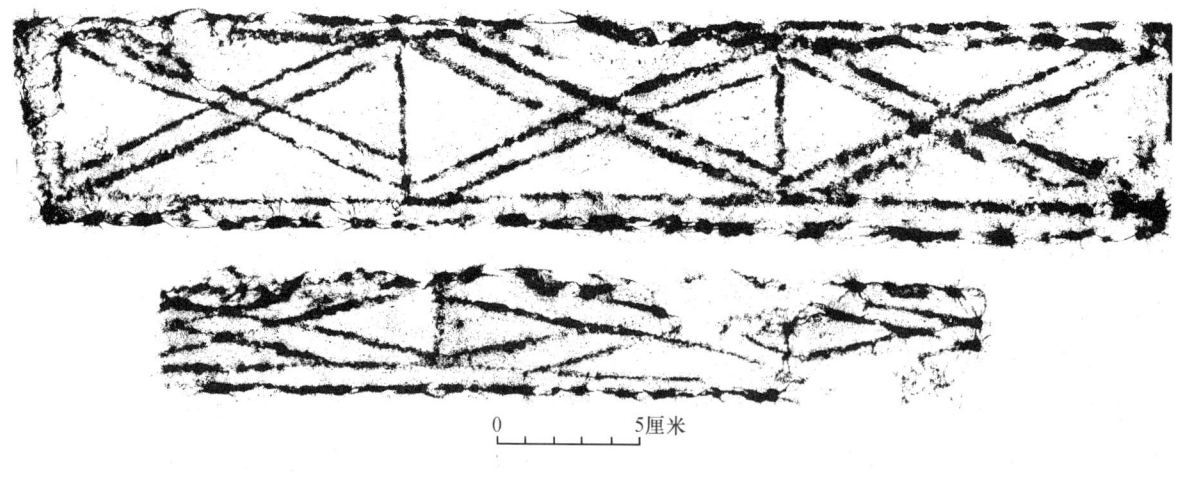

图二二　M39 墓砖拓片

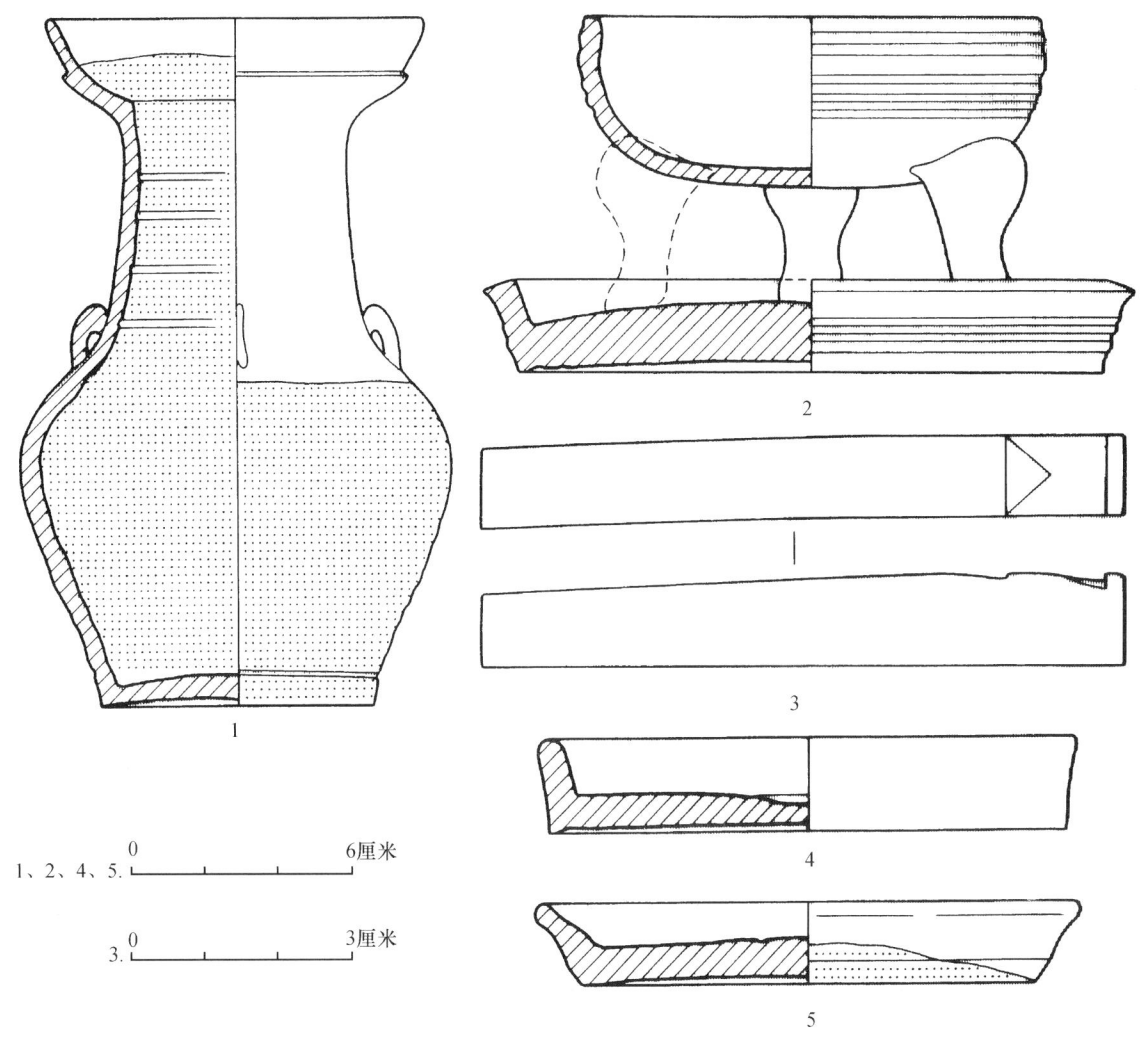

图二三 M39 出土器物
1. 瓷盘口壶（M39:5） 2. 瓷灯（M39:1） 3. 滑石猪（M39:4） 4、5. 瓷盘（M39:2、M39:3）

瓷器 8件。

碗 5件。胎较厚，腹较深。标本M42:2，灰色胎，青绿釉，底露胎。直口，尖唇，饼形底。口径12、底径7.4、高6.6~7.2厘米（图二六，9；图版一二，6；图版一三，6）。标本M42:6，口径8.4、底径4.8、高4.6厘米（图二六，4；图版一二，6）。标本M42:10，口径8.6、底径4.8、高4.8厘米（图二六，7；图版一二，6）。标本M42:16，口径10.6、底径6.6、高5.2厘米（图二六，8）。标本M42:5，灰白胎，青绿釉，直口尖唇，口沿有一周凹弦纹，浅饼形底（图二六，3；图版一二，6）。

盘口壶 1件。标本M42:3，灰白胎，浅黄釉，釉色泛绿，下腹露胎。浅盘口，圆唇细颈，溜肩，最大径在肩部，四桥形耳，腹部较瘦长，平底。高27.4、口径12.6、腹径17.6、底径9.6厘米（图二六，6；图版一一，1）。

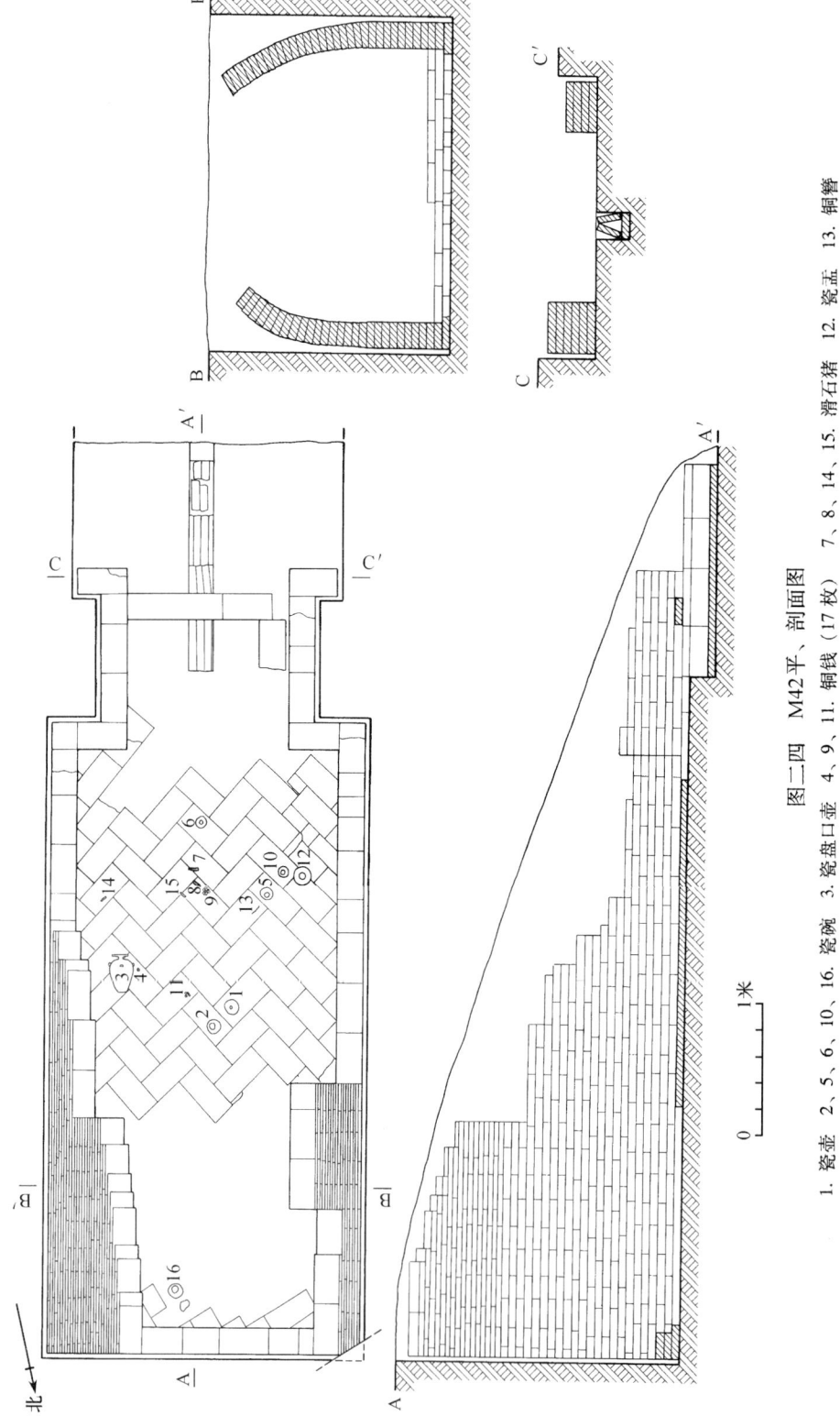

图二四 M42平、剖面图

1. 瓷壶 2、5、6、10、16. 瓷碗 3. 瓷盘口壶 4、9、11. 铜钱（17枚） 7、8、14、15. 滑石猪 12. 瓷盂 13. 铜簪

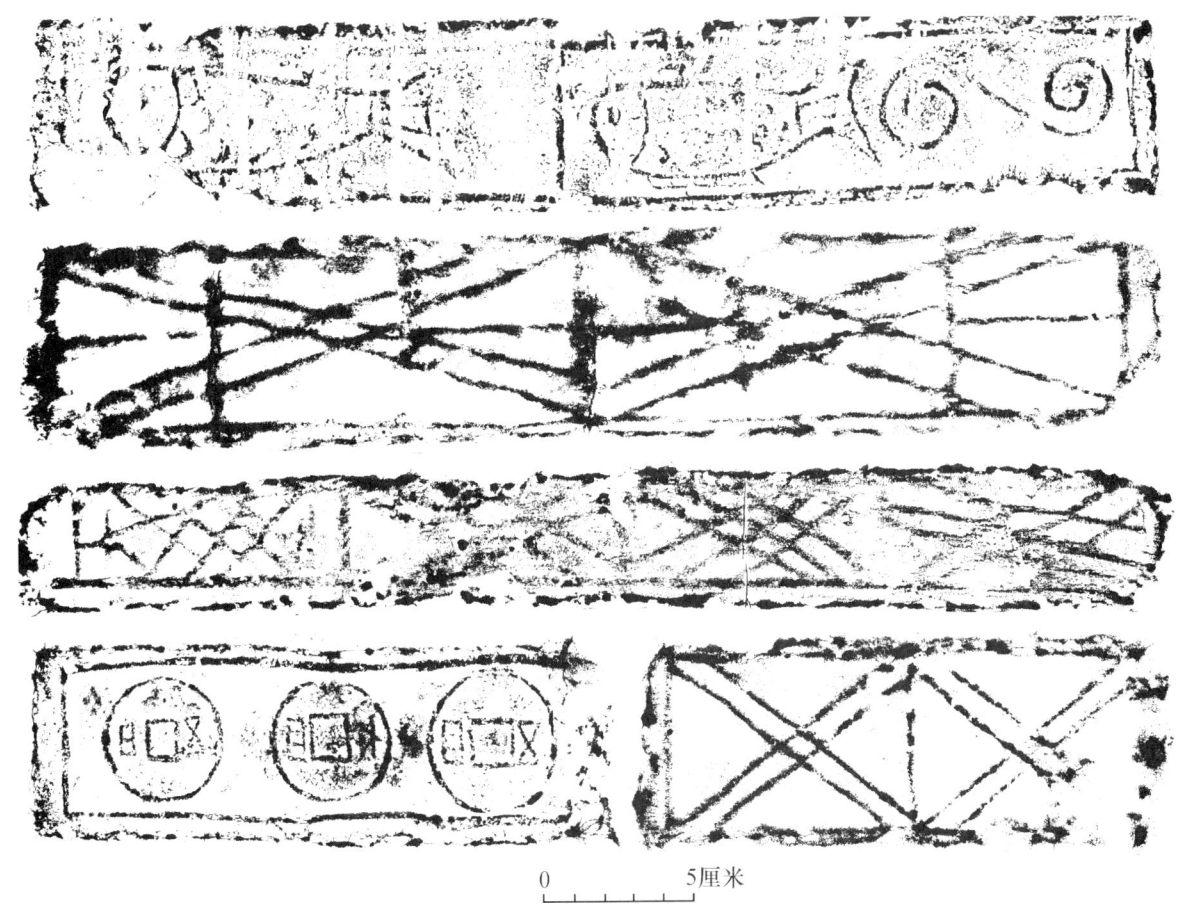

图二五 M42 墓砖拓片

壶 1件。标本 M42:1，灰白胎，灰黄釉，釉色透亮，有细小开片。小盘口外撇，细颈，壶身较小，呈圆形，肩部有一短流，底残。口径6、残高10厘米（图二六，2；图版一四，2）。

盂 1件。标本 M42:12，灰白胎，青绿釉，釉色泛黄，底露胎。口残，壶身矮，颈细，下腹外鼓，似蒜头形，平底。残高11.2、腹径15.2、底径12.4厘米（图二六，1）。

滑石猪 4件。分二式。

Ⅰ式 2件。标本 M42:7，灰白色石料，长条形，呈卧状，前蹄紧贴下颌，头部五官清晰，嘴和前蹄基本平齐。长7.1、宽1.7、高1.8厘米（图二六，10）。

Ⅱ式 2件。标本 M42:8，灰白石料，卧状，下颌紧贴前蹄，嘴部较尖，前凸。长7.5、宽2、高2.2厘米（图二六，11）。

铜钱 17枚，大多锈蚀严重，字迹不清，有五铢、四铢、剪轮五铢。

五铢 4枚。标本 M42:11，正面有轮有郭，"五"字较瘦长，交笔微曲。直径2.2厘米（图二六，12）。

剪轮五铢 12枚。标本 M42:9，锈蚀严重，直径1.1厘米（图二六，14）。

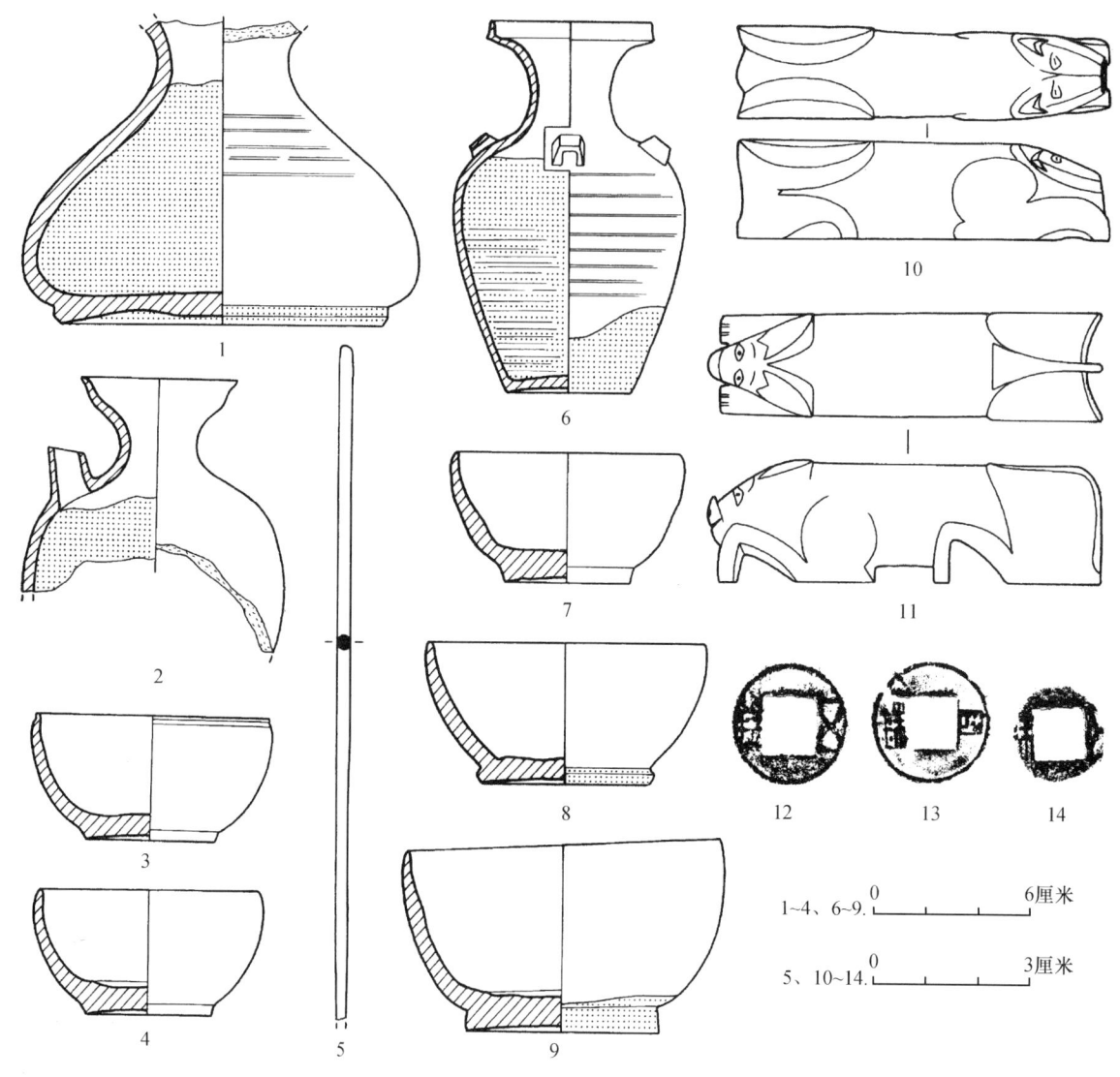

图二六 M42 出土器物

1. 瓷盂（M42:12） 2. 瓷壶（M42:1） 3、4、7~9. 瓷碗（M42:5、M42:6、M42:10、M42:16、M42:2） 5. 铜簪（M42:13）
6. 盘口壶（M42:3） 10、11. 滑石猪（M42:7、M42:8） 12~14. 铜钱（M42:11、M42:4、M42:9）

四铢　1枚。标本 M42:4，正面有轮有郭，背面有轮有郭，"铢"字头平齐，直径 2.2 厘米（图二六，13）。

铜簪　1件。标本 M42:13，一端残，断面呈圆形。残长 12.5 厘米（图二六，5）。

M43　凸字形土圹竖穴券顶砖室墓，分墓室和甬道两部分。该墓券顶已坍塌，墓道基本被毁，开口②层下，打破生土，方向 40°。墓口距地面深 60~85 厘米，墓室长 434、宽 192 厘米，用砖错缝平砌，人字形铺地砖。壁砖侧面为四分界格双交叉线纹，端面二分界格，有文字"大吉"，正面为绳纹，长 38.8、宽 18、厚 8 厘米。楔形砖侧面为四分界格变异交叉线纹，端面为三线交叉中间夹一圆圈，圆圈内有十字（图二八）。墓内填土为灰黄色，未见人骨和葬具，只清理出 3 枚棺钉。随葬品集中在墓室中部，有瓷罐、瓷盘、滑石猪、铜钱，共 7 件（图二七）。

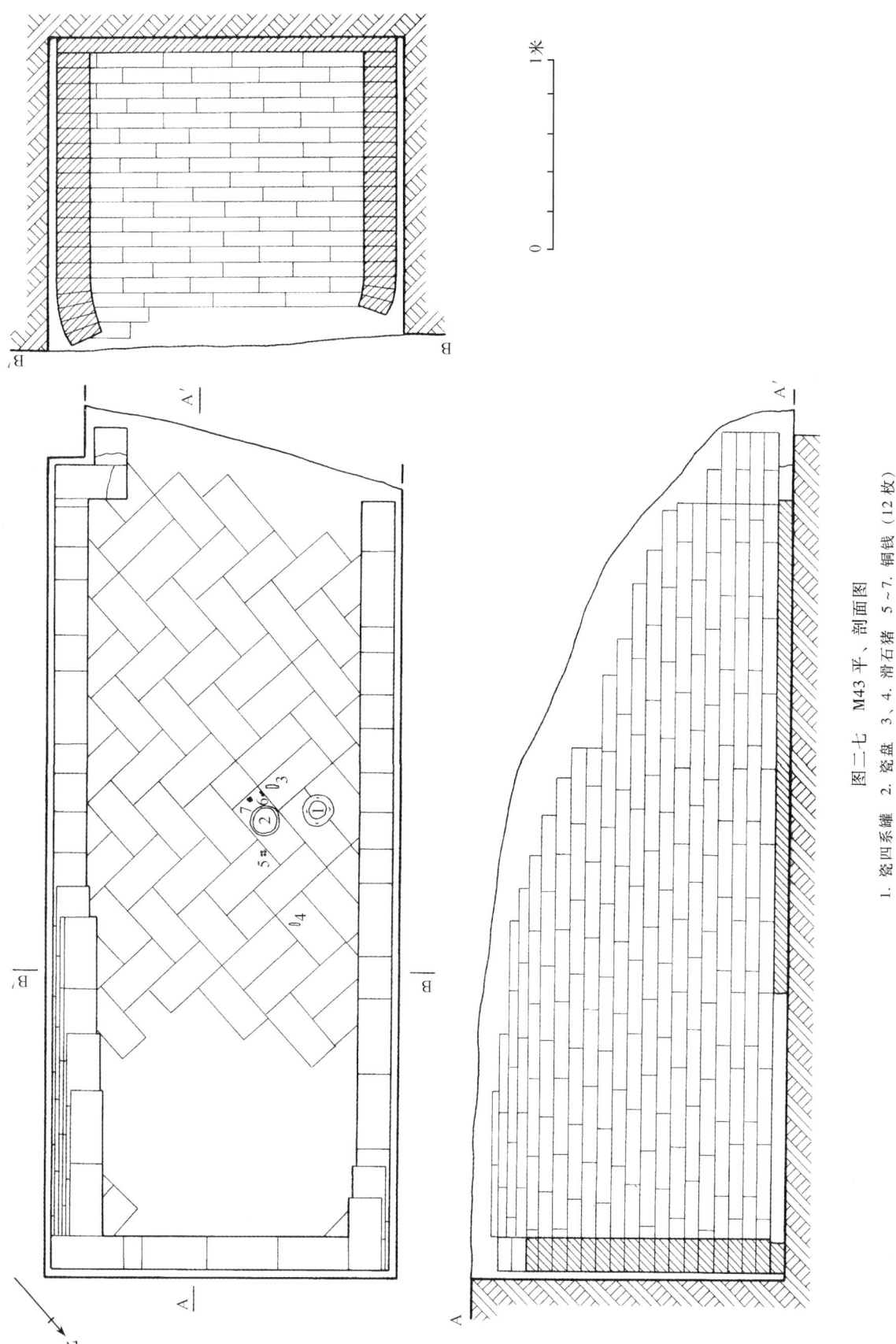

图二七 M43 平、剖面图
1. 瓷四系罐 2. 瓷盘 3、4. 滑石猪 5~7. 铜钱（12枚）

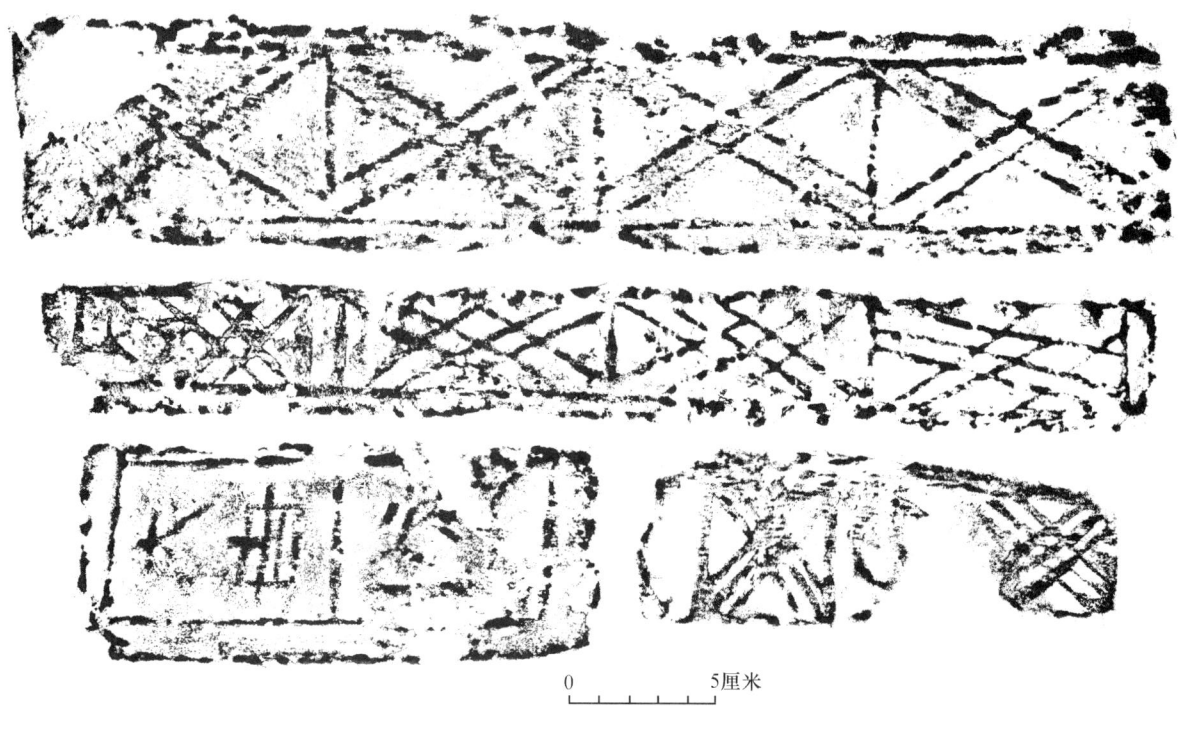

图二八　M43 墓砖拓片

瓷器　2 件。

瓷四系罐　1 件。标本 M43:1，灰白胎，青绿釉，底露胎，釉色大多已脱落。平沿，尖唇，短颈，鼓肩，四横耳置于肩部，最大径在上腹，下腹斜收，平底。高 16.4、口径 10、腹径 16.4、底径 10 厘米（图二九，1）。

盘　1 件。标本 M43:2，黄白色胎，青绿釉，胎土较粗糙，浅盘圆唇，上壁外撇。口径 14、底径 12、高 2.2 厘米（图二九，2）。

滑石猪　2 件。分二式。

Ⅰ式　1 件。标本 M43:3，灰白色，整器呈长方形，猪为卧状，器身刻出猪的五官和四肢，头部较突出。长 7.8、宽 1.7、高 2.3 厘米（图二九，3）。

Ⅱ式　1 件。标本 M43:4，灰白色，瘦长形，上部圆弧，只雕出头部和五官，嘴突出。长 7.6、宽 1.25、高 1.25 厘米（图二九，4）。

铜钱　12 枚。

半两　5 枚。标本 M43:5，字迹粗大，面有轮有郭，十字两，直径 2.2 厘米（图二九，5）。

五铢　2 枚。标本 M43:6，"五"字较瘦长，交笔较弯曲（图二九，6）。

剪轮五铢　4 枚。均锈蚀严重。

货泉　1 枚。标本 M43:7，阳文篆体，直径 1.55 厘米（图二九，7）。

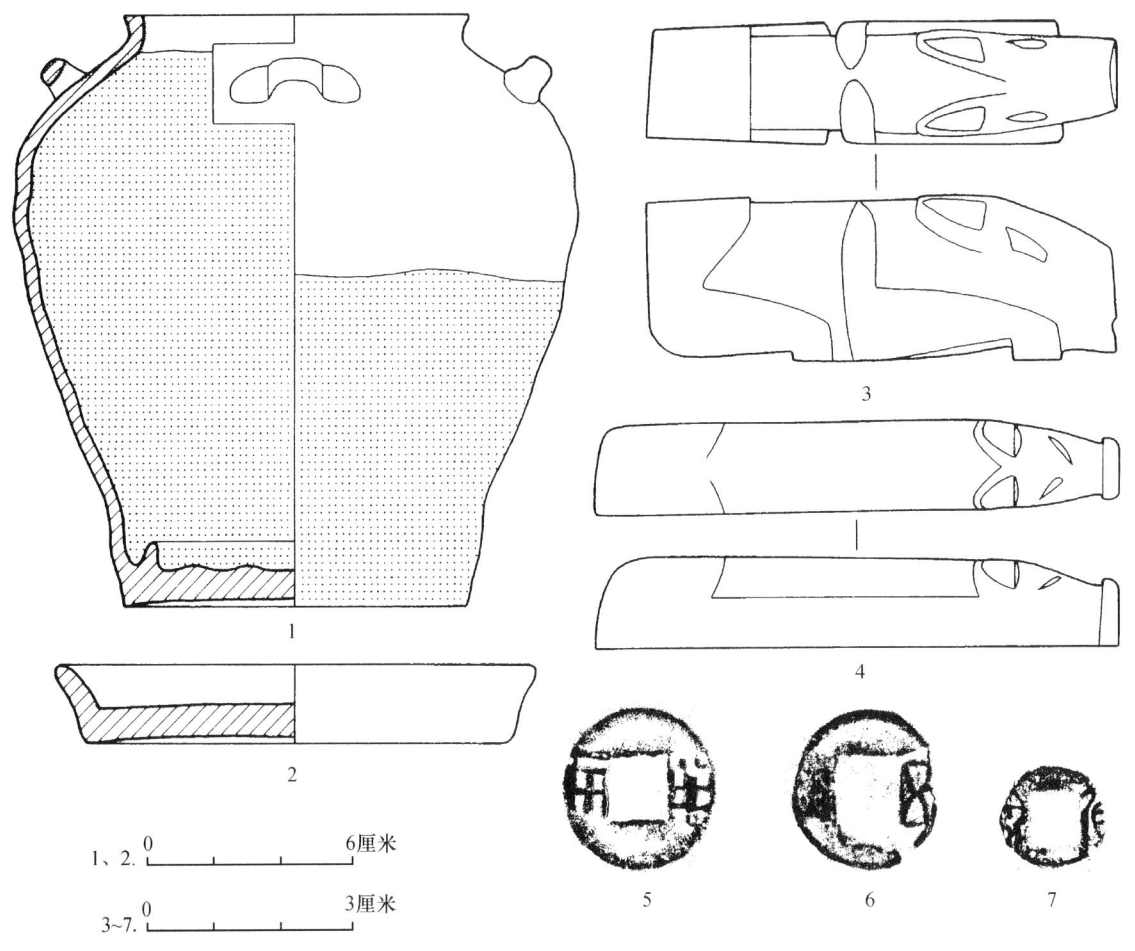

图二九 M43 出土器物

1. 瓷四系罐（M43:1） 2. 瓷盘（M43:2） 3、4. 滑石猪（M43:3、M43:4） 5~7. 铜钱（M43:5、M43:6、M43:7）

M46 凸字形土圹竖穴券顶砖室墓，分墓道和甬道两部分。开口①层下，打破生土，该墓券顶已毁，墓口距地面深25~30厘米，墓道的一半已无存，墓室残长440、宽190厘米，方向340°，甬道位于墓室南部，甬道西壁残留部分壁砖，其余均被破坏。填土为灰黄沙土，墓壁用花纹砖错缝平砌，人字形铺地砖，壁砖侧面和楔形砖侧面为三分界格双交叉线纹，端面边框内为一组交叉线纹，正面为绳纹，壁砖长40、宽15.2、厚8厘米。未见葬具及人骨，随葬品置于墓室南部，共2件（图三〇）。

瓷器 1件。

四系罐 1件。标本M46:1，灰白胎，青绿釉，底露胎，直口圆唇，鼓肩，肩部有四个桥形耳，下腹斜收，平底，肩部饰两道凹弦纹。高13、腹径15.6、口径9.8、底径9.6厘米（图三一，2；彩版四，3）。

蚌壳 1件。标本M46:2，蚌壳原样，未经任何加工（图三一，1）。

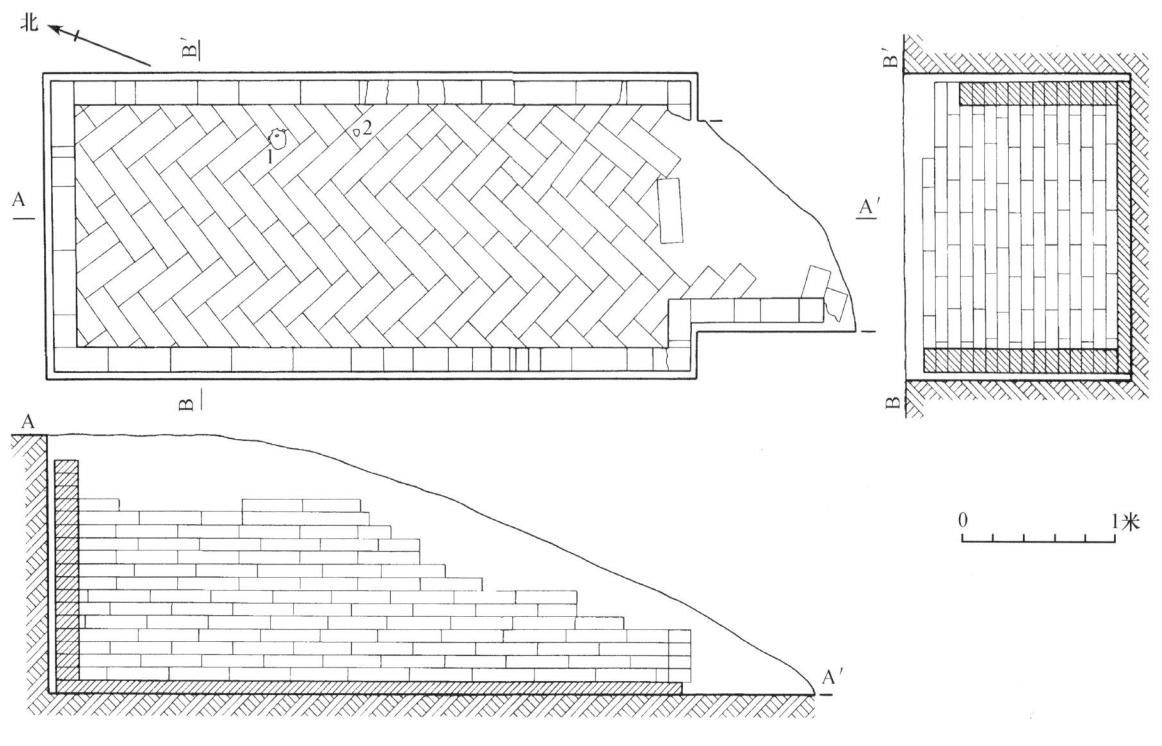

图三〇 M46 平、剖面图
1. 四系罐 2. 蚌壳

M47 凸字形土圹竖穴券顶砖室墓。开口②层下，打破生土，方向 23°，分墓室、甬道和墓门，有无墓道不清楚，该墓平面结构基本保存，但墓葬的上半部分破坏严重，券顶已无存，壁砖的大部分已破坏。墓室长 370、宽 200 厘米，墓底距地面最深处深 364 厘米，填土为灰黑色。甬道位于墓室南部，长 110、宽 104、残深 35 厘米，墓内未发现人骨和葬具。墓壁用花纹砖错缝平砌，壁砖平面饰绳纹，侧面为六分界格三重相套的菱格和半菱格组成的纹饰，砖长 31.5、宽 15、厚 5.2 厘米。楔形砖侧面为连续折线反向折线相交处形成菱格，端面纹饰与侧面纹饰相同，长 31.5、宽 14.5、端面厚 3.3~5 厘米（图三三）。墓圹和墓壁之间有 15 厘米间隙，用墓砖横置紧顶墓圹，大石块封门，该墓由于破坏严重，只发现三足砚和瓷熏炉残片（图三二；图版六，1）。

陶器 2 件。

三足砚 2 件。标本 M47:1 和 M47:2，两件基本相同。M47:1，残，陶质，红胎黑釉。双圆唇，内唇低于外唇，浅盘，平底，三蹄足。口径 21.7、底径 19、高 5 厘米（图三四，1）。

瓷器 1 件。

熏炉 标本 M47:3，白胎，青釉，鼓腹，仅剩一块残片，器形不明（图三四，2）。

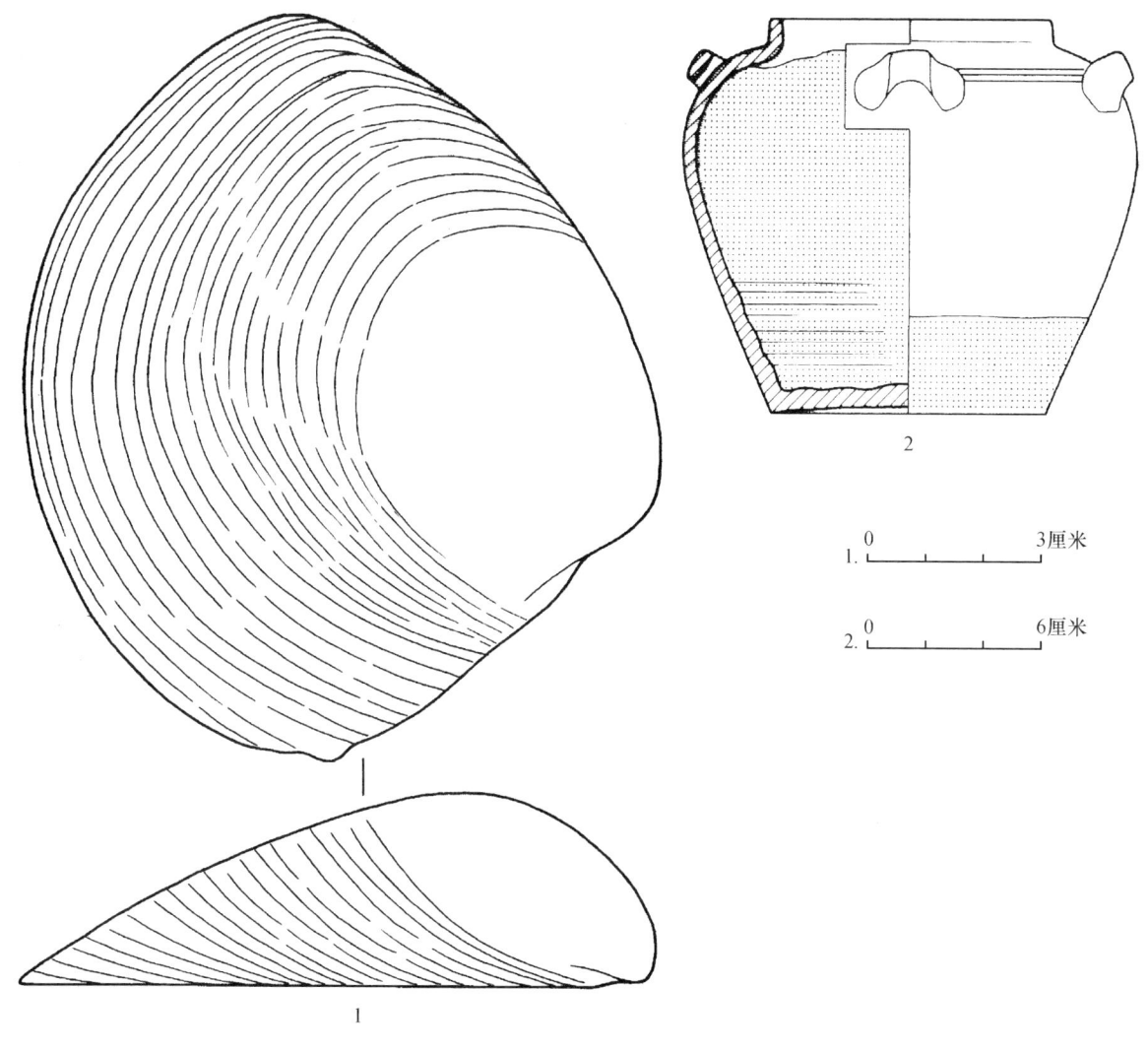

图三一　M46 出土器物
1. 蚌壳（M46:2）　2. 四系罐（M46:1）

M48　长方形土坑竖穴券顶砖室墓。开口②层下，打破生土，方向44°。该墓破坏严重，券顶和墓壁的上半部分已无。墓室为长方形，南部残，墓葬形制不清，墓室残长390、宽180、北壁残高134厘米，在东壁的西部约150厘米处发现破坏的墓道拐角残砖，墓内填土为灰褐色，没有发现人骨和葬具。墓壁用花纹砖错缝平砌，壁砖侧面为二分界格单交叉线纹，砖长35、宽15、厚5厘米，无铺底砖，墓底为生土。未发现任何随葬品（图三五）。

M49　凸字形土坑竖穴券顶砖室墓。由墓室和甬道组成，开口②层下，打破生土，方向53°。墓圹距地面深160厘米，该墓破坏较严重，券顶几乎无存，墓室残长420、宽192厘米，墓底距地面深400厘米，甬道位于墓室南部，形制已不全，残长50厘米。墓壁用灰色花纹砖错缝平砌，平砖正面为绳纹，侧面为单交叉线纹，后壁券顶保存较好，第二十一排开始起券，

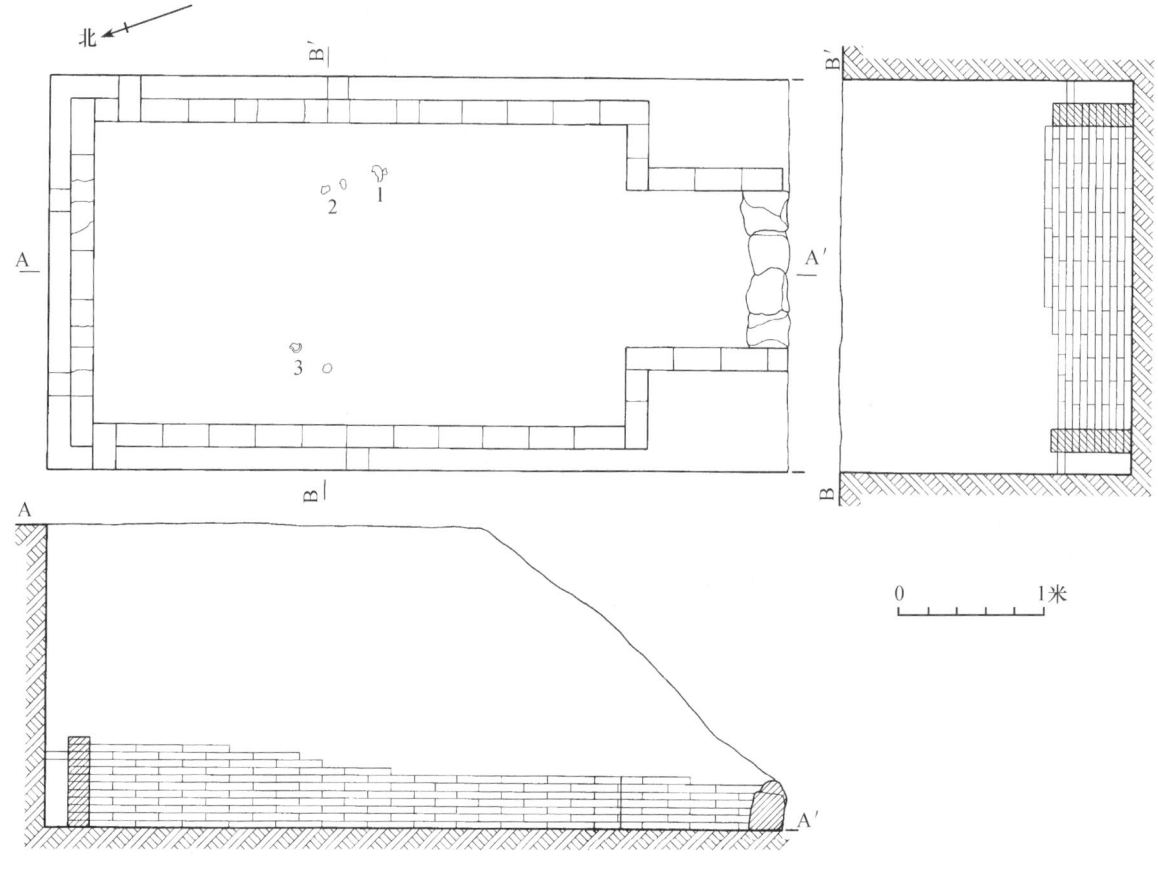

图三二　M47 平、剖面图

1、2. 陶三足砚　3. 瓷熏灯

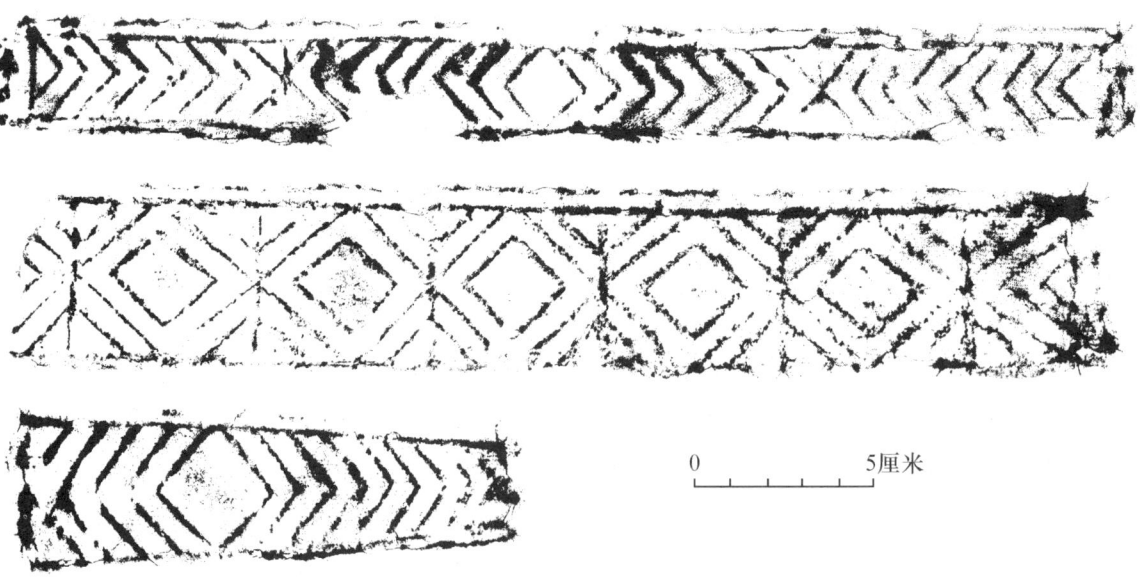

图三三　M47 墓砖拓片

叁 六朝墓葬

无铺底砖，墓室后部有一个大石块，应是后来滚进墓室内的，墓内发现散乱人骨和数枚棺钉，分析该墓可能有多具人骨并使用了木棺，头向西，葬式为仰身直肢，性别和年龄不详。未发现任何随葬品，只清理出少量绳纹瓦片（图三六）。

板瓦　标本 M49:1，均为残片。青灰色，泥质，厚 1.8~2 厘米，截面为弧形，凸面饰粗绳纹。

M50　凸字形土圹竖穴券顶砖室墓。由墓室和甬道组成，开口②层下，打破生土，方向 42°，该墓形制基本保存，券顶基本完好，后壁有一盗洞。墓圹距地面深 260 厘米，长 408、宽 188 厘米。墓室长 374、宽 132 厘米，显得瘦长。墓道为长方形，位于墓室南端，长 136、宽 94、高 110 厘米，墓壁用灰色花纹砖错缝平砌，壁砖侧面和楔形砖窄侧面为四分界格，界

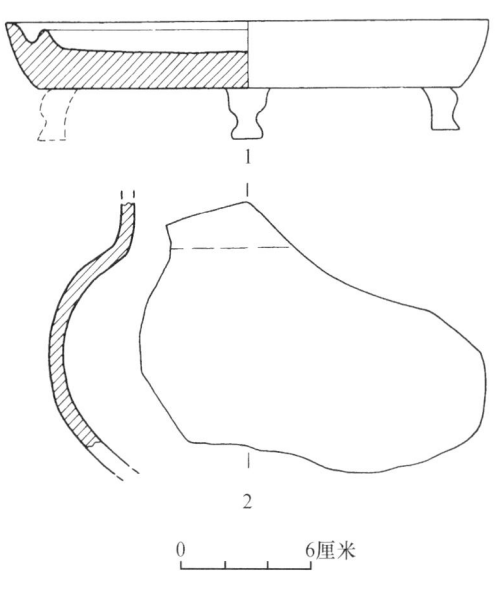

图三四　M47 出土器物
1. 陶三足砚（M47:1）　2. 瓷熏炉（M47:3）

格内为双交叉线纹，正面有绳纹，长 36.7、宽 15.6、厚 5.2 厘米（图三八）。底砖平铺，多用半块残砖错乱铺砌，墓道南部用小石块封门。墓内未见人骨，发现棺钉 1 枚、残铜簪 1 节、青瓷片 2 块、红色方格纹硬陶片 1 块（图三七）。

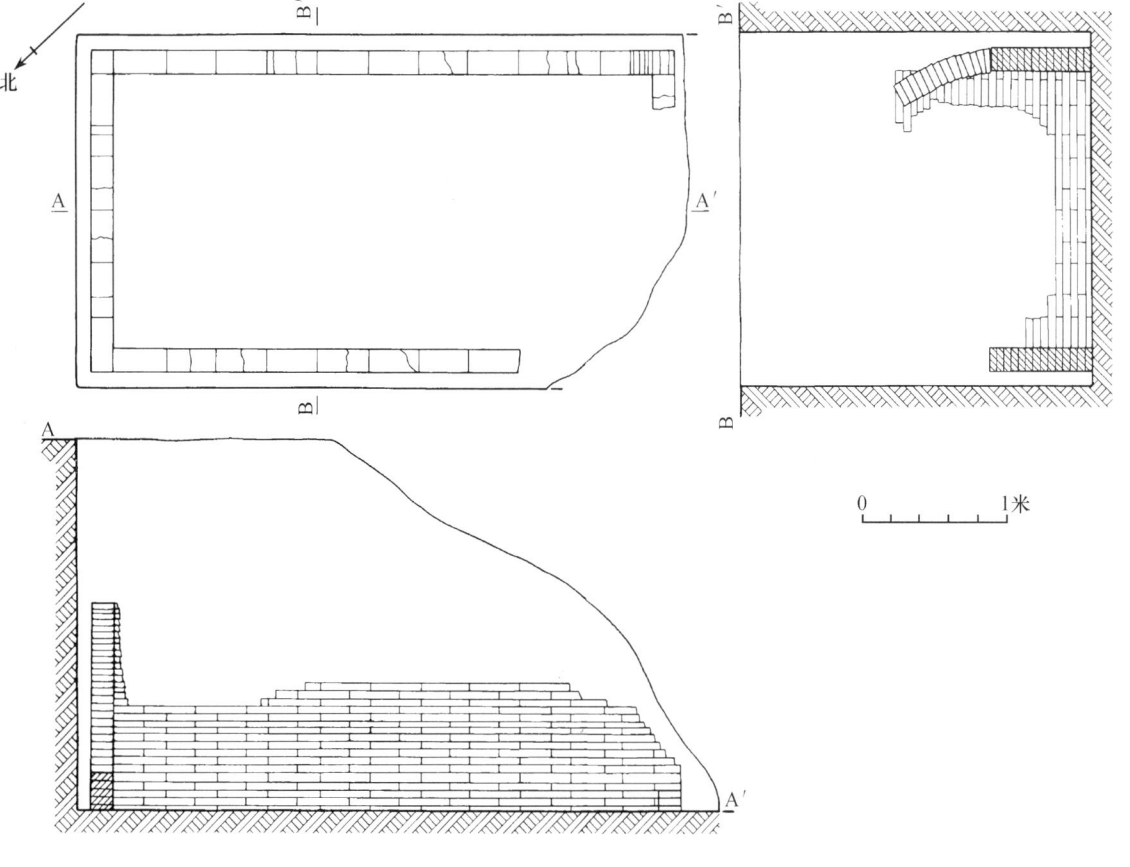

图三五　M48 平、剖面图

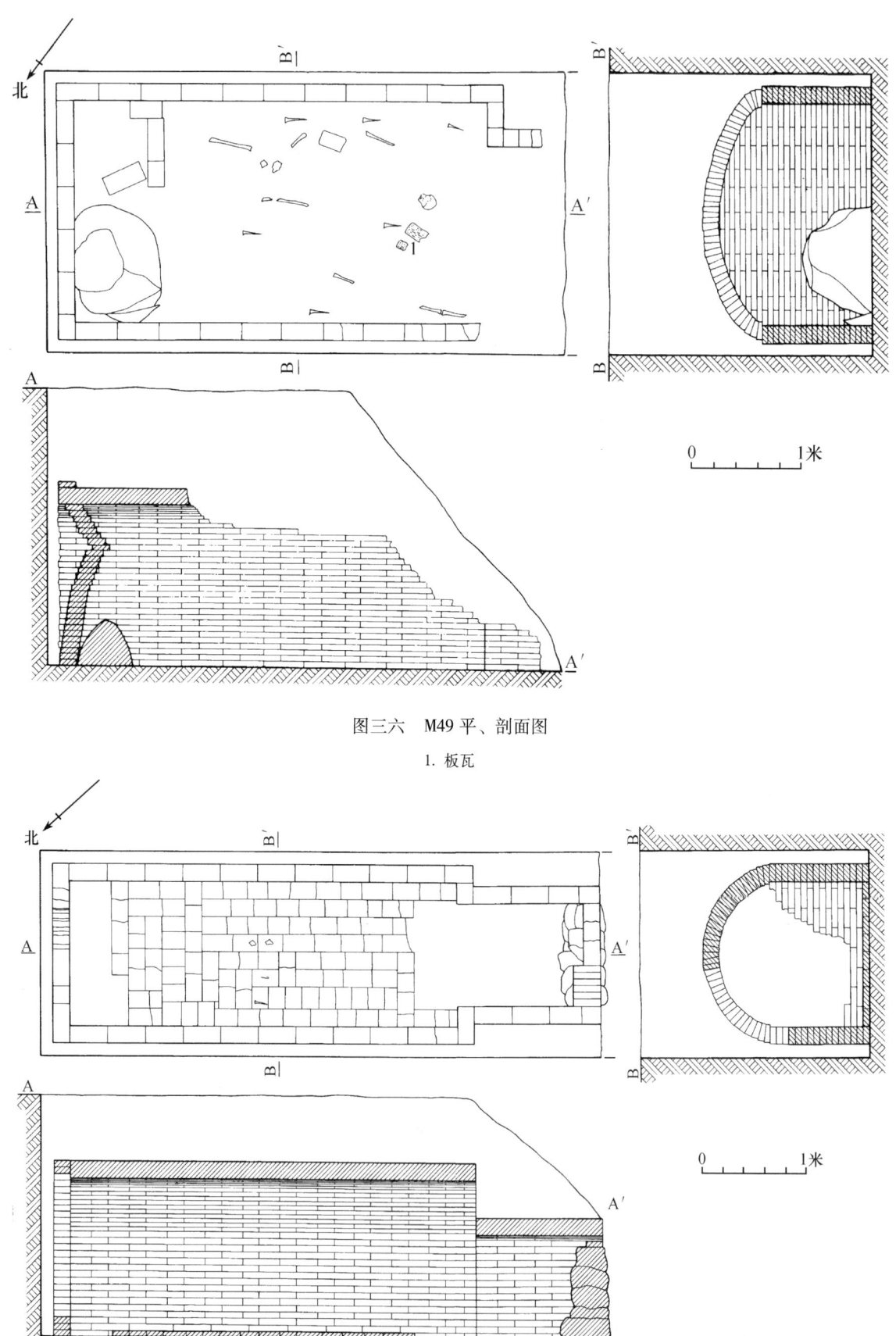

图三六 M49 平、剖面图
1. 板瓦

图三七 M50 平、剖面图

图三八　M50 墓砖拓片

M63　凸字形土圹竖穴券顶砖室墓。由墓室和甬道组成，开口②层下，被 M62 打破。方向 260°，墓口距地面深 80 厘米，墓底距地面深 360 厘米。墓室长 590、宽 236 厘米，填土为灰黄色花土，甬道为长方形，居墓室西部，长 136、宽 148 厘米，侧面保存部分券顶，墓砖为青灰色，错缝平砌，底砖呈人字形平铺，封门砖纵向平放于墓口，摆放无一定规律。壁砖正面为粗绳纹，侧面为五分界格多重菱纹，端面为三分界格车轮纹，长 38 厘米、宽 18、厚 8 厘米。楔形砖正面为粗绳纹，窄侧面为五个连续的四重菱纹，中间有一实点，端面为两分界格双交叉线纹（图四〇）。墓室中间部分券顶和壁砖已无存，应为早期的盗洞，由于墓室内较乱，未发现人骨，葬具不清，但在墓室前部的中间发现铁棺钉和铜钱，推测接近墓道处应有棺木，随葬品大多已无存，在接近墓道的两侧清理出滑石猪和瓷器残片，共 15 件。瓷器的器形有碗、盘、罐、熏炉等（图三九；图版七，1）。

青瓷器　9 件。

钵　2 件。标本 M63：1，圆唇，壁较直，沿下有二道凹弦纹，平底。灰白胎，青绿釉，外壁半釉。口径 13.5、底径 10、高 6 厘米（图四一，2）。标本 M63：5，尖唇，口微敛，壁略外鼓，平底，底和壁分界明显。通体施釉，釉色青中泛灰，光泽度较好，开细片。口径 13.3、底径 8.5、高 6.5 厘米（图四一，3）。

碟　1 件。标本 M63：4，尖唇，上壁折，下部内收，平底。灰白胎、青绿釉，外壁下部露胎。口径 8.7、底径 3.1、高 3.1 厘米（图四一，7）。

熏炉　1 件。标本 M63：6，上部呈圆球形，直口、圆唇，肩部用锐器戳出九个半月形穿孔，间以两道凹弦纹。底座为盘形，中间有一喇叭形支柱托起上部，平底。灰白胎，青绿釉，盘底露胎。口径 9、高 16、盘径 15.8 厘米（图四一，1；彩版四，2）。

盘　2 件。标本 M63：9，浅盘，壁斜直，青釉泛灰，胎较厚。圆唇，平底，盘内有五个支钉痕，盘中间有一周凹弦纹，通体施釉。口径 15、底径 14、高 2.4 厘米（图四一，5）。标本 M63：10，器形与 M63：9 相似，通体施釉，釉色青中泛灰。口径 13.7、底径 13、高 2 厘米（图四一，6）。

盘口壶　1 件。只有口部残片。标本 M63：13，灰白胎，釉色青中泛黄，盘口较深，中间内收后再外撇（图四一，8）。

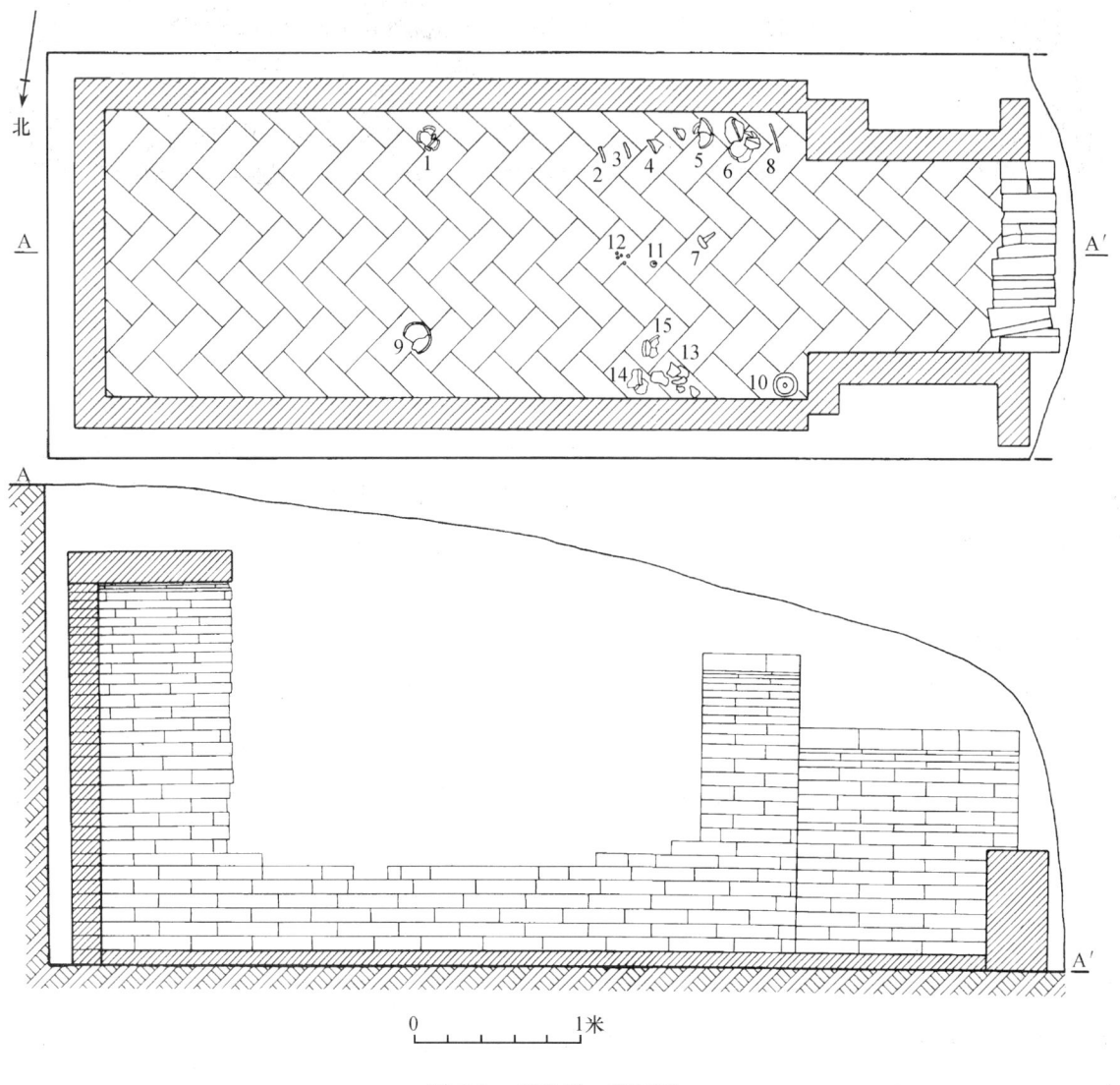

图三九　M63 平、剖面图

1、5. 瓷钵　2、3. 滑石猪　4. 瓷碟　6. 瓷熏炉　7、8. 铜棺钉　9、10. 瓷盘　11、12. 铜钱（6 枚）　13. 瓷盘口壶　14. 瓷盆　15. 瓷缸

盆　1 件。残，标本 M63：14，灰白胎，青黄釉，平口宽沿，腹较深，下腹内收（图四一，11）。

缸　1 件。残，标本 M63：15，灰白胎，青绿釉，釉色较均匀，直口尖唇，唇下部向外突出并有一周凸棱，壁较直（图四一，9）。

滑石猪　2 件。标本 M63：2、M63：3，灰白色石料雕刻而成，整体呈长条形，卧状，五官清晰，前腿弯曲，头尾平整（图四一，4）。

铜棺钉　2 件。标本 M63：7，残，铜质，方台形帽，内空，扁方体，尾部残。残长 13.4、钉帽最大宽度 4 厘米（图四一，10）。标本 M63：8，上部残，扁方形条状，可能为铜棺钉的尾部。

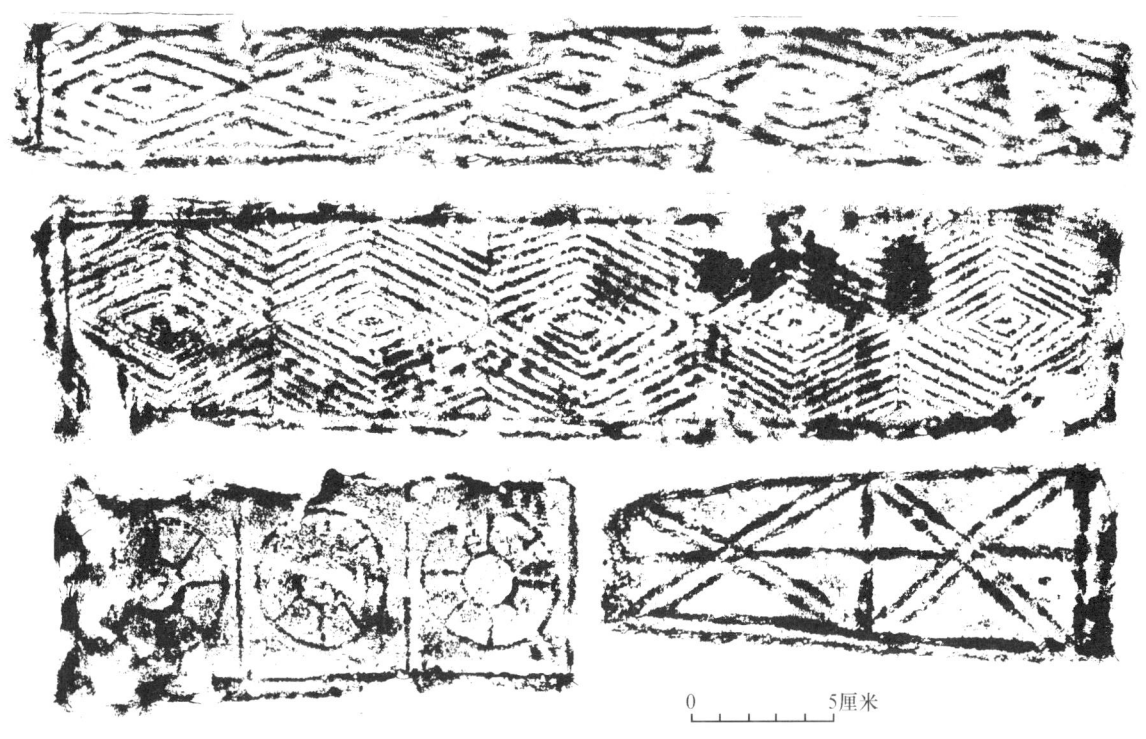

图四〇　M63 墓砖拓片

铜钱　6 枚。

五铢　1 枚。标本 M63:11，锈蚀严重，钱体轻薄，笔画较圆润，五字不清，字体瘦长，朱字头略高（图四一，13）。

剪轮五铢　5 枚。标本 M63:12，钱体较小，锈饰较严重，字迹不清晰（图四一，12）。

M66　凸字形土圹竖穴券顶砖室墓，分甬道和墓室两部分，方向 270°。开口②层下，打破生土，券顶已无存，残存部分壁砖，墓口距地面深 80 厘米，墓圹残长 564、宽 260 厘米。墓室呈长方形，长 460、宽 255 厘米，填土为灰黄色花土，墓壁错缝平砌，残存高度 100 厘米，人字形铺底砖，底砖大部分已无存。壁砖有两种，一种正面为绳纹、侧面为"□墓丘万年大吉"吉祥语、端面为网格纹，长 41、宽 15、厚 6.5 厘米；另一种砖正面为绳纹、侧面为三分界格网格纹、端面为网格纹和倒三角纹，中间一"墓"字，长 40.5、宽 14.5、厚 7.5 厘米（图四三；图版一〇，2）。甬道位于墓室西部，残长 116 厘米、宽 164 厘米，封门砖横置于墓道中部，随葬品置于墓室前端，瓷器均已破碎，发掘时由于涨水，墓室被水冲刷，没有发现棺木痕迹，只发现零星碎骨渣，随葬品有青瓷器 5 件、滑石猪 1 件（图四二）。

瓷器　5 件。

碗　2 件。标本 M66:1、M66:5，为两件相同器物。尖唇，口微敛，上壁较直，下壁较弧，饼形底，釉色青中泛黄。标本 M66:1，口径 9、底径 4.8、高 5.5 厘米（图四四，4）。标本 M66:5，口径 9、底径 4.8、高 5.8 厘米（图四四，5；图版一三，4）。

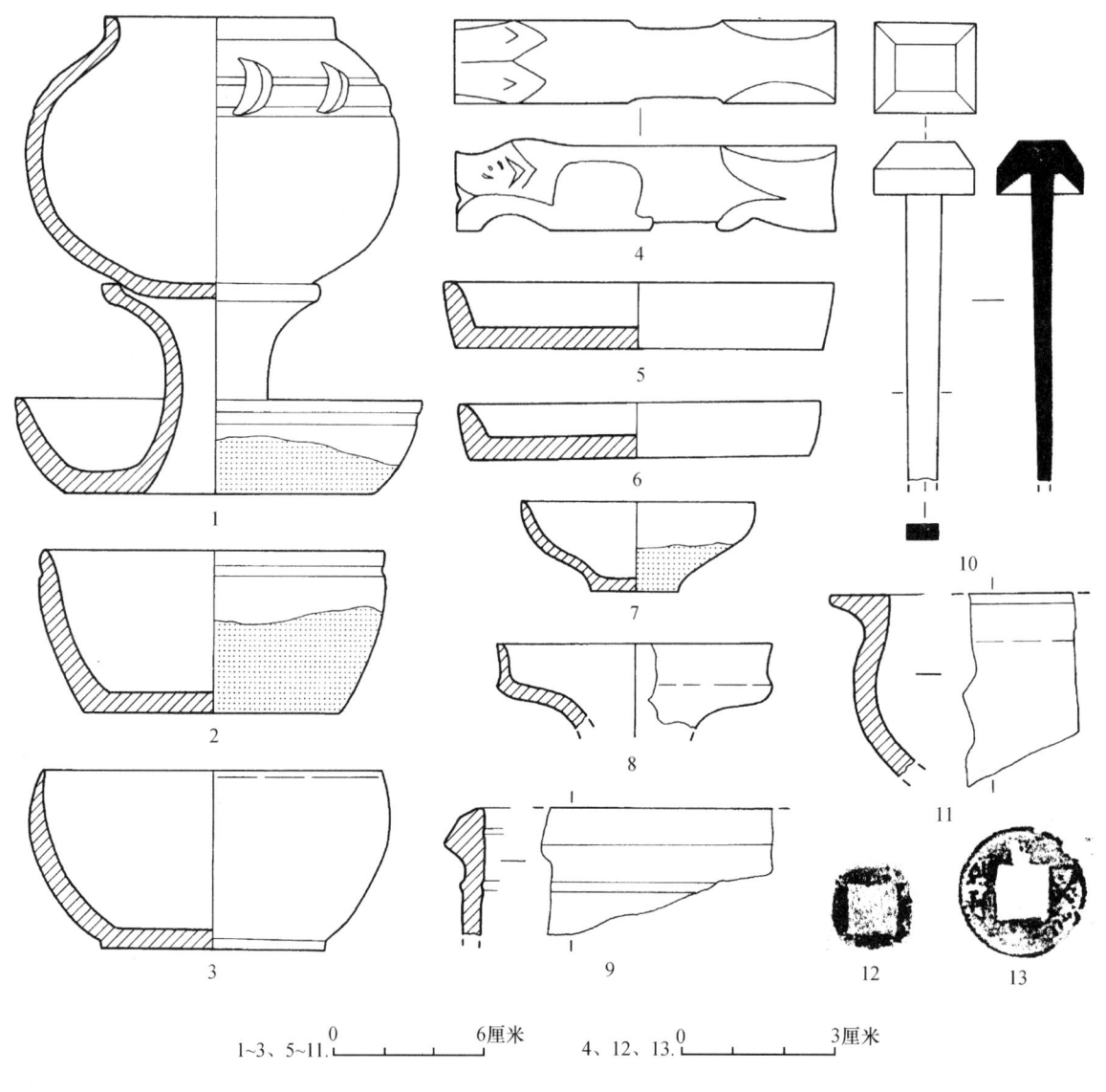

图四一　M63 出土器物

1. 瓷熏炉（M63:6）　2、3. 瓷钵（M63:1、M63:5）　4. 滑石猪（M63:2）　5、6. 瓷盘（M63:9、M63:10）　7. 瓷碟（M63:4）
8. 瓷盘口壶（M63:13）　9. 瓷缸（M63:15）　10. 铜棺钉（M63:7）　11. 瓷盆（M63:14）　12、13. 铜钱（M63:12、M63:11）

盘口壶　1件。标本 M66:2，灰白胎、青绿釉，盘口已残，细颈，上腹鼓突，肩部附贴四耳，下腹斜收，平底露胎。口径 11、底径 8.3、腹径 15、残高 20 厘米（图四四，2；图版一一，3）。

罐　1件。标本 M66:3，尖唇、直口，平肩，肩下有四耳横置，壁较直，呈筒形，腹中部微收，平底，灰白胎，釉色青中泛黄。口径 8.2、底径 9.6、高 8 厘米（图四四，3；图版一二，2）。

盘　1件。标本 M66:6，圆唇、浅盘、壁外撇、平底，盘中心有一周凹弦纹，青灰色釉。口径 14.3、底径 13.3、高 2 厘米（图四四，6；图版一二，4）。

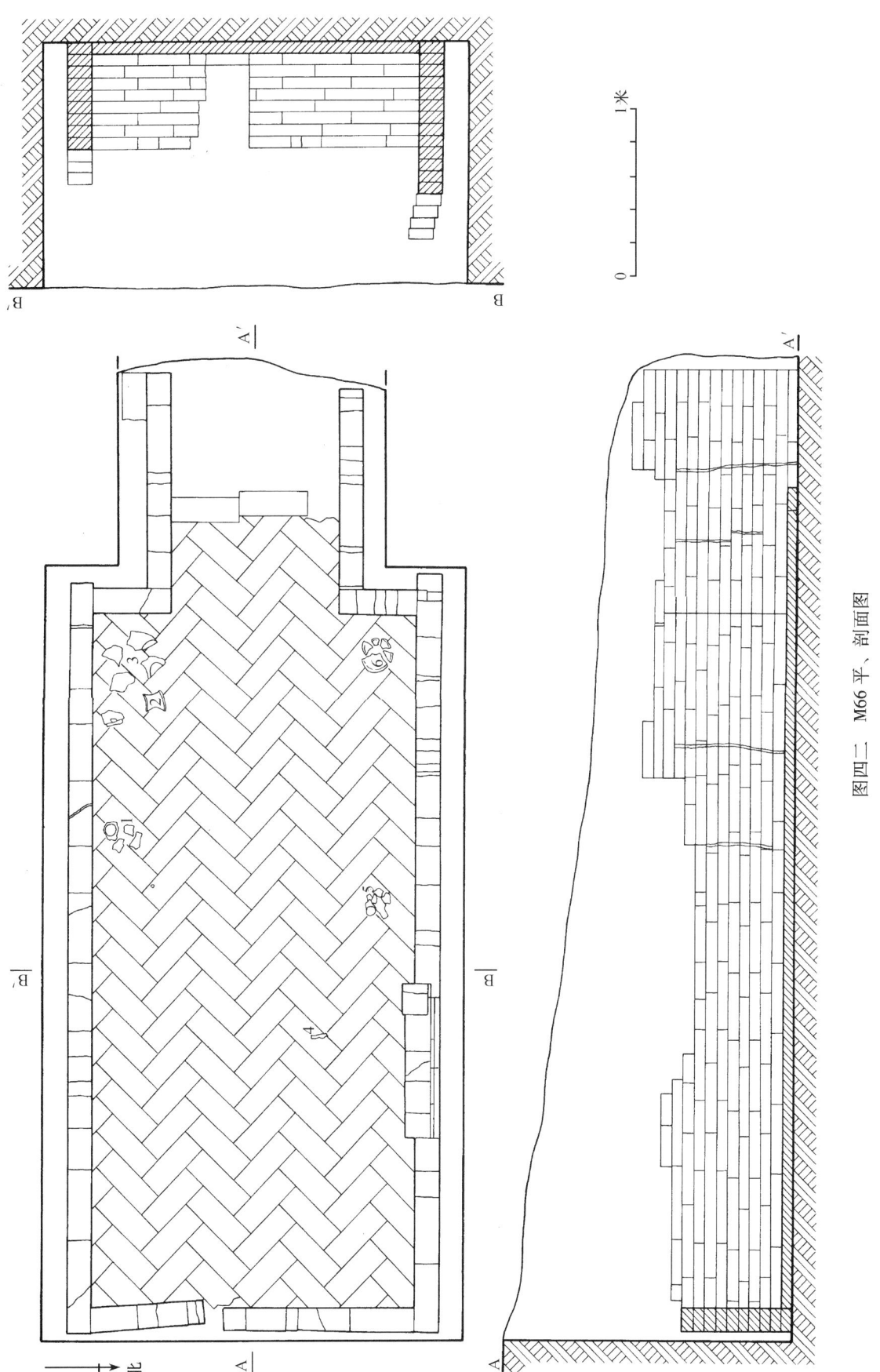

图四二 M66 平、剖面图
1、5. 瓷碗 2. 瓷盘口壶 3. 瓷罐 4. 滑石猪 6. 瓷盘

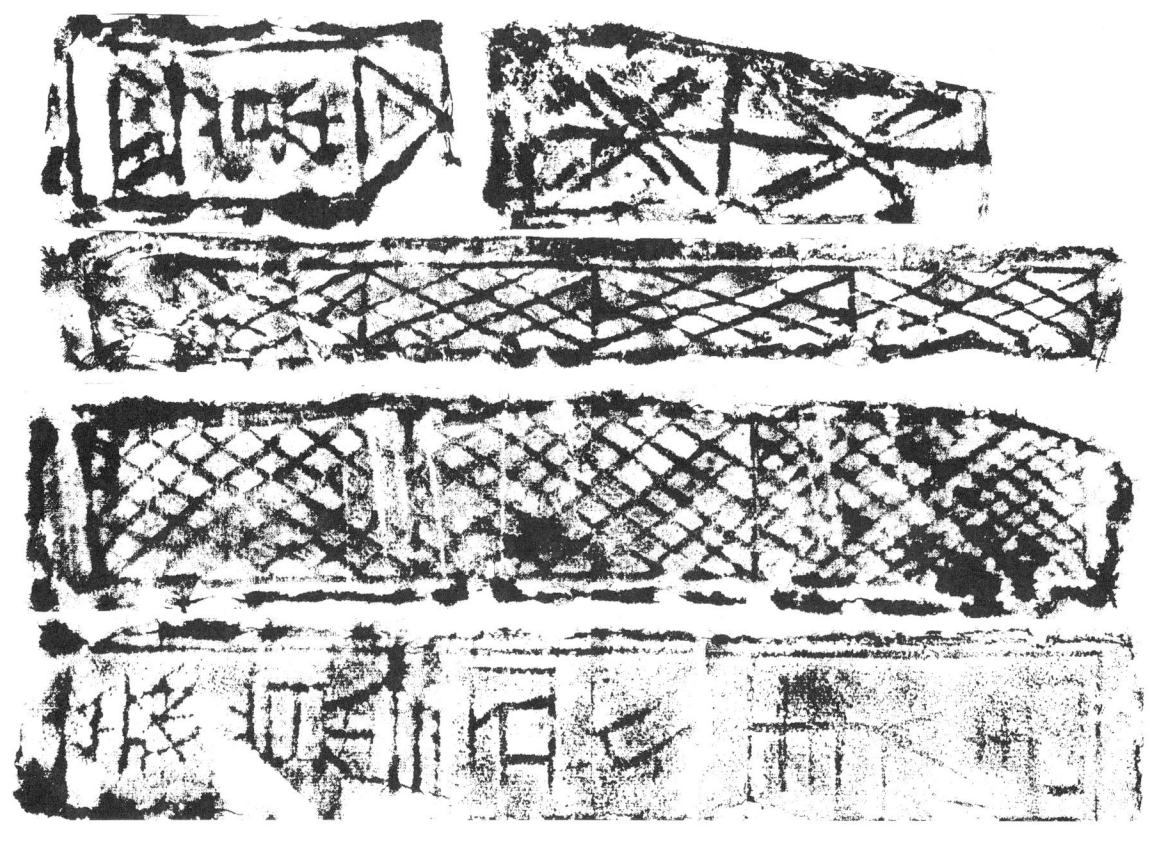

图四三 M66 墓砖拓片

滑石猪 1件。标本M66:4，白色石英石雕刻而成，五官清晰，鼻上翘，卧状，背部肥壮，线条圆润，雕刻精细。长9.3、宽2.2、高2厘米（图四四，1）。

M72 该墓顶部被堆积的石块重压，造成顶部和前半部分无存，墓砖绝大多数成碎块，加之被水冲刷，破坏相当严重。开口②层下，打破生土，墓室为长方形，方向97°，墓口距地面深60厘米，残长360、宽190厘米，墓底距地面深140厘米，墓内有大量积石和少量灰黄色填土。后壁残高140厘米，墓砖错缝平砌，侧面为三分界格折线格纹，折线与界格线形成三角形，砖长36.2、宽15、厚5厘米。未见人骨和葬具，随葬品仅剩几块青瓷残片、料珠2颗、贝壳1块，可辨器形有青瓷盘、戳印镂空三角纹熏炉（图四五；图版六，2）。

瓷盘 1件。标本M72:1，圆唇弧壁，腹略深，平底，上壁有二道凹弦纹。灰白胎，釉色青中泛灰，外壁半釉，残，已修复。口径14.7、底径12、高3厘米（图四六，2）。

熏炉 1件。标本M72:4，只发现残片，灰白胎，青绿釉，釉色泛黄，炉身较圆，戳印镂空三角纹（图四六，4）。

料珠 2颗。标本M72:2，扁圆形，黄色、绿色各1件，中间穿一小孔。外径0.5、孔径0.2、高0.7厘米（图四六，3）。

贝壳 1件。标本M72:3，白色，呈扇形，未经加工（图四六，1）。

叁 六朝墓葬

M76 凸字形土圹竖穴券顶砖室墓。该墓保存较完整,开口②层下,方向89°。墓口距地表深55~200厘米,墓底距地表最深处400厘米。发掘时,由于江水不断上涨,墓葬前半部分泥土已被冲刷掉,裸露出墓葬的券顶和甬道,所以墓口长度不详,宽190厘米。墓室长400、宽176厘米,长方形,墓内积满淤土,已成为泥浆,淤积层厚约80厘米。墓壁用青灰色砖错缝平砌,壁砖长40、宽18、厚8厘米,墓砖平面为粗绳纹,一侧为五分界格四重菱形纹,即每个界格内有四重相套的菱形纹,菱形纹之外有四重斜线,端面为三分界格车轮纹,纹饰皆向墓内。第17排开始起券,楔形砖长40、宽18、厚4.8~7.2厘米,内侧面有五分界格菱格纹,每格内为四重相套的大菱格,每菱格中心有一小实点,正面有绳纹,端面为两分界格交叉线纹,界格

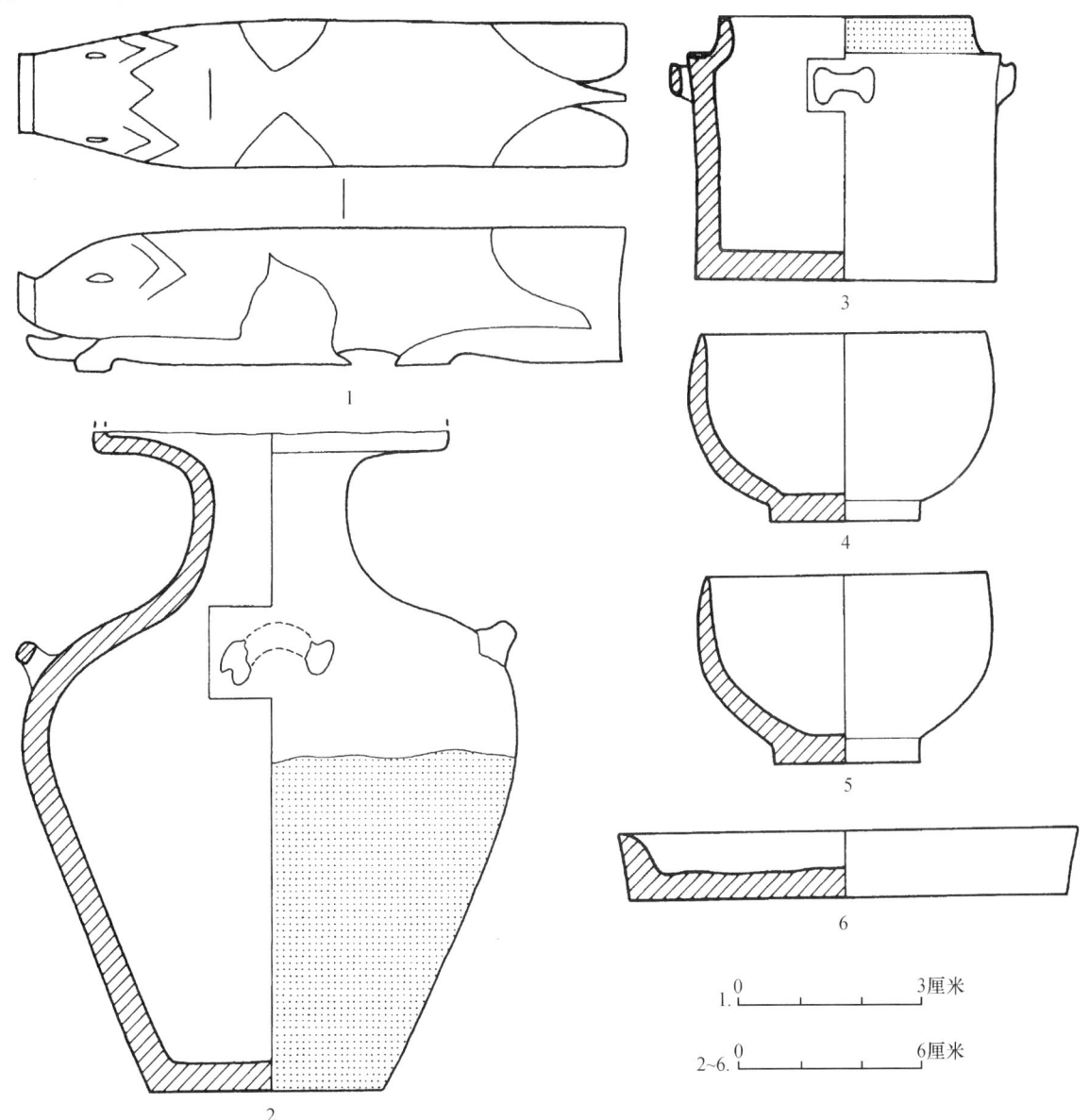

图四四 M66出土器物
1. 滑石猪（M66:4） 2. 盘口壶（M66:2） 3. 瓷罐（M66:3） 4、5. 瓷碗（M66:1、M66:5） 6. 瓷盘（M66:6）

内为双线交叉（图四八）。甬道位于墓室西面，呈长方形，长130、宽120厘米，有双重券顶，墓门用壁砖平放垒砌。墓室和墓道均铺"人"字形底砖，人骨和葬具已腐烂，随葬品置于墓道和墓室中，共7件，均为瓷器，除2件盘口壶残破外，其余均保存完好（图四七；图版七，2）。

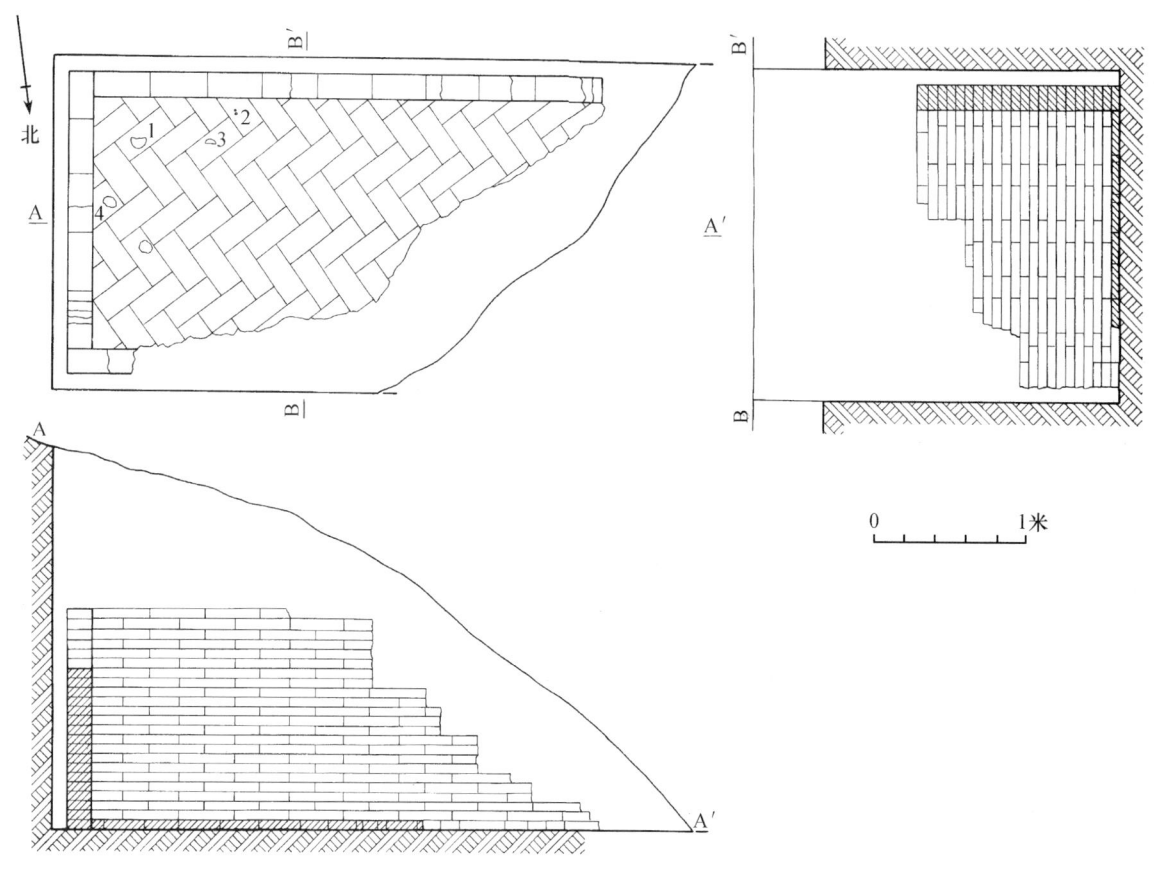

图四五　M72 平、剖面图

1. 瓷盘　2. 料珠（2颗）　3. 贝壳　4. 瓷熏炉

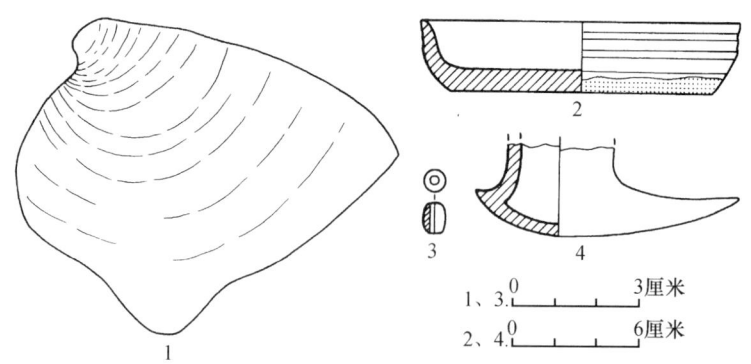

图四六　M72 出土器物

1. 贝壳（M72:3）　2. 瓷盘（M72:1）　3. 料珠（M72:2）　4. 瓷熏炉（M72:4）

叁 六朝墓葬

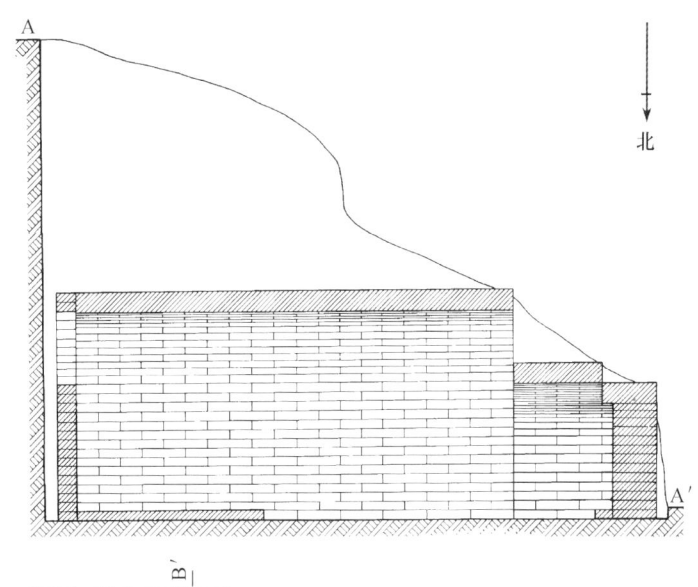
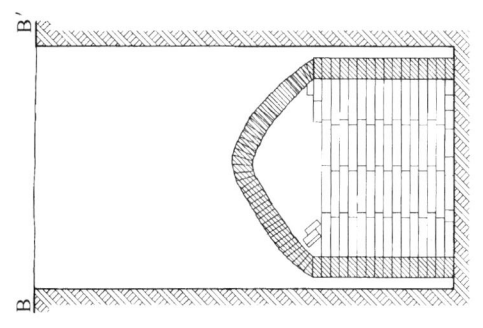
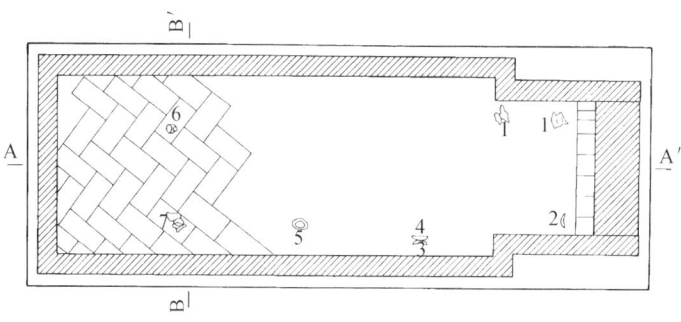

图四七　M76 平、剖面图

1、7. 瓷盘口壶　2~5. 瓷盘　6. 瓷碗

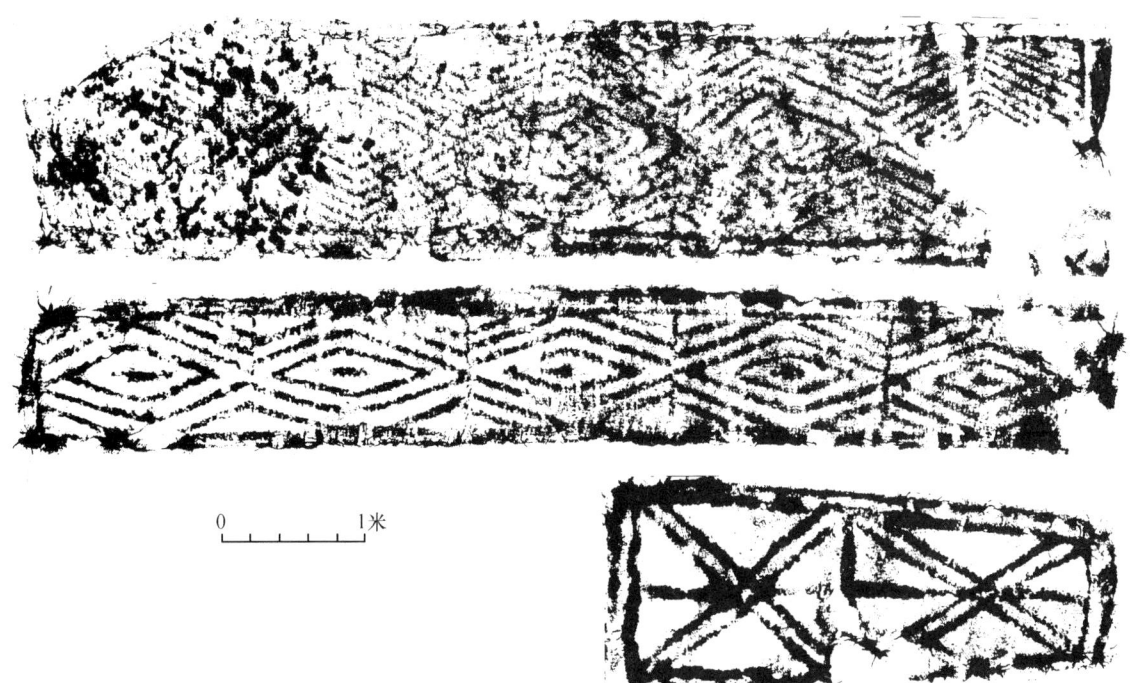

图四八　M76 墓砖拓片

盘口壶　2件。标本M76:7,盘口深且直,细颈,留肩,肩部贴有四耳,最大径在腹上部,下腹内收,平底。釉色青绿,光泽度较好,具有玻璃质感,下腹露胎,残,已修复。盘径11、腹径19、高24、底11厘米(图四九,2;彩版四,4)。标本M76:1,灰白胎,青绿釉,大多地方釉已脱落,底露胎。浅盘口,盘口中部内收,颈较粗短,肩较平,附贴四耳,最大径接近腹中部,平底,整体显得浑圆。口径14.3、腹径26.3、高30、底径12.5厘米(图四九,1;图版一一,4)。

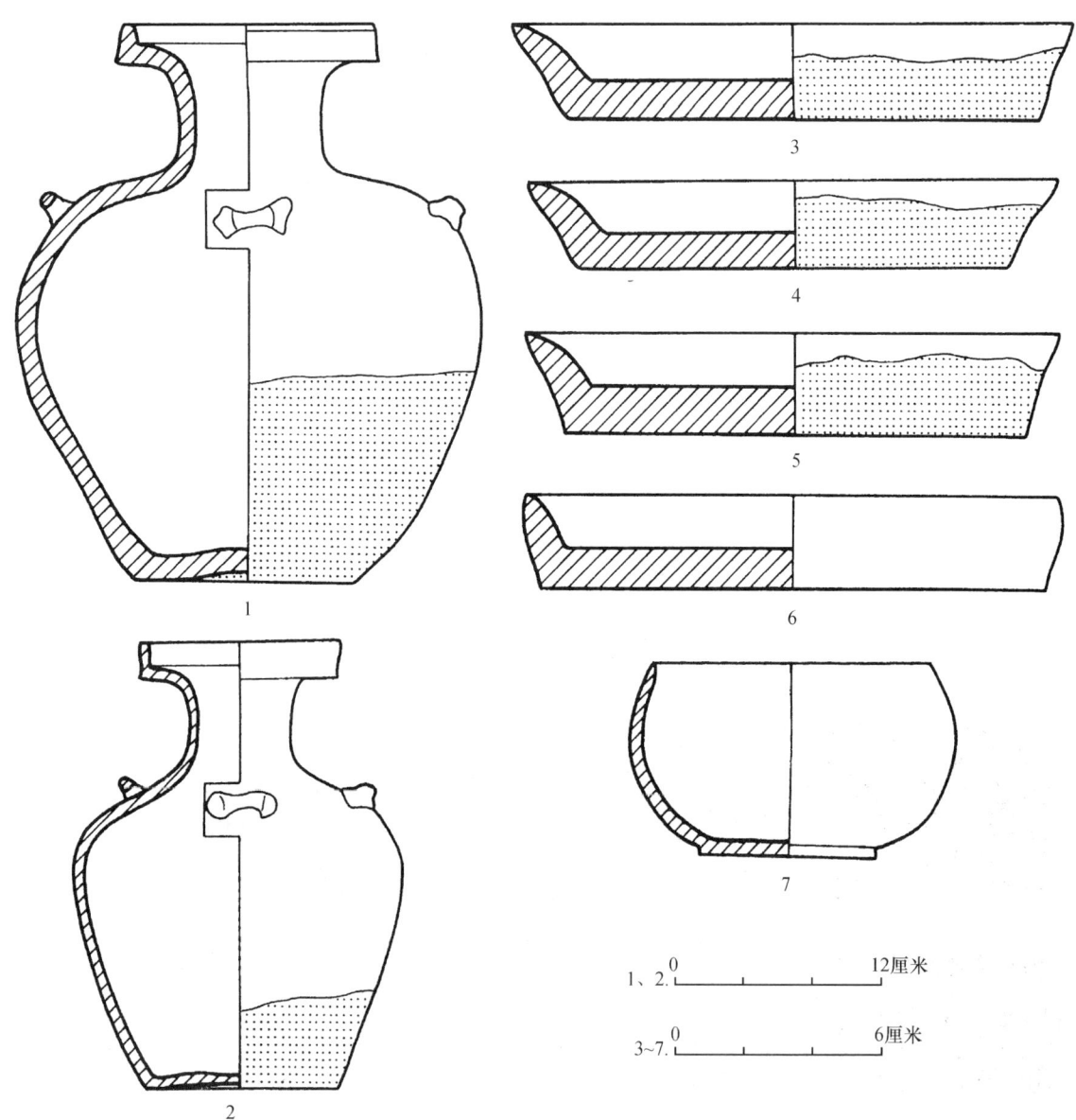

图四九　M76出土器物
1、2. 瓷盘口壶(M76:1、M76:7)　3~6. 瓷盘(M76:2、M76:3、M76:4、M76:5)
7. 瓷碗(M76:6)

盘　4件。标本M76:2，厚胎尖唇，上壁外侈，浅盘，盘内有一周凹弦纹和支钉痕，底径小于口径，制作较粗糙，釉色已脱落，有气泡凸起。口径16、底径13.5、高2.3厘米（图四九，3）。标本M76:3和M76:4与M76:2基本相似。M76:3口径15.3、底径12.5、高2.3厘米（图四九，4）。M76:4，口径15、底径13.2、高2.3厘米（图四九，5）。标本M76:5，灰白胎、青绿釉，通体施釉，釉色光亮。圆唇，壁较直，浅盘，盘内有6个支痕，盘中心有一周凹弦纹，底径略小于口径。该器胎土细腻，制作规整，釉色保存较好。盘径15、底径13.5、高2.4厘米（图四九，6；彩版五，1）。

碗　1件。标本M76:6，尖唇，口微内敛，壁中部外鼓，矮饼足。通体施釉，釉色泛灰黄，整体制作较规整，釉色光亮。口径8、底径5、高5厘米（图四九，7；彩版五，2）。

M82　凸字形土圹竖穴券顶砖室墓。该墓在多年前改造橘园时被发现，墓室券顶的大部分砖被取出垒墙，故墓口情况不明。方向41°，由墓室和甬道两部分组成。墓室为长方形，长416、宽168厘米，墓内填土为灰褐色，墓底距地面最深处400厘米。壁砖错缝平砌，花纹均向墓内，第28排开始起券，平砖长38.5、宽19、厚6.5厘米。砖侧花纹有三种，第一种侧面为五分界格菱格纹，中间界格有"癸未岁"三字，端面由两朵莲瓣和"大吉"二字组成一组图案；第二种侧面为四分界格网格纹，端面为两分界格交叉线纹和十字纹组成的图案；第三种是楔形砖，其内侧为七分界格双交叉线纹，正中有"大吉"二字，端面两头为钱纹和莲花，中间有"吉利"二字组成的图案（图五一；图版一〇，1）。墓道位于墓室南部，保存较完整，长130、宽116、高110厘米，封门砖已被破坏。人骨和葬具已腐烂，随葬品置于墓道内和墓道与墓门的结合处（图五〇；彩版三，2）。

随葬品共4件，瓷器2件、滑石猪2件。

三足盘　1件。标本M82:1，保存基本完整，直口圆唇，下壁内收，平底，三蹄足。灰白胎，青绿色釉，盘内无釉，有红色砾砂痕迹。口径12、底径7.8、高4.5厘米（图五二，3；图版一四，1）。

博山炉　1件。标本M82:3，炉体呈尖形，自上而下由细变粗，上腹堆塑火苗状尖齿，直冲顶部，下腹垂坠，腹中部有一半圆形炉门，炉下连接一圆柱形托座，座下连接承盘，平底，青绿色釉。高26.7、腹径16.8、盘口径17.3、底径13.3厘米（图五二，1；彩版四，1；图版一四，1）。

滑石猪　2件。标本M82:2和M82:4，两件形状和大小一样，用灰白色石英石制作。整体为长方形，卧状，嘴部前伸，其余部位用极简单线条展示，整体制作规整，线条简约流畅。M82:2，长8、宽1.2、高1.6厘米（图五二，2；图版一四，1）。

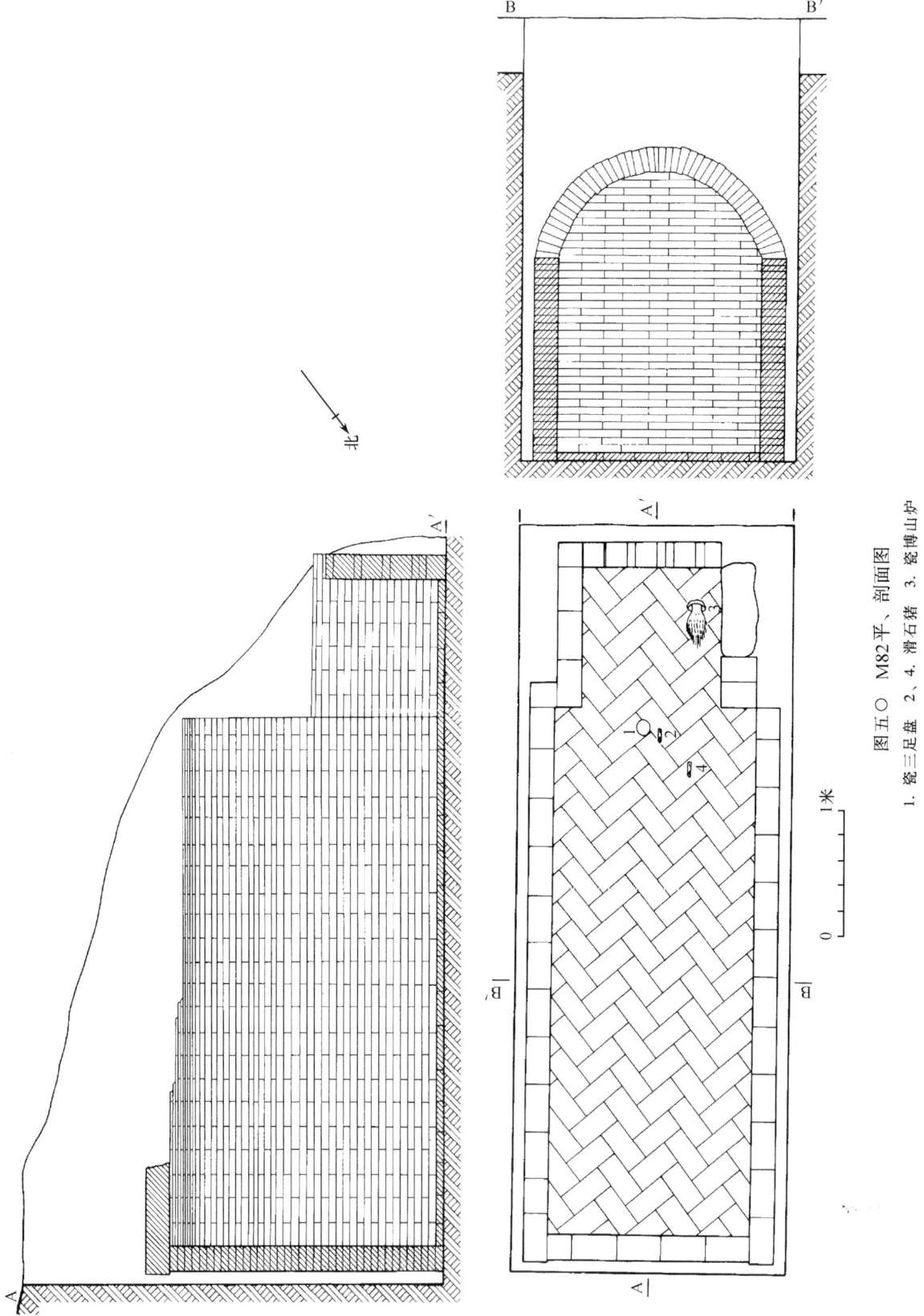

图五○ M82 平、剖面图
1. 瓷三足盘 2、4. 滑石猪 3. 瓷博山炉

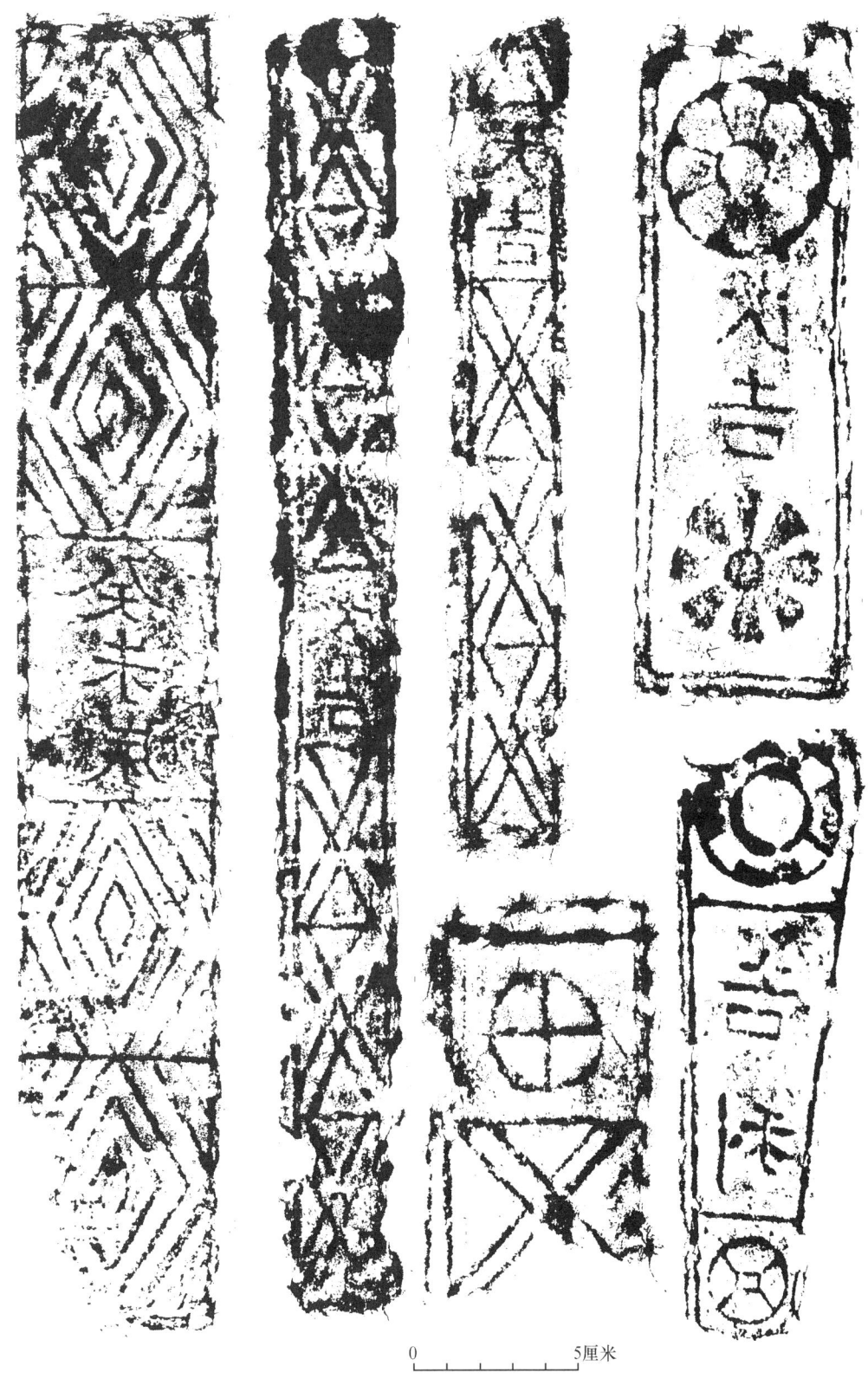

图五一　M82墓砖拓片

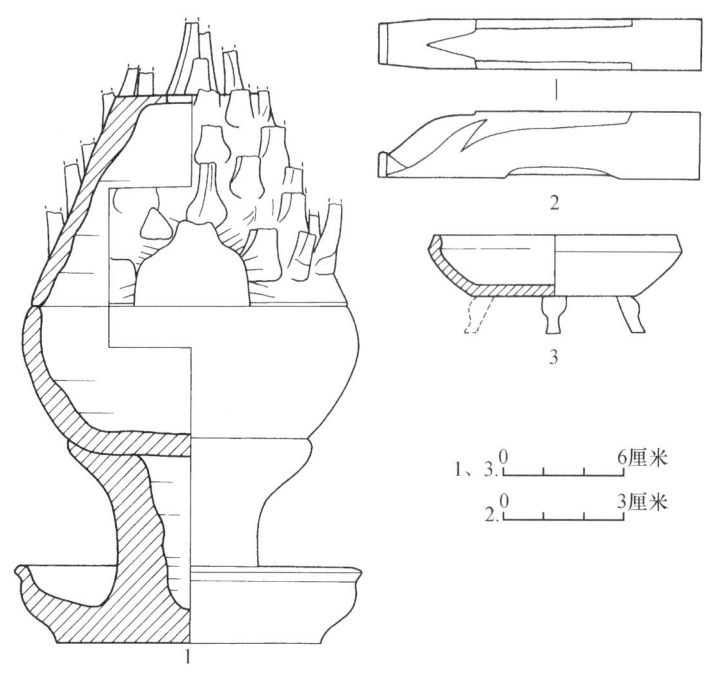

图五二　M82 出土器物

1. 瓷博山炉（M82:3）　2. 滑石猪（M82:2）　3. 瓷三足盘（M82:1）

（二）石室墓

六朝时期石室墓共 3 座。M31、M37 和 M75。M37 由于旅游码头的变压器和石围墙正好建于墓顶中间，危险性太大，墓室无法清理，只完成了甬道的清理工作。

M31　长方形土圹竖穴券顶石室墓。由于墓室前端已残，有无甬道不详。该墓直接建在生土上，墓壁上部和券顶已无存，墓室为长方形，开口②层下，方向270°。采用的青石块形状和大小不一，由于墓上有很厚一层填土，所以墓口距地面最深处170厘米，墓圹长460、宽220厘米；墓底距地面最深处360厘米；墓室长375、宽140厘米，墓室内填土为红黄色砂土，未发现人骨和随葬品，只是在墓室西部发现7枚棺钉，说明下葬时有葬具（图五三）。

M37　凸字形土圹竖穴券顶石室墓。该墓为一座较大的石室墓，东西向，选用青灰色石料凿成方形石块，石块大小基本一致，制作较精致，选料讲究，最平的一面朝向墓室，由于变压器和石围墙正好建在墓顶上，墓室无法清理，所以只将墓道清理完毕。墓道位于墓室西部，长190、宽180厘米，填土均为淤积层，每层土色略有不同，共11层。未见封门石，靠底部出现绳纹瓦块和瓦当，墓道前端清理出瓷器、骨哨、铜钱等随葬品。

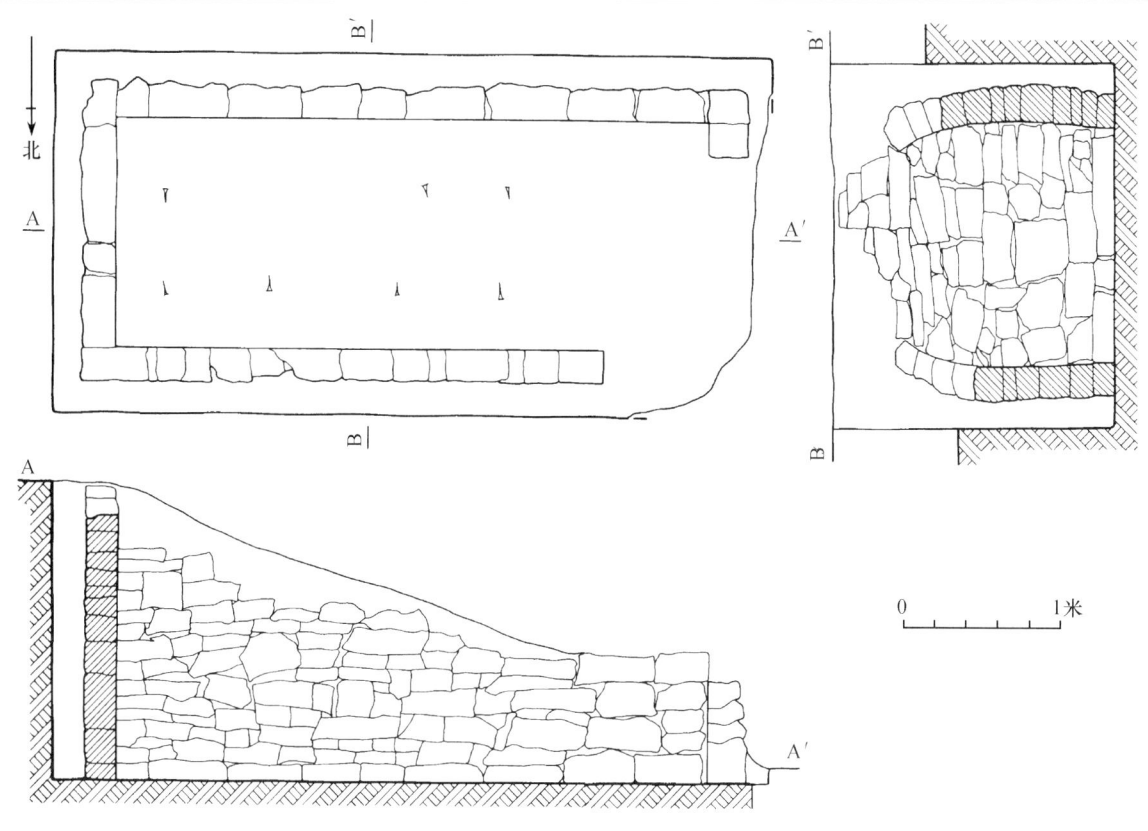

图五三 M31 平、剖面图

瓷器 2件。

盘口壶 1件。标本 M37:1，灰白胎，釉色青中泛黄；盘口残，束颈，肩部横置双耳，耳下有一周斜方格纹，平底。残高15.3、腹径18、底径10.6厘米（图五四，2；图版一一，5）。

碗 1件。标本 M37:2，灰白胎，青绿色釉，釉已脱落，底露胎。圆唇，口微敛，上壁有三道凹弦纹，浅腹，平底。口径12.4、底径6.6、高4.2厘米（图五四，4）。

瓦当 1件。标本 M37:3，泥质灰陶，宽沿，外圈一周三角锯齿纹，内圈为卷云纹，中间圆心突出。直径16厘米（图五四，3；图版一四，4）。

骨哨 1件。标本 M37:4，用一节动物骨头制成，将两端修理成半圆形，中心挖空，器身磨出棱角。长4.3厘米（图五四，5；彩版五，4）。

板瓦 1件。标本 M37:5，青灰色，弧形，较厚大，正面有粗绳纹，凹面有错乱方格纹。厚1.2厘米（图五四，1）。

铜钱 24枚，有五铢、剪轮五铢、货泉。

五铢 13枚。面均有轮无郭，"五"字交股较弯曲，"朱"字头圆折。标本 M37:6-1，直径2.45厘米（图五四，6）。标本 M37:6-2，直径2.5厘米（图五四，7）。标本 M37:6-3，直径2.4厘米（图五四，8）。标本 M37:6-4，直径2.6厘米（图五四，9）。标本 M37:6-5，直径2.5厘米（图五四，10）。

货泉 6枚。形体较小，篆文。标本 M37:6-6，残缺，直径2厘米（图五四，11）。

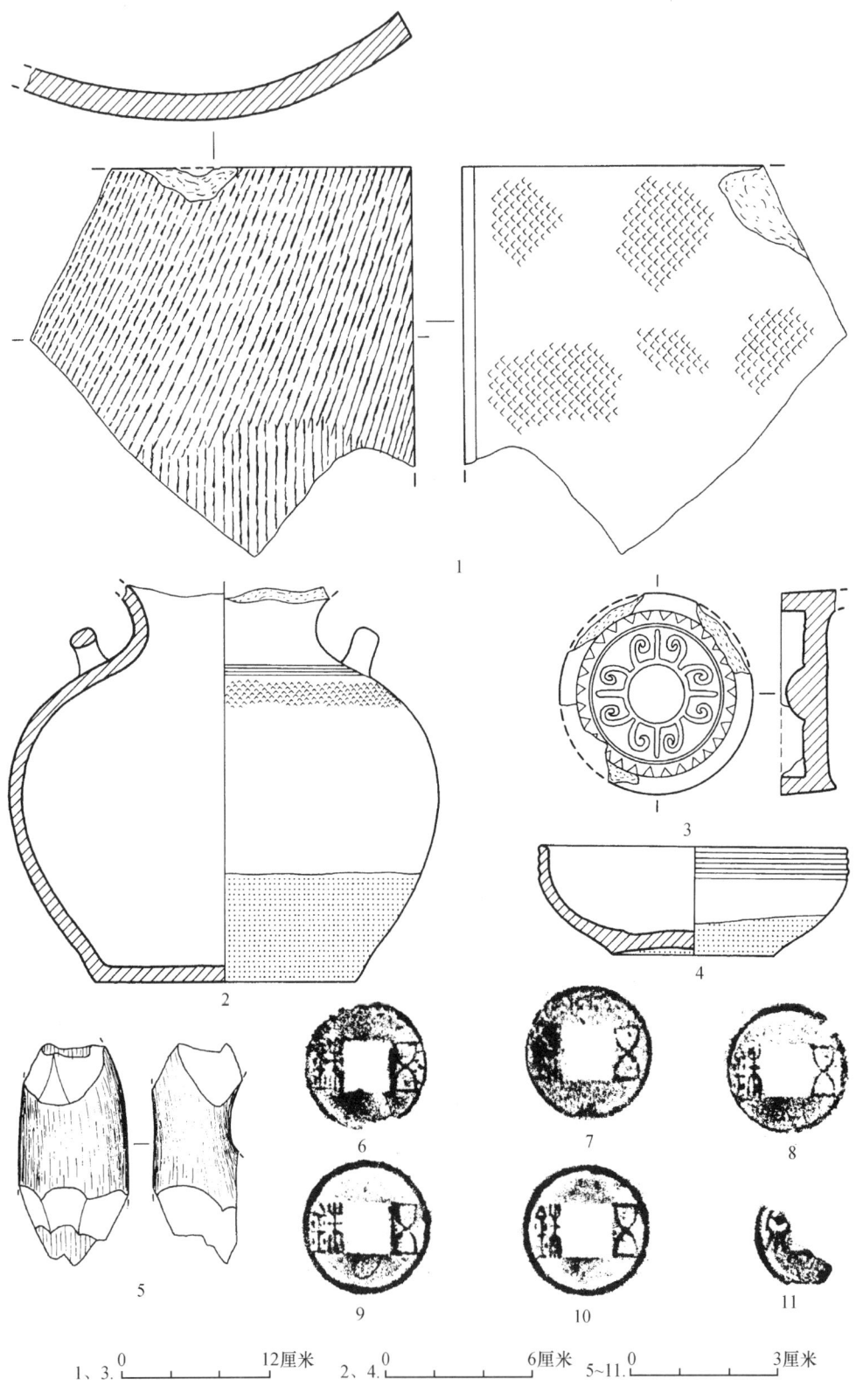

图五四　M37 出土器物

1. 板瓦（M37:5）　2. 瓷盘口壶（M37:1）　3. 瓦当（M37:3）　4. 瓷碗（M37:2）　5. 骨哨（M37:4）　6~11. 铜钱（M37:6-1、M37:6-2、M37:6-3、M37:6-4、M37:6-5、M37:6-6）

剪轮五铢 5枚。均破碎严重。

M75 长方形土圹竖穴券顶石室墓。该墓在发掘时由于江水不断上涨，前半部分已被水冲毁，其形制不详。开口②层下，打破生土，方向75°，墓口距地面深96厘米，墓底距地面深180厘米。墓内填土为黄白色，券顶已塌，墓室呈长方形，用条石垒砌，石块大小不均，向墓室内的一面平整，其余三面较粗糙，墓室残长380厘米，宽120厘米，室内填土为黄白色。发掘时券顶已被破坏，墓室内有两块塌陷的石块，靠西部有3块石块平放，将墓室分开，分析靠西端应为墓道。墓室内未见棺木痕迹和人骨，只清理出4枚棺钉，证明有葬具，随葬品置于墓室南部（图五五；图版八，1）。

瓷器 2件。

四系罐 1件。标本M75:1，直口、圆唇，溜肩，颈肩交接处有一周圆圈纹，肩部有四耳横置，四耳之间有一道凹弦纹，最大径在上腹，平底。灰白胎，釉色青中泛黄，底露胎。高14、口径10.5、底径9.5、最大腹径16.5厘米（图五六，1；图版一一，6）。

碟 1件。标本M75:3，圆唇，上壁直，下部急收，平底，上壁有二周凹弦纹。灰白胎，青绿釉，底露胎。口径10、底径6.7、高3厘米（图五六，3）。

滑石猪 1件。标本M75:2，用白色石料雕刻而成，长形，卧状，五官和四肢线条雕刻生动形象。长7.5、高2.5、宽1.9厘米（图五六，2）。

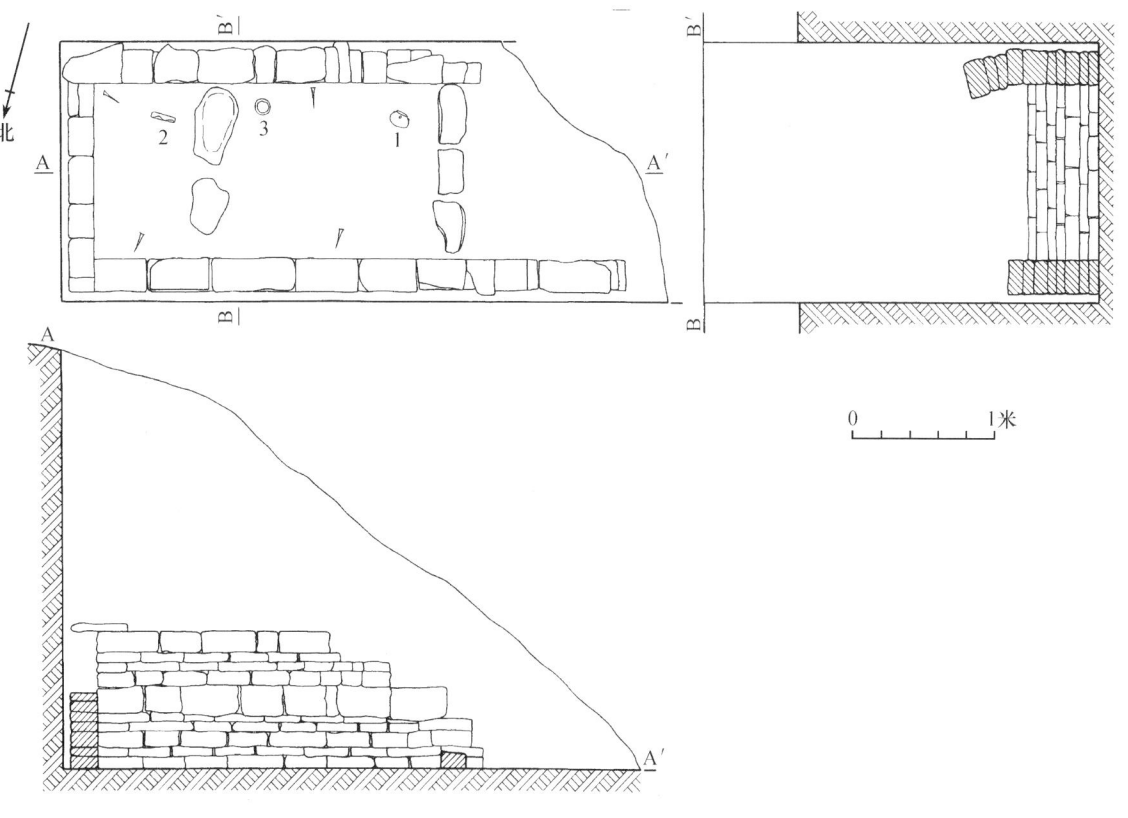

图五五 M75平、剖面图
1. 瓷四系罐 2. 滑石猪 3. 瓷碟

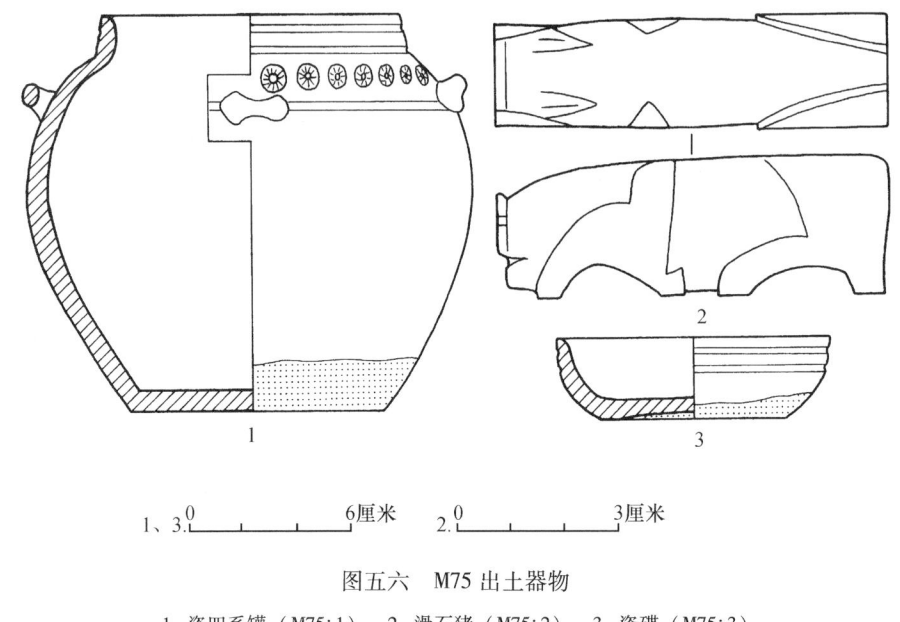

图五六　M75 出土器物

1. 瓷四系罐（M75:1）　2. 滑石猪（M75:2）　3. 瓷碟（M75:3）

（三）砖石合筑墓

六朝时期砖石合筑墓共 2 座，即 M30 和 M65。这两座墓均为墓顶和墓底用砖砌，四壁和券顶部分用石块垒砌。

M30　刀字形土圹竖穴券顶砖石合筑墓。由墓室和甬道两部分组成，开口③层下，方向 285°。墓口距地面深 120 厘米，其上有许多现代建筑垃圾和厚厚一层近代堆积。墓圹长 570、宽 280 厘米，发掘时券顶已塌，东壁顶上还残留有几块券顶砖，墓室和甬道的壁均用大小不等的石块砌成，石块形状不规整，较平的一面均朝墓室内面，券顶的上半部分用楔形花纹砖，下半部分用石块起券，平砖长 36、宽 15.5、厚 4.8 厘米，平面为粗绳纹，侧面为多重相套的菱格纹和米字纹相间，端面有"大吉"二字；另一种壁砖侧面有交叉线纹；楔形砖的窄侧面为多重菱形纹和几种几何形纹相间组成一组纹饰，端面均有"大吉"二字（图五八）。墓室呈长方形，内长 400、宽 200 厘米；甬道位于墓室西部，长 100、宽 90 厘米，墓底用砖平铺，墓内填土灰黄色，最底层为灰黑色淤土。墓室中部发现两个头骨并列，靠北面的个体保存有部分肢骨，葬具未发现，清理出长短两种棺钉，长的近 30 厘米，表明葬具已腐烂，随葬品置于南侧，多为饰品和小件器物，共 69 件（图五七；图版九，1、2）。

瓷器　2 件。

三足砚　1 件。标本 M30:1，浅红胎，青绿釉，盘内不施釉；直口、圆唇、平底、三蹄足。盘径 12.4、高 4 厘米（图五九，9）。

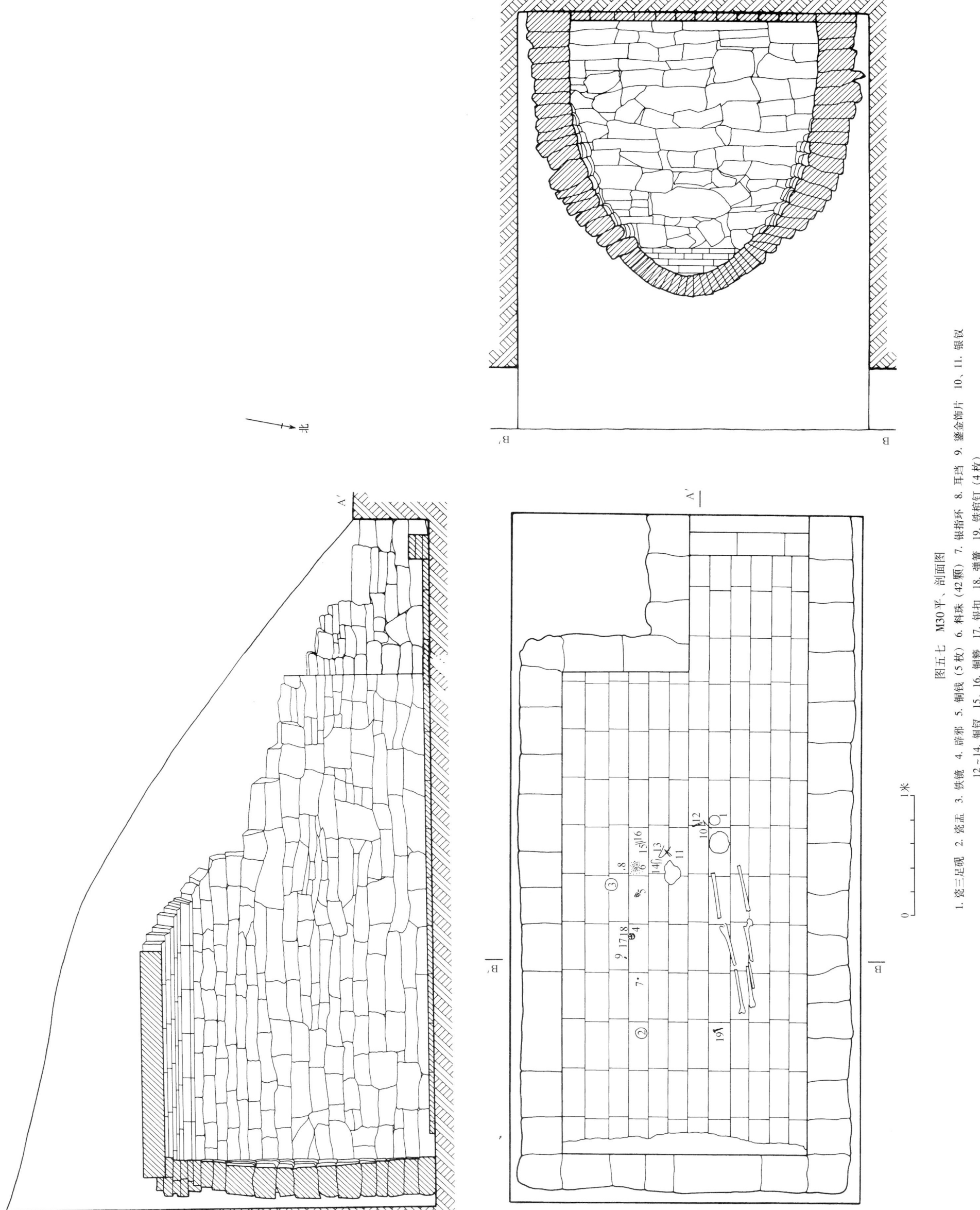

图五七 M30 平、剖面图

1. 瓷三足砚 2. 瓷盂 3. 铁镜 4. 辟邪 5. 铜钗 6. 料珠（42颗）7. 银指环 8. 耳珰 9. 鎏金饰片 10、11. 银钗 12~14. 铜钗 15、16. 铜簪 17. 银扣 18. 弹簧 19. 铁棺钉（4枚）

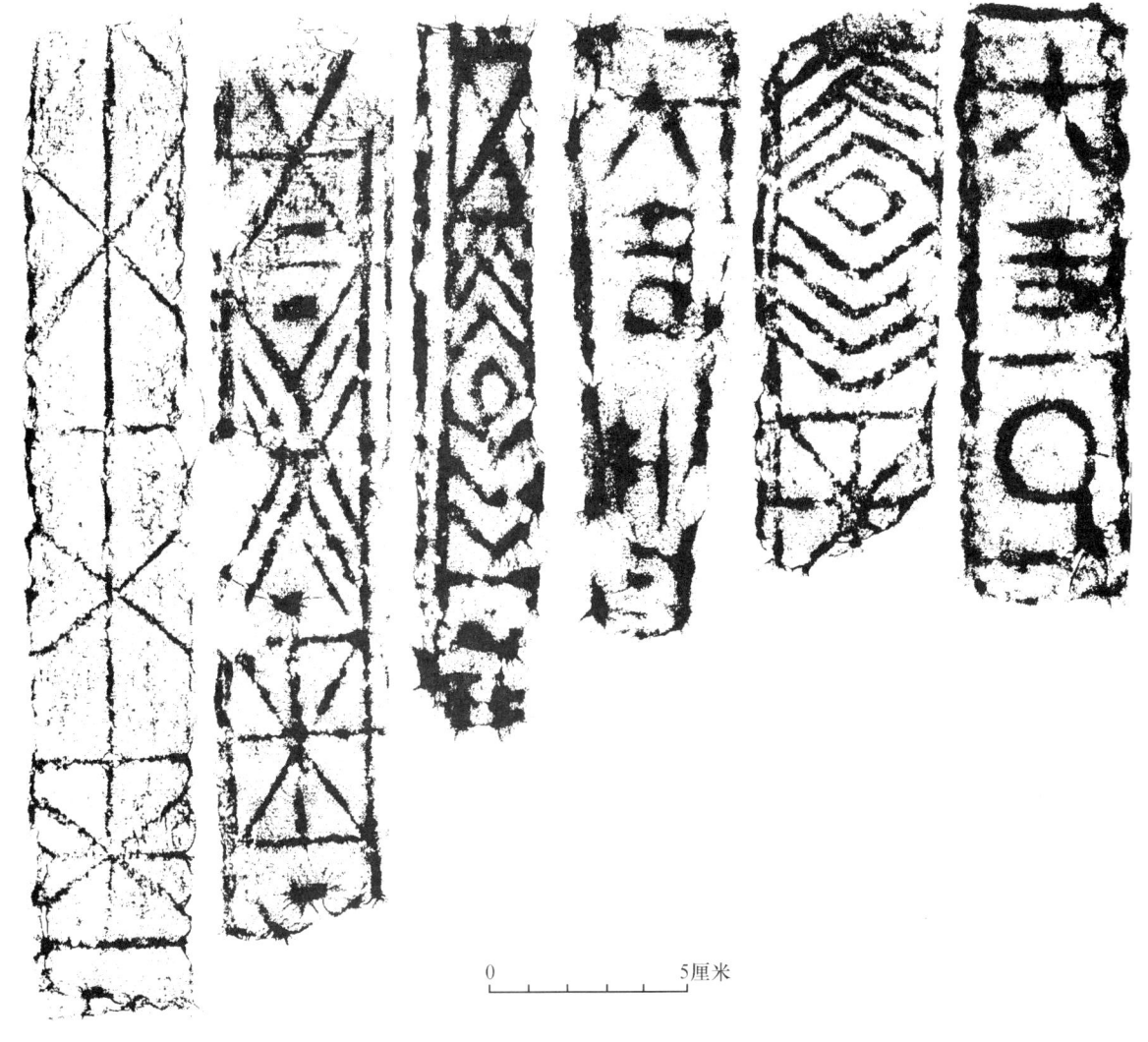

图五八 M30 墓砖拓片

盂 1件。标本 M30:2，浅红胎，褐绿色釉，底露胎。敛口、圆唇，器身扁圆，腹部外凸，下腹急收，平底。口沿下有二道凹弦纹。口径4.2、腹径8.5、底径5.4、高4.2厘米（图五九，10）。

铁镜 1件。标本 M30:3，圆形，边缘已残缺，镜面微凸，圆形纽。直径10.5厘米（图五九，1）。

辟邪 1件。标本 M30:4，黑色料器，蹲卧状，面部雕刻出凶兽形象。长2、高1.8厘米（图五九，12；彩版五，3）。

铜钱 5枚。五铢形制和大小基本相同。标本 M30:5，正面有轮有郭，字体较瘦长，五字交叉两笔微弯曲，铢字两头并齐，朱字上部方折。直径2.5厘米（图五九，25）。

料珠 42颗。有红、黄、蓝、绿等色，形状也不一样，大致有腰鼓形、圆柱形、椭圆形（彩版六，1）。标本 M30:6-1，腰鼓形，中间大，两头细，四面平整，正中纵穿一小圆孔，长1.7、宽0.7厘米（图五九，17）。标本 M30:6-2，椭圆形，两头平整，中间穿一小圆孔，直径

0.8 厘米（图五九，18）。标本 M30：6-3，圆柱形，正中穿一小圆孔，高 0.5、直径 0.4 厘米（图五九，19）。标本 M30：6-4，高 0.8、直径 0.8 厘米（图五九，20）。标本 M30：6-5，高 0.9、直径 1 厘米（图五九，21）。标本 M30：6-6，高 0.3、直径 0.6 厘米（图五九，22）。标本

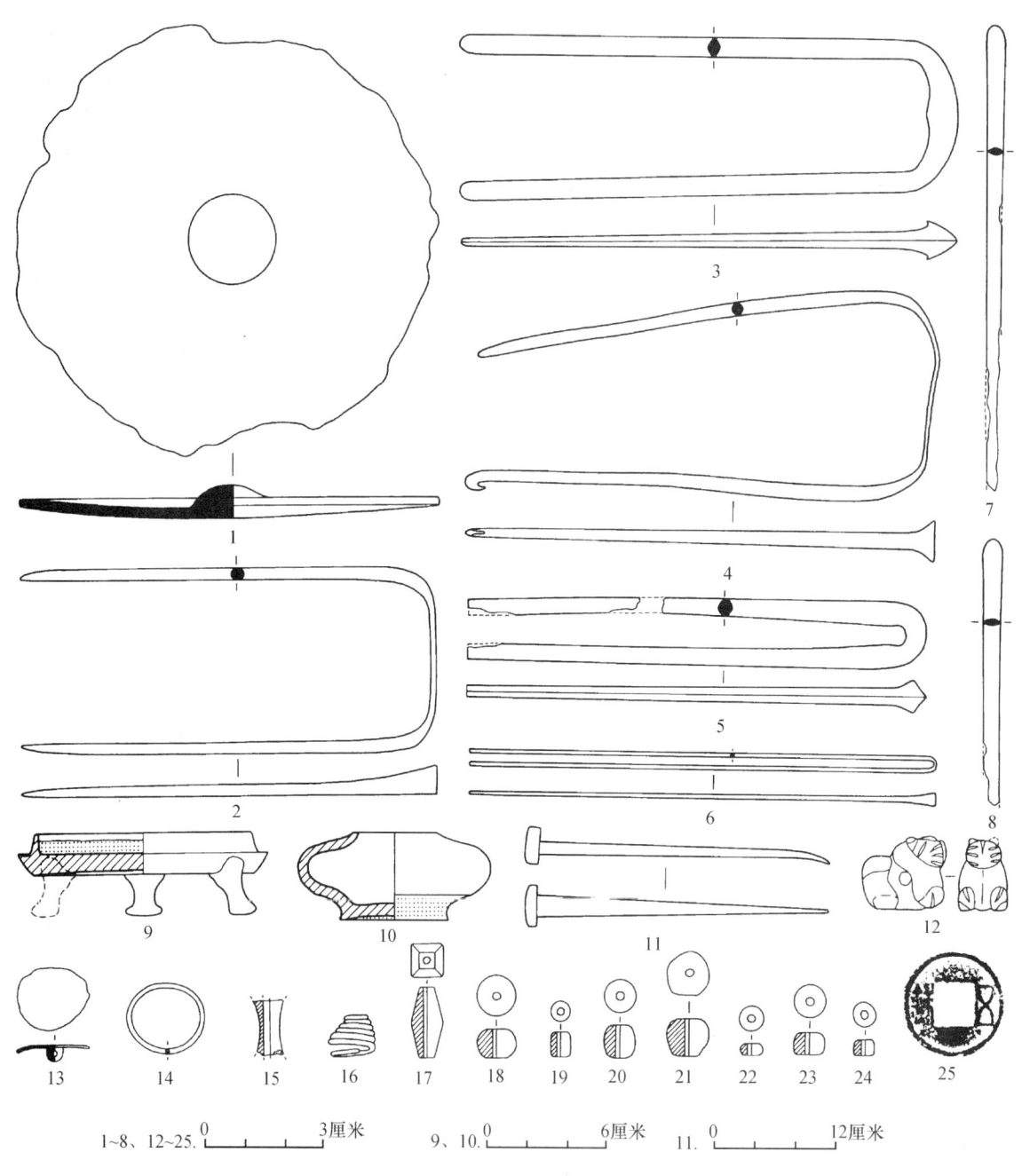

图五九　M30 出土器物

1. 铁镜（M30：3）　2、4. 银钗（M30：10、M30：11）　3、5、6. 铜钗（M30：13、M30：14、M30：12）　7、8. 铜簪（M30：15、M30：16）　9. 瓷三足砚（M30：1）　10. 瓷盂（M30：2）　11. 铁棺钉（M30：19）　12. 辟邪（M30：4）　13. 银扣（M30：17）　14. 银指环（M30：7）　15. 耳珰（M30：8）　16. 弹簧（M30：18）　17~24. 料珠（M30：6-1、M30：6-2、M30：6-3、M30：6-4、M30：6-5、M30：6-6、M30：6-7、M30：6-8）　25. 铜钱（M30：5）

M30:6-7，高0.5、直径0.8厘米（图五九，23）。标本M30:6-8，高0.4、直径0.6厘米（图五九，24）。

指环 3枚。白银制作，标本M30:7，圆环形，直径1.8厘米（图五九，14）。

耳珰 1枚。玻璃质，标本M30:8，残，蓝色，两头大、中间细，呈亚腰形，中间有一纵向穿孔（图五九，15）。

鎏金饰片 1件。标本M30:9，残，圆形薄片，直径1厘米。

银钗 2件。由于挤压有些变形，由一根圆形银丝弯曲而成。标本M30:10，首部扁而宽，尾部呈尖锥状，长10.4厘米（图五九，2）。标本M30:11，顶部略细，尾部一端有一倒钩，长11.5厘米（图五九，4）。

铜钗 3件。大小不一，长度不等。标本M30:12，由一根圆形铜丝弯曲而成，尾部圆弧，长23.2厘米（图五九，6）。标本M30:13，由一根扁圆形铜丝弯曲而成，首部扁宽，尾部稍尖，长12.3厘米（图五九，3）。标本M30:14，由扁圆形铜丝弯曲而成，尾部略细，长11.4厘米（图五九，5）。

簪 2件。形状基本一致，编号M30:15和M30:16，均残，首端略粗呈圆弧形，尾部略细，断面呈扁圆形，标本M30:15，残长11.2厘米（图五九，7）。标本M30:16，残长6.4厘米（图五九，8）。

银扣 1件。标本M30:17，正面为圆形，略外凸，背面伸出一扁纽，纽中间穿一小圆孔，直径1.8厘米（图五九，13）。

弹簧 1件。标本M30:18，由细铜丝弯曲成塔状，上小下大，弹性较好（图五九，16）。

铁棺钉 4件。标本M30:19，钉帽较大，由上而下渐细，长30厘米（图五九，11）。

M65 凸字形土圹竖穴砖石合筑墓。由墓室和甬道组成，开口②层下，方向58°。墓口距地面最深处160厘米，墓圹长550、宽220厘米。该墓四壁用大小不等的青石块砌成，靠墓室的一面较平整，其余几面均不规整，发掘时墓葬券顶已破坏，只在墓室后部残留几块破碎的楔形砖，仍保存券顶尖部的摆放形式。墓室长360、宽180厘米，甬道两壁用墓砖平砌，呈正方形，长120、宽120厘米。墓内上层填土杂乱，含宋代瓷片，下部填土为灰褐色，含较多六朝时期青瓷片，分析是墓内填土被翻动过，未见葬具，只发现3枚锈棺钉和少量人骨渣，墓室东部清理出1件较完整的碗，其余均为残片。墓底用单砖人字形平铺，甬道口先用较大的石块东西向垒砌，再用一块大石块南北向横置，缝隙处用小石头填塞，随葬品均为瓷器，可修复和辨出器形的有9件（图六○；图版八，2）。

碗 3件。标本M65:1，残，已修复。灰白胎，尖唇，斜直壁，圈足，釉色已脱落，口径16、底径8.2、高6.5厘米，从器形分析可能为宋代遗物（图六一，1）。 标本M65:2，残，已修复。圆唇外卷，唇下有一周凹弦纹，上部微内敛，下部急收，底呈玉璧形，胎质细腻，

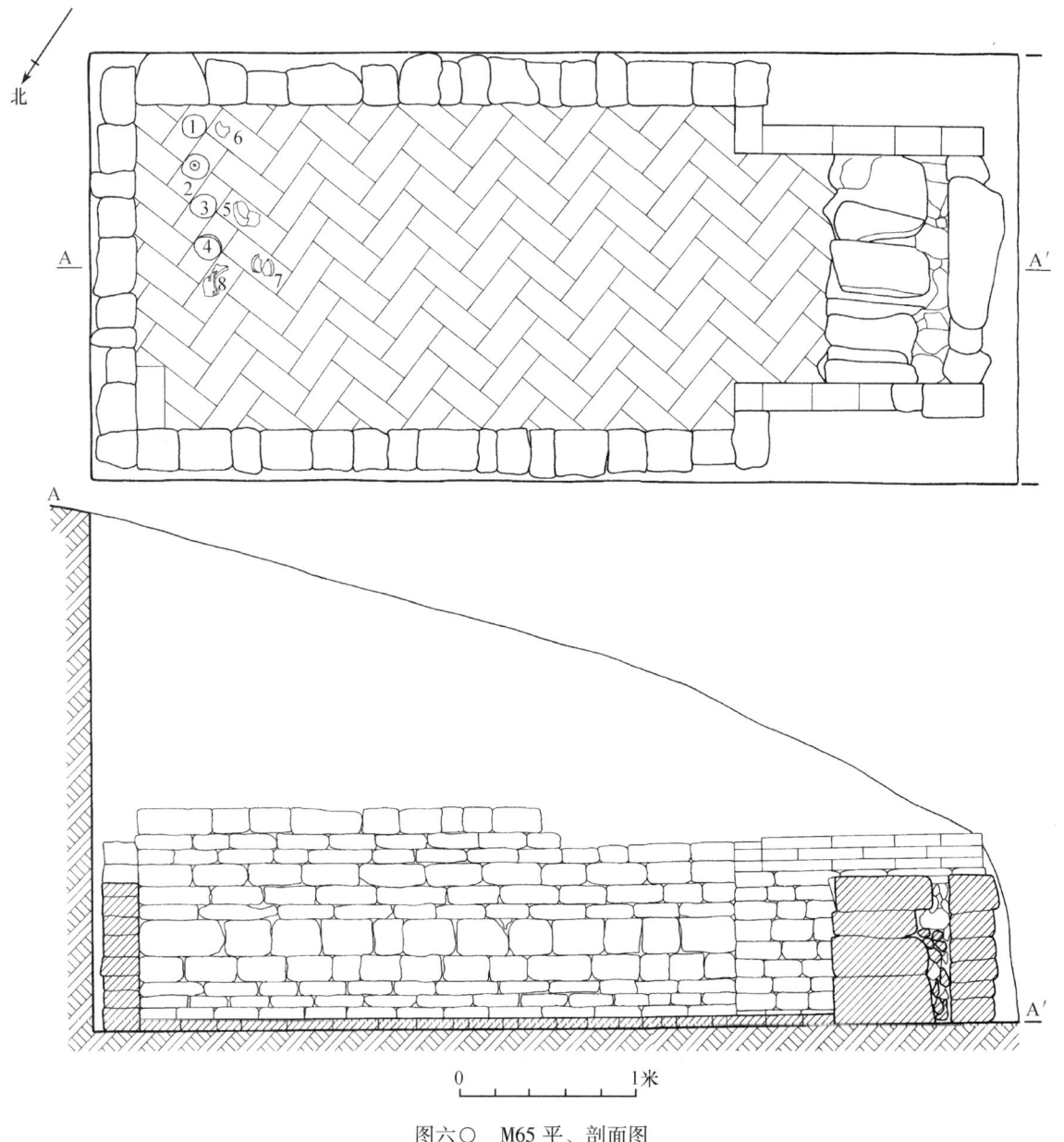

图六〇　M65 平、剖面图
1、2、6. 瓷碗　3、4. 瓷钵　5. 瓷缸　7. 瓷盘口壶　8. 瓷四系罐

釉色泛黄，底露胎。口径 18.8、底径 6.4、高 8.7 厘米，可能为宋代遗物（图六一，2）。标本 M65:6，残，尖唇，弧壁，口微内敛，胎较厚，釉色青中泛黄，口径 10.6 厘米（图六一，3）。

钵　2件。标本 M65:3，上壁较直，尖唇，唇下施一道凹弦纹，平底，灰白胎，釉色青中微泛绿。口径 13.8、底径 8.8、高 6 厘米（图六一，4）。标本 M65:4，与标本 M65:3 基本一样，口径 15.5、底径 10、高 6 厘米（图六一，5）。

缸　1件。标本 M65:5，直口尖唇，壁直腹深，下部残，器形较大，釉色青中泛黄。口径 28 厘米（图六一，6）。

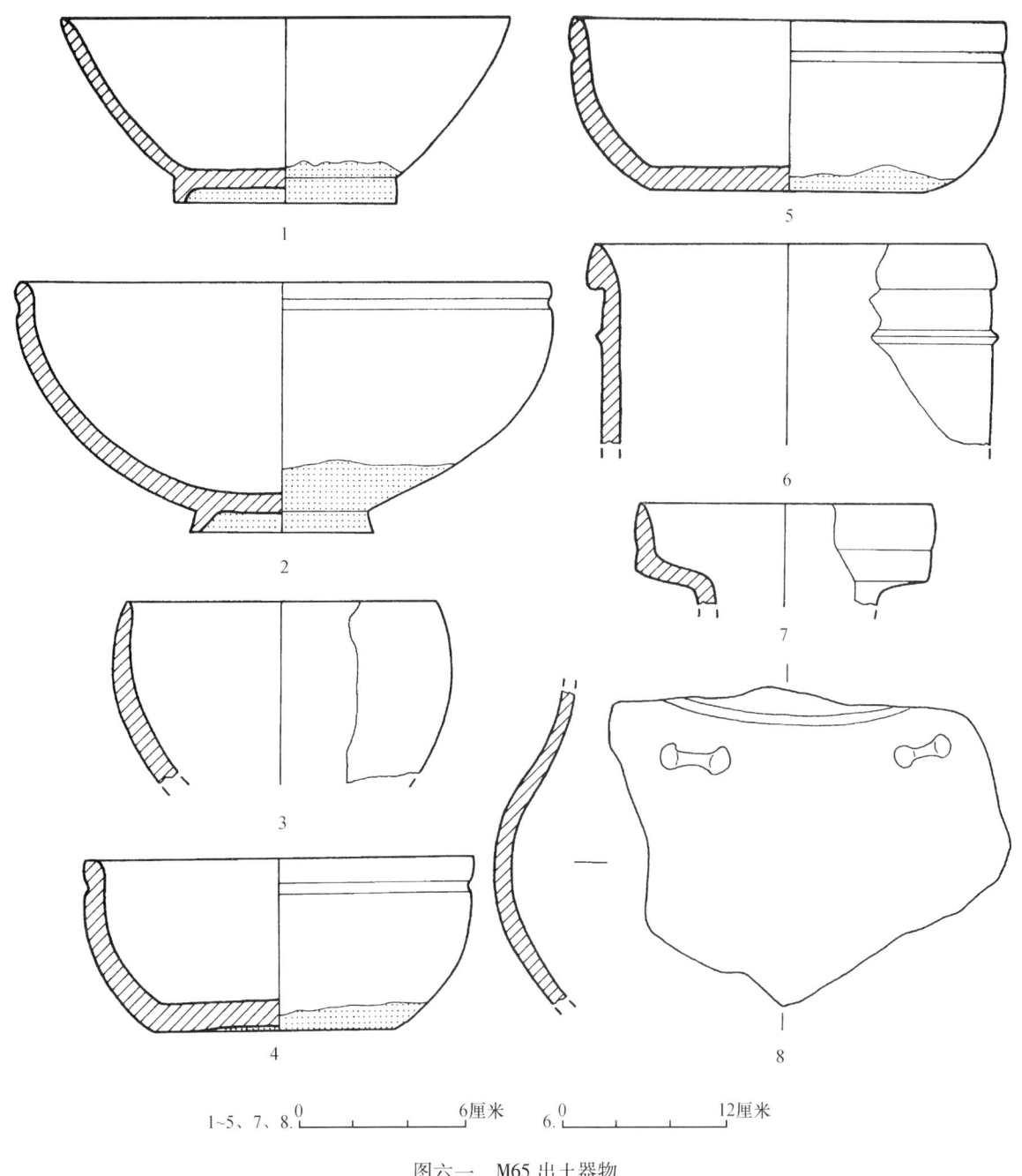

图六一　M65 出土器物

1~3. 瓷碗（M65:1、M65:2、M65:6）　4、5. 瓷钵（M65:3、M65:4）　6. 瓷缸（M65:5）　7. 瓷盘口壶（M65:7）
8. 瓷四系罐（M65:8）

盘口壶　1件。标本M65:7，盘口较小，壁较直，釉色呈浅青绿，光泽度较好，口径10.5厘米（图六一，7）。

四系罐　2件。标本M65:8，只有上腹部残片，肩部横置四耳，圆腹，灰白胎，青绿釉，釉色光亮（图六一，8）。

（四）洞室墓

这里所指的洞室，并不是真正意义上的洞室墓，而是利用一座废弃的窑址作为墓室，墓室内未有任何加工，这种墓在三峡一带的墓葬发掘中比较少见。

M15 即以窑为室墓。窑室为椭圆形，后壁较直，南部已坍塌，西壁一角被M23打破，窑顶呈圆弧形，底较平，窑室高130厘米，窑壁呈砖红色烧结面，厚15厘米，窑门有较厚的黑灰烬堆积，发掘时窑顶基本坍塌，只剩北部窑壁，窑底较平。M15利用窑室的空间作为墓室，将葬具从窑门放进窑室，窑门宽70厘米，用墓砖较随意地将窑门封住，砖为青灰色，正面有粗绳纹，侧面为一组三交叉线纹和莲瓣纹组成的图案。窑底长325、残宽200厘米，方向240°，墓内清理出两具人骨，但保存较差，仰身直肢，从骨骼大小和随葬品分析，为男女合葬墓，北部为一男性，南部为一女性，均为成年个体。两边都发现棺钉，分析葬具已朽，北部靠墓门处发现完整马头，其他随葬品均放置在南部，多为头饰和佩饰，出土青瓷碗、铜环、料珠98颗、铁剪、铜扣、铜钗4件、四铢钱1枚（图六二；彩版三，1）。

瓷碗 2件。标本M15:1，灰白胎，青绿釉，直口尖唇，壁较厚且深，饼形底。口径12.8、底径7.6、高7.8厘米（图六三，2；图版一三，5）。标本M15:11，灰白胎，青绿釉，圆唇，唇下有一周凹弦纹，器身中部有二周凹弦纹，底残。复原口径12厘米（图六三，3）。

铜环 1件。标本M15:2，圆形，直径5.2厘米，外圈有螺旋纹，内圈光滑（图六三，5；彩版六，2）。

料珠 98颗。标本M15:3，圆形，中间穿孔，孔径和大小不一，有蓝色、黄色和绿色。M15:3-1，直径5、孔径1厘米（图六三，7；彩版六，2）。

铁剪 1件。标本M15:4，锈蚀较严重，但器形完整，长形，有刃，咬合部位较长，柄呈倒心形。通长26厘米（图六三，6）。

铜扣 1件。标本M15:5，圆形薄片，中间微凸，呈弧形。直径3.4厘米（图六三，9）。

铜钗 4件。两件较大的编号M15:6，均残，较完整的一件残长4.2厘米，弯曲之处略宽，呈扁形（图六三，4；彩版六，2）。两件较小的编号M15:7，较完整的一件长10.4厘米，自上往下逐渐变细（图六三，11，彩版六，2）。

铜钱 1枚。标本M15:10，残，可辨钱文为"四铢"，面有轮无郭。直径2.3厘米（图六三，8）。

铁棺钉 8枚。标本M15:9，有帽。通长24厘米（图六三，10）。

马头 1个。标本M15:8，上下颌骨均保存完整（图六三，1；图版一四，3）。

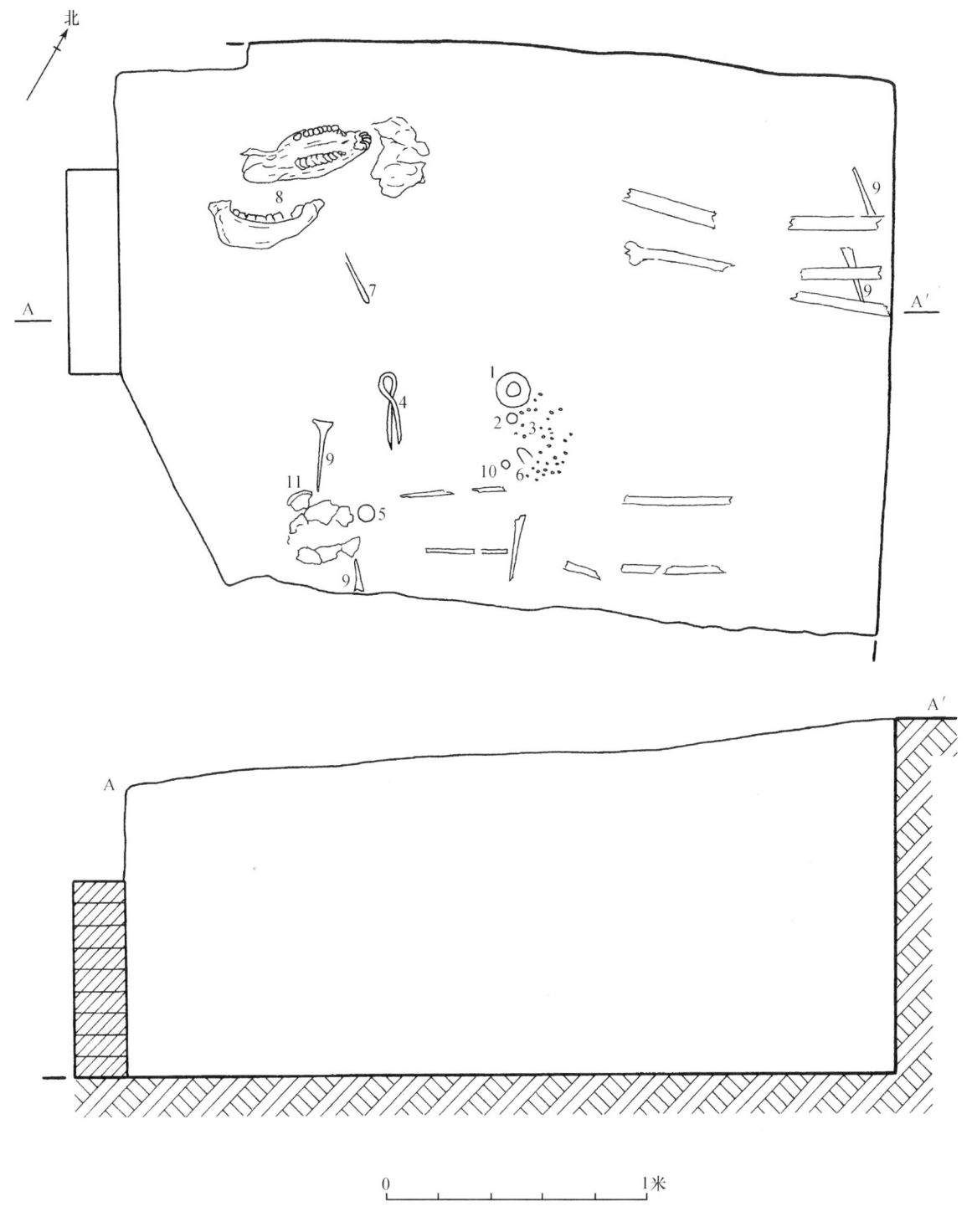

图六二　M15 平、剖面图
1、11. 瓷碗　2. 铜环　3. 料珠（98 粒）　4. 铁剪　5. 铜扣　6、7. 铜钗　8. 马头　9. 铁棺钉　10. 铜钱

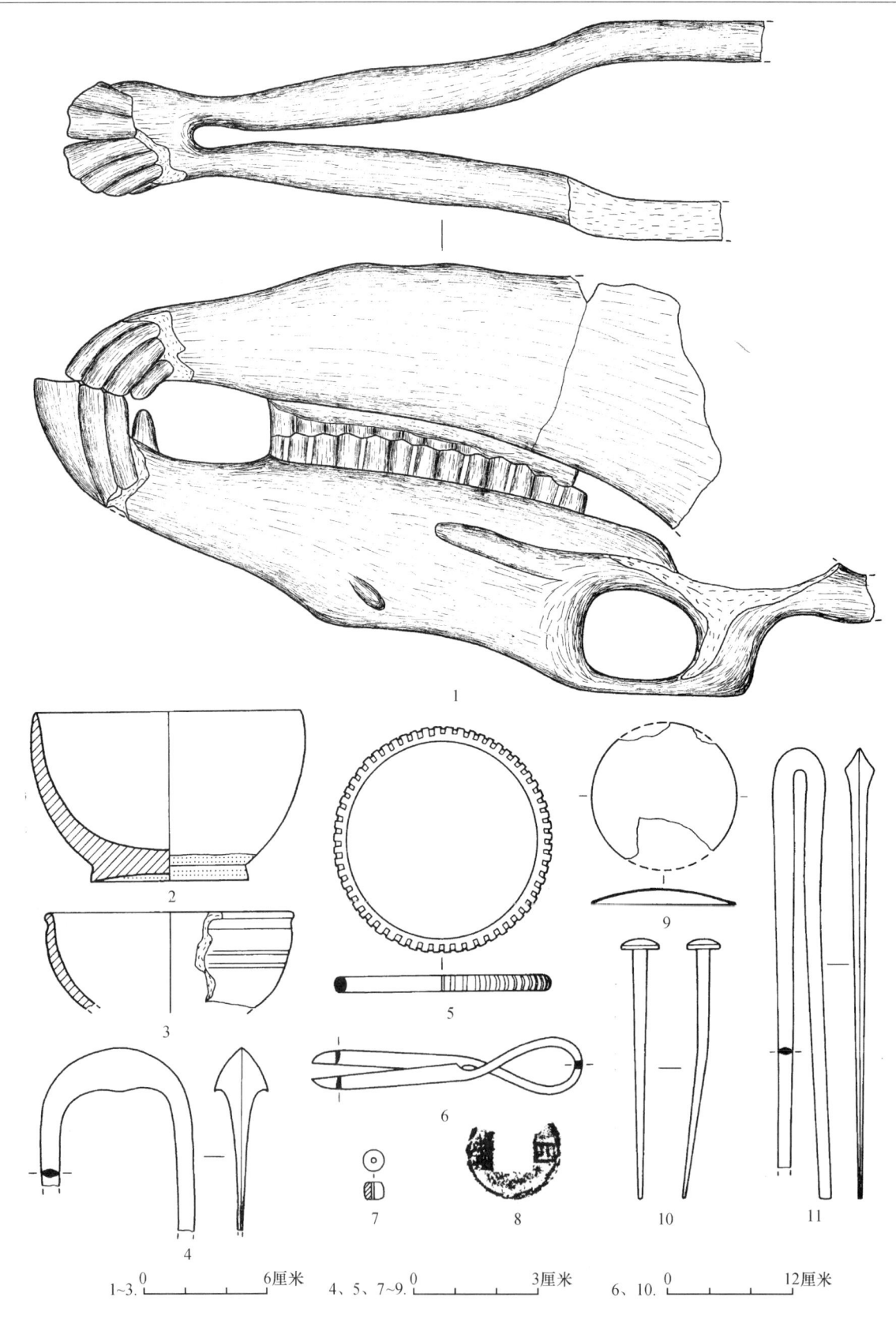

图六三　M15 出土器物

1. 马头（M15:8）　2、3. 瓷碗（M15:1、M15:11）　4、11. 铜钗（M15:6、M15:7）　5. 铜环（M15:2）　6. 铁剪（M15:4）
7. 料珠（M15:3-1）　8. 铜钱（M15:10）　9. 铜扣（M15:5）　10. 铁棺钉（M15:9）

（五）土坑墓

六朝时期的土坑墓发现1座，为小型土坑墓。

M56 长方形土坑竖穴墓，开口②层下直壁，平底，打破生土，方向75°。该墓破坏严重，墓坑绝大部分无存，残存坑长20、宽56厘米，直壁，平底，墓内填土灰褐色，葬具和人骨均被破坏，东部清理出青瓷钵1件和棺钉2枚（图六四）。

瓷钵 1件。标本M56:1，灰白胎，青绿色釉，圆唇，壁较直，口沿下有凹弦纹二周，平底。口径15.5、底径10.8、高5.5厘米（图六五）。

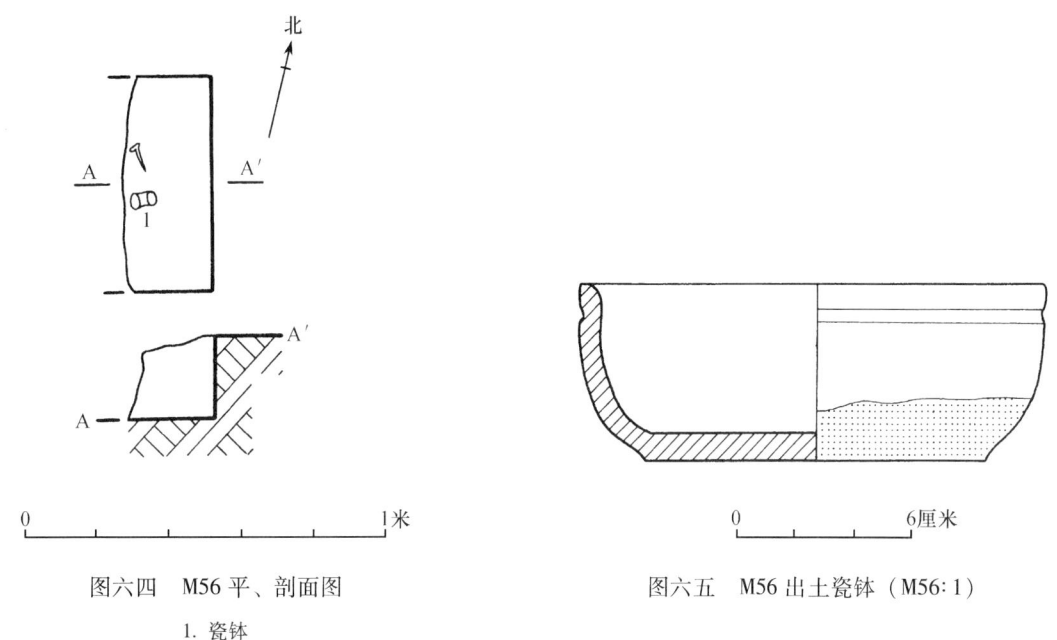

图六四 M56平、剖面图
1. 瓷钵

图六五 M56出土瓷钵（M56:1）

三、分期与年代

（一）随葬品

22座六朝时期的墓葬中有18座墓出土或多或少的随葬品，其组合形式也有一定的区别，可以比较的典型器物有盘口壶、熏炉、罐、碗、钵、盘、砚。其逻辑排序为：

盘口壶 根据口沿和腹部的变化可分四式。

Ⅰ式　M37∶1。颈较短，溜肩，腹中部较鼓，整体粗矮，肩部有纹饰。

Ⅱ式　M35∶3 和 M63∶13。盘口较深，中间部位向内收，外壁呈弧形。

Ⅲ式　M76∶7、M66∶2、M42∶3。盘口较直，口变宽，颈较细，腹部加长，腹上部向外突出。

Ⅳ式　M39∶5。盘口较深，颈变粗，肩部下垂，四个竖耳，腹较短。

熏炉　根据器形分二式。

Ⅰ式　M82∶3。博山炉，炉体自上而下由细变粗，下腹垂坠，上部堆塑错落有致的火苗状尖齿，中腹有一半圆形炉门，炉下连一柱状承柱和托盘，平底。

Ⅱ式　M63∶6。由器座和炉身两部分组成，炉身呈球形，直口，上部有两道凹弦纹，再在弦纹上戳印一周半月形穿孔。下部圆形有承盘，盘中央有喇叭状承柱。

罐　根据口沿和器身的变化分二式。

Ⅰ式　M75∶1 和 M46∶1。直口，略内收，四横耳，器身较短，腹中部外鼓，肩有纹饰。

Ⅱ式　M43∶1。口沿微外卷，器身加长。

碗　根据口沿的变化分二型。

A 型　器身较矮，口沿呈尖圆形，上壁较直，分二式。

Ⅰ式　M37∶3。

Ⅱ式　M15∶11、M38∶1 和 M38∶2。

B 型　碗壁呈弧形，器身加长，口内敛，尖唇。包括 M63∶5、M65∶6、M76∶6、M15∶1、M38∶3、M38∶4、M66∶1、M66∶5、M42∶16、M42∶10、M42∶6、M42∶5、M42∶2。

钵　直口，尖圆唇，唇下一周凹弦纹，平底。包括 M63∶1、M56∶1、M65∶3 和 M65∶4。

盘　根据盘口的变化分二型。

A 型　盘口外撇，壁呈弧形。包括 M43∶2、M35∶1、M35∶2、M76∶2、M76∶3、M76∶4、M39∶3。

B 型　盘壁斜直。包括 M63∶9、M63∶10、M76∶5、M38∶5、M66∶6、M39∶2。

三足砚　分二式。

Ⅰ式　壁斜直，底缘突出，直口。M30∶1。

Ⅱ式　陶质，壁斜直，子母口。M47∶1。

22 座六朝时期的墓葬主要随葬品组合可归纳如表三。

表三　陶家坡六朝墓葬主要随葬品型式组合关系表

类别 型式 墓号	盘口壶	熏炉	罐	碗 A	碗 B	钵	盘 A	盘 B	三足砚	滑石猪
M37	Ⅰ			Ⅰ						
M75			Ⅰ							√
M46			Ⅰ							
M43			Ⅱ				√			√

续表

类别 型式 墓号	盘口壶	熏炉	罐	碗 A	碗 B	钵	盘 A	盘 B	三足砚	滑石猪
M35	Ⅱ						√			√
M82		Ⅰ								√
M30									Ⅰ	
M63	Ⅱ	Ⅱ		√	√		√			√
M72					√					
M56						√				
M65				√	√					
M76	Ⅲ				√		√	√		
M47									Ⅱ	
M15				Ⅱ	√					
M38				Ⅱ	√			√		
M66	Ⅲ				√			√		√
M42	Ⅲ				√					√
M39	Ⅳ						√	√		

从表三可以看出，不同墓葬在器类和型式组合方面存在一定的差异，根具这些变化，我们将表三归纳为七组（表四）。

表四　陶家坡六朝墓葬典型随葬品分期表

	盘口壶	熏炉	罐	碗 A	碗 B	钵	盘 A	盘 B	三足砚	滑石猪
七	Ⅰ						√	√		
六	Ⅲ			Ⅱ	√			√		√
五	ⅡⅢ	Ⅱ			√	√		√	Ⅱ	√
四		Ⅰ							Ⅰ	√
三	Ⅱ		Ⅱ			√				√
二			Ⅰ							√
一	Ⅰ		Ⅰ							

一组　包括 M37，主要组合为 I 式盘口壶、碗、瓦。

二组　包括 M75、M46，主要组合为 I 式罐、碟、滑石猪。

三组　包括 M43、M35，主要组合为 II 式盘口壶、II 式罐、A 型盘、滑石猪。

四组　包括 M82、M30，主要组合为 I 式熏炉、三足砚、滑石猪。

五组　包括 M63、M72、M56、M65、M76、M47，主要组合为 II 式和 III 式盘口壶、B 型碗、II 式熏炉、钵、A 型盘、B 型盘、II 式砚。

六组　包括 M15、M38、M66、M42，主要组合为 III 式盘口壶、A II 式碗、B 型碗、B 型盘、滑石猪。

七组　M39，IV 式盘口壶、A 型盘和 B 型盘、灯、滑石猪。

一组的盘口壶器身较圆，颈部粗短，肩部饰方格纹和弦纹，釉色青中泛黄。碗壁较浅，釉色青绿，平底，这些特点与三国时期同类器一致。共出的还有卷云纹瓦当东汉时期常见，"五铢"、剪轮"五铢"、"货泉"，均为东汉货币，所以该墓的下限应在三国—西晋初期。

二组的 I 式罐基本延续了三国时期特征，直口，肩部有纹饰，腹部加长，上腹略鼓，其型制与北方西晋中晚期的同类器相同，这种罐在秭归的其他地方也有发现，如庙坪 M74：20①，其下限约相当于西晋中晚期。

三组的 II 式盘口壶颈部加长，盘口中部内收，呈弧形；M43：1 II 式罐腹部突出，唇略向外翻，近底部向内收，已具有东晋时期风格，这种罐在秭归庙坪也有同样器形，伴出有"半两"、"五铢"、"货泉"，半两为西汉时期钱币，货泉为西汉晚期王莽所铸，五铢的五字瘦长，是西汉晚期的特征，新出现了 A 型盘，该器形在前期未见。从器物的造型风格看，其时代大约在东晋早期。

四组的 M82 是一个纪年墓，墓砖上模印有"癸未岁"三字，东晋时期的癸未年有两个，一个是东晋初晋元帝司马睿永昌二年（公元 323 年），另一个是东晋中期晋孝武帝司马曜太元八年（公元 383 年）。从出土器物分析，新出有博山炉和三足盘，其瓷器造型生动气派，线条流畅，釉色青绿，均匀透亮，其烧造技术非常成熟。墓砖的花纹除几何纹外，新出现了文字砖、莲瓣纹、钱纹、车轮纹，这种砖在三峡地区的巴东和秭归一带的东晋中晚期墓葬中常见，所以我们把这组墓葬的时代定在东晋中期较合适。

五组与 II 式盘口壶同出的有承柱式穿孔熏炉，这种熏炉在三峡地区东晋中晚期墓中常见。盘口壶的口开始变直，腹部加长，上部外鼓，M76：7 与巴东陈橡坪 M2：3② 基本相近。B 型瓷碗腹部较浅，未见 A 型碗。M76 的 A 型盘和 B 型盘同出，而 B 形盘的直壁风格在前期未见，与巴东陈橡坪 M3：18 相似，所以我们认为这组墓葬的时代大约在东晋晚期。

---

① 湖北省文物事业管理局、湖北省三峡工程移民局：《秭归庙坪》，科学出版社，2003 年。

② 武汉大学考古系：《巴东县陈橡坪墓群发掘简报》，《湖北库区考古报告集》第四卷，科学出版社，2007 年。

六组所出的盘口壶盘口加宽，器身变长，M66：2 与南京童家山出土的同类器基本一致①。B 型碗腹部较深，假圈足，新出 A 型碗，壁较浅，口沿下有凹弦纹。斜直壁盘在南京童家山也有出土，扁鼓腹唾盂、带流壶在上期未见，滑石猪器身肥壮，线条栩栩如生，这些器物的组合形式和造型风格，基本上和南京、武汉、鄂州等地的南朝墓葬一致，M15 和 M66 出土"四铢"钱为南朝初期钱币，我们将这组墓葬的时代定在南朝早中期。

七组盘口壶盘口外撇，颈部较粗，器身较短，与巴东雷家坪 2003 年 M1：1② 相似。青瓷灯与南京童家山南朝墓出土的同类器几乎完全一致，其时代也应相近。所以我们把第七组墓葬的时代定在南朝中晚期比较合适。

（二）墓砖

陶家坡六朝时期的壁砖有长方形和楔形两种，一般呈青灰色，制作较规整，质地坚硬，个别墓葬的墓砖火候较差，不甚规整，如 M43。大多数墓底有铺地砖，以素砖为多，少数花纹砖，多呈人字形平铺，有一半以上的砖室墓采用断砖铺底。壁砖的花纹朝向墓室，平砌，通长 36～40、宽约 16～17、厚约 6～7 厘米。楔形砖通长约 36、通宽约 16～17、窄端厚约 4、宽端厚约 6 厘米，花纹均在窄侧面，个别墓葬的壁砖和楔形砖的端面也模印有花纹。

前面我们已对陶家坡六朝时期的所有墓葬进行了分期排队，根据以上的分期，我们对陶家坡东晋至南朝的墓砖也有了大体的认识。

第一组　东晋早期，以 M43 和 M35 为代表。纹饰较单纯，M43 壁砖为四分界格双交叉线纹，有的端面有"大吉"二字，楔形砖侧面有三交叉线纹。M35 侧面为三分界格三交叉线纹，均有边框线。这两座墓的共同特点就是墓砖花纹为几何纹，比较单一，具有东汉以来常见的菱格、折线、网格、交叉线的传统遗风，相似纹饰见于巴东雷家坪 M2、M11 和 M7③。这种纹饰流行时间长，结合器物型制特征分析，时代应在东晋早期（图六六）。

第二组　东晋中期，以东晋中期纪年墓 M82 为断代依据。在这个墓中，有几种花纹砖。壁砖侧面纹饰有四分界格网格纹、五分界格四重相套菱格纹与纪年文字组合，端面有花瓣纹和吉祥文字组成的图案。楔形砖侧面纹饰由七分界格双交叉线纹和吉祥文字组成的图案，端面由变形钱纹和吉祥语组成一组图案。相似纹饰见于湖北枝江拽车庙 M2"永和元年"纪年墓④、巴东老屋场 M3"泰和四年"纪年墓⑤。M30 壁砖侧面纹饰有交叉线纹和米字形纹组成的纹饰、折线纹和米字形纹组成的一组纹饰、米字形纹和菱格纹组成的纹饰，端面由"大吉"二字和圆圈纹

---

① 南京博物院：《南京童家山南朝墓清理简报》，《考古》1985 年第 1 期。
② 荆州博物馆：《巴东县雷家坪遗址 2003 年发掘报告》，《湖北库区考古报告集》第四卷，科学出版社，2007 年。
③ 中山大学人类学系：《巴东县雷家坪六朝墓葬地发掘报告》，《湖北库区考古报告集》第四卷，科学出版社，2007 年。
④ 宜昌博物馆：《湖北枝江县拽车庙东晋永和元年墓》，《考古》1990 年第 12 期。
⑤ 黑龙江省文物考古研究所：《巴东老屋场墓群发掘报告》，《湖北库区考古报告集》第一卷，科学出版社，2007 年。

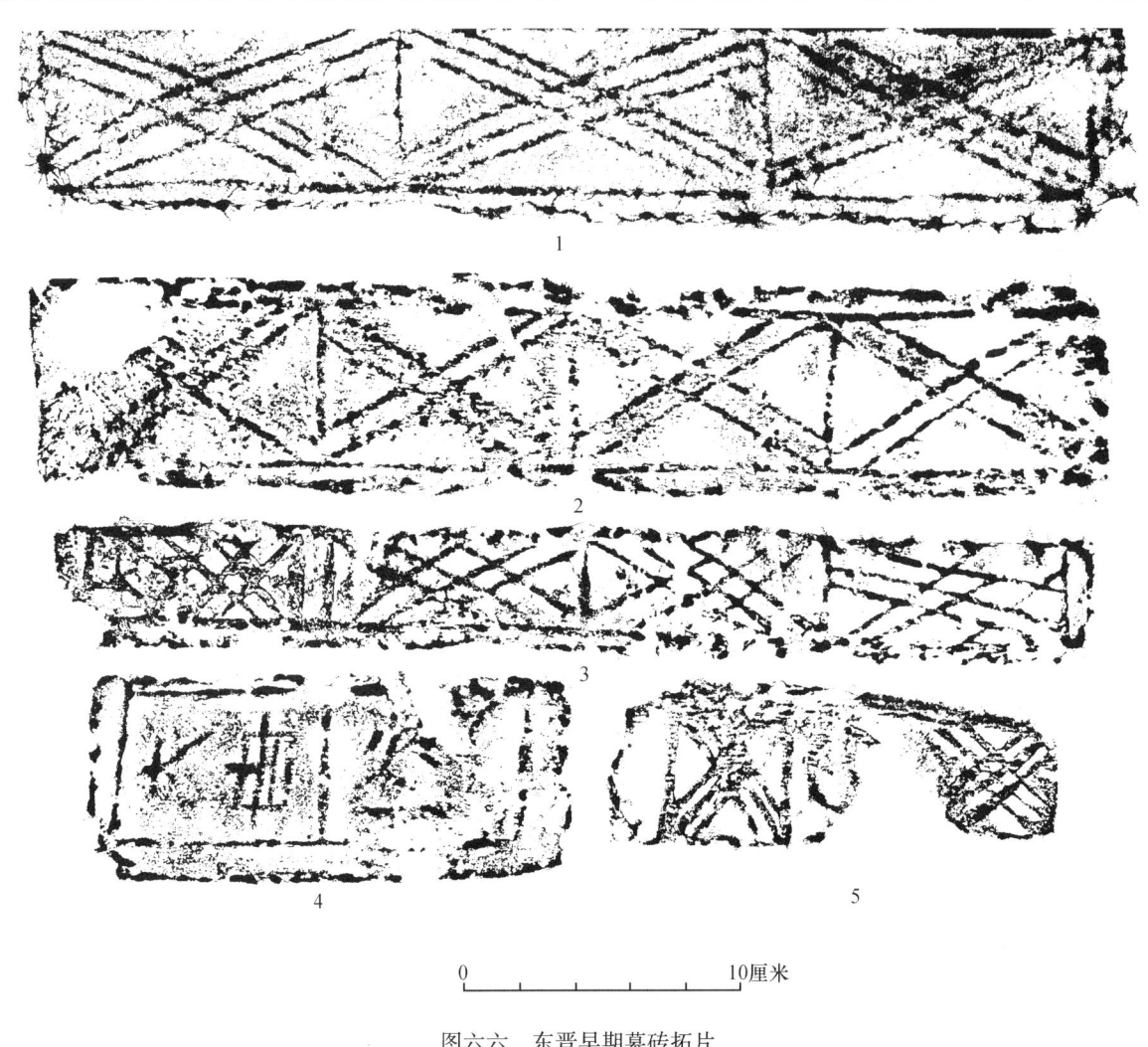

图六六　东晋早期墓砖拓片
1. M35墓砖拓片　2~5. M43墓砖拓片

组成的一组纹饰。楔形砖侧面有菱格纹和交叉线纹组成的一组图案，端面有"大吉"二字。这几种砖纹与巴东雷家坪M12基本一致，米字纹在秭归庙坪M104中见到。这时期的纹饰种类较多，往往一个墓有几种纹饰的墓砖（图六七）。

第三组　东晋晚期，以M63、M76、M50和M47为代表。M76和M63的几何花纹砖几乎完全一样，推测其下葬年代也基本同时。这时期的墓砖纹饰以多重菱格纹、双交叉线纹为主，M76出现六分界格车轮纹，这种车轮纹在巴东雷家坪2003年M3中见到，该墓的时代为东晋中后期，综和随葬品分析，这组墓葬的年代在东晋晚期（图六八）。

第四组　南朝早期，以M66、M42为代表，其几何形纹饰主要有鱼网纹、交叉线纹、菱形纹，文字砖较流行，有七字之多。M15的封门砖侧面为交叉线纹和莲花瓣纹组成的图案，并殉葬马头，这种现象在前期均未见。M42壁砖侧面出现了鱼纹，端面出现了钱纹，这些都是南朝

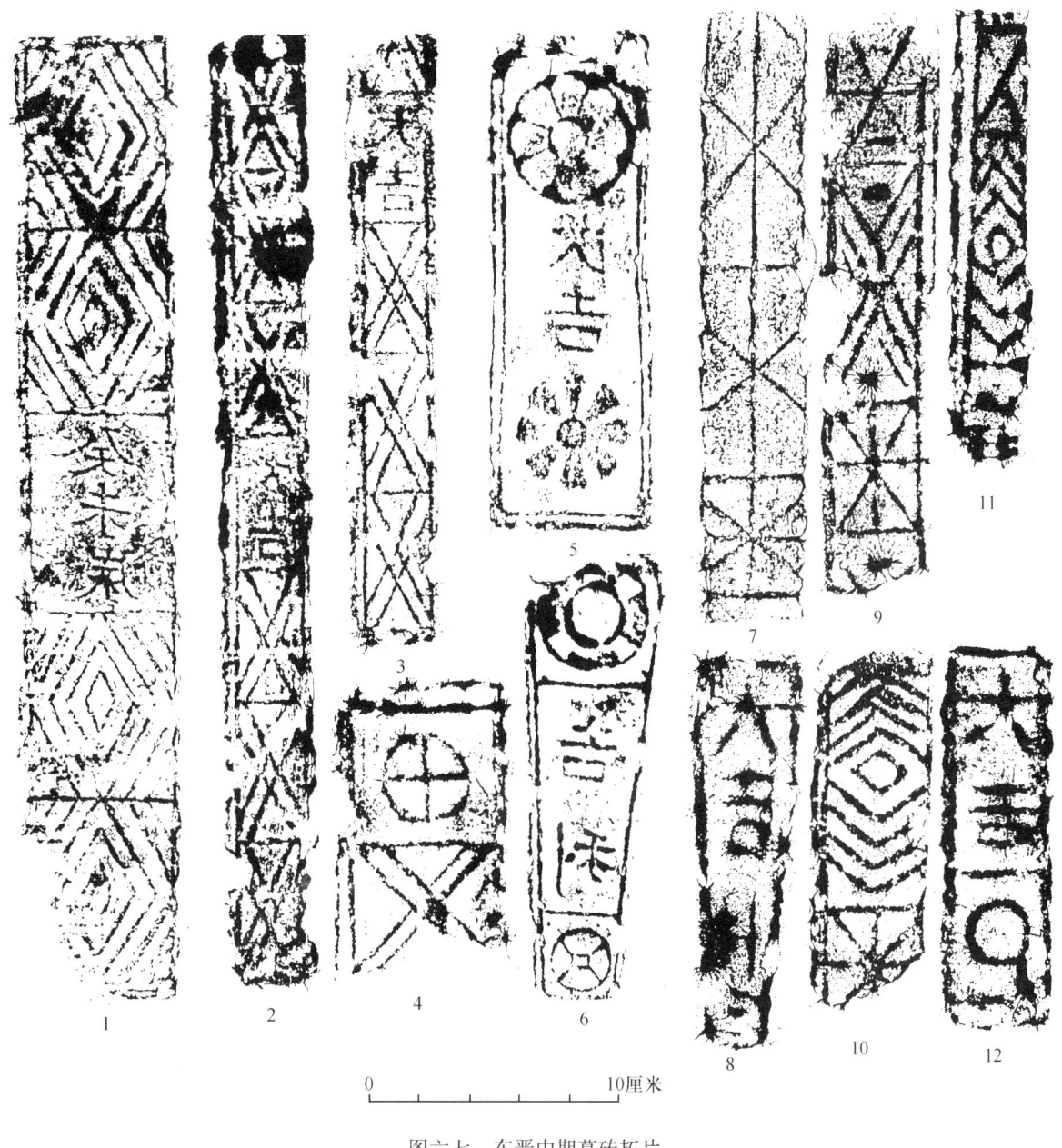

图六七　东晋中期墓砖拓片
1~6. M82 墓砖拓片　7~12. M30 墓砖拓片

时期墓砖的特点，这种纹饰在巴东雷家坪南朝早期墓中见到，与武汉水果湖"建孝二年"[①] 和大冶瓦窑塘"永明年"纪年墓的鱼纹和五铢钱纹共出相一致，其时代也应同时。参考这两座墓的器形以及 M42 出土的四铢钱，时代应为南朝早期（图六九）。

第五组　南朝晚期，这期墓砖以 M39 为代表，其壁砖和楔形砖侧面均为三分界格双交叉线纹，这种纹饰自东汉到南朝都很流行，在巴东雷家坪南朝墓中也有同样纹饰（图七〇）。

---

① 湖北省博物馆：《武汉地区四座南朝纪年墓》，《考古》1965 年第 4 期。

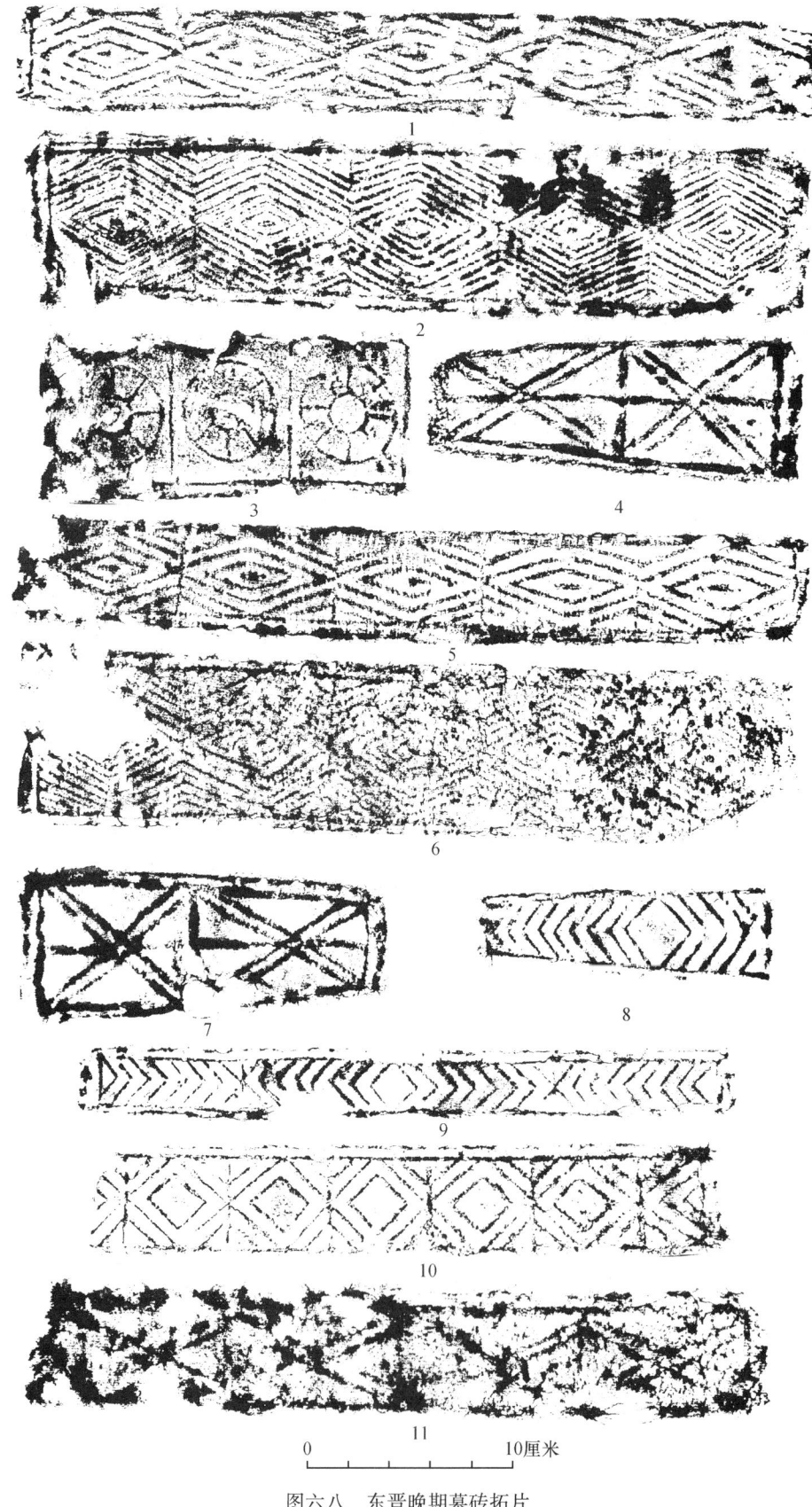

图六八　东晋晚期墓砖拓片

1~4. M63 墓砖拓片　5~7. M76 墓砖拓片　8~10. M47 墓砖拓片　11. M50 墓砖拓片

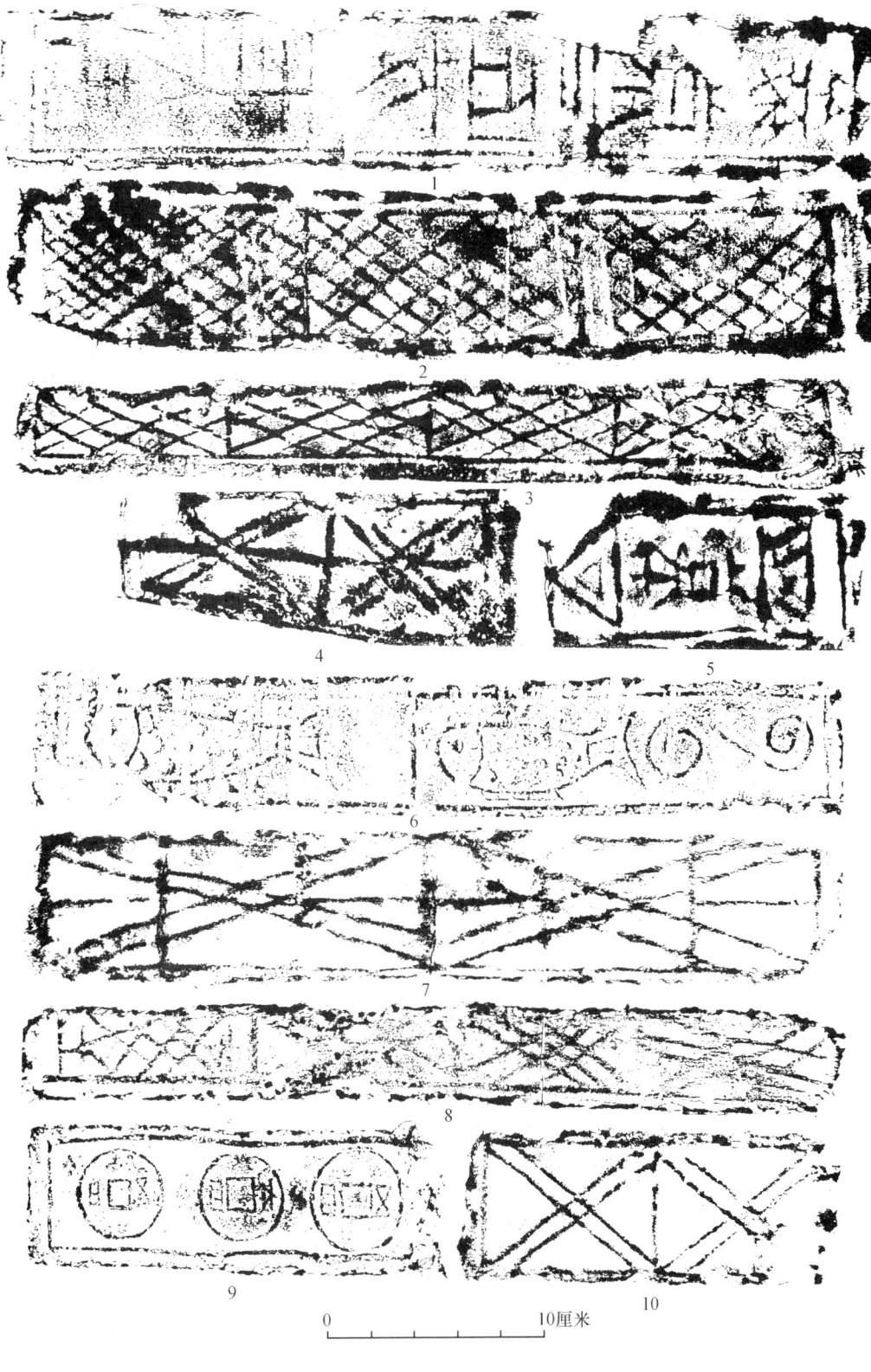

图六九　南朝早期墓砖拓片

1～5. M66 墓砖拓片　　6～10. M42 墓砖拓片

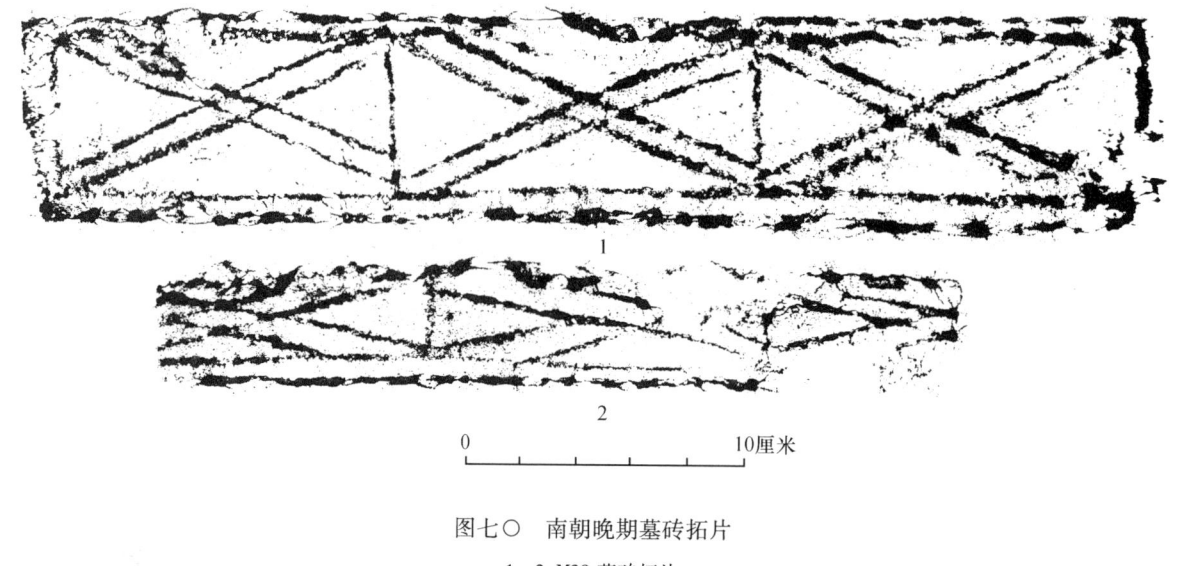

图七〇　南朝晚期墓砖拓片

1、2. M39 墓砖拓片

四、小　　结

22 座六朝墓葬分部无规律，仅个别墓的随葬品组合较完整，大多数墓都遭到不同程度的破坏，但就现有资料我们也可以看出一些有规律的东西。

（1）陶家坡六朝墓葬随葬品常见的器物有盘口壶、熏炉、碗、盘、钵、三足砚、滑石猪，少数墓有铜钱。罐在东晋中期以后未见；盘口壶的口弧形—直口—撇口；熏炉在南朝墓中未见；碗以 B 型碗居多，东晋后期至南朝底多为圆饼形；盘在南朝以前 A 型居多，南朝以 B 型斜直壁居多；滑石猪在东晋早期以前形体较粗壮、线条较细致，东晋中期以后形体瘦长、线条抽象，南朝时期身体肥壮，线条复杂，栩栩如生，从侧面反映了南朝经济逐步发展，生活稳定的景向；发簪弯曲处南朝比东晋宽扁。这些变化，基本上与周边地区相一致。

（2）墓葬型制多为凸字形，个别刀形。砖室墓和石室墓的砌法一致，均为平砌，有别于湖北、湖南等地三顺一丁和三平一竖的砌法，铺地砖多呈人字形平铺，墓坑与墓砖之间往往用砖横置，紧顶墓壁，起加固作用。砖石合筑墓较常见，用石块筑墓室，用墓砖券顶，这些均是三峡地区六朝墓葬的特点。随葬品往往置于甬道和墓室的结合处，个别墓葬存在被后人利用的现象。

（3）有的墓内放有蚌壳，说明渔猎是这里的一项重要的生产活动，在生活中占有较重要地位。

肆 唐宋墓葬

一、概 述

陶家坡唐宋时期墓葬共 36 座。按墓葬形制和结构可分为土坑墓和土圹墓两种，其中土圹砖室墓 3 座，土圹砖石合筑墓 1 座，土坑墓 32 座，有 1 座墓比较特别，即 M17，它是利用砖室墓 M38 做墓室，直接在其淤土上放置棺木和随葬品，其结构不明，我们仍将此墓归为土坑墓（表五）。

表五 陶家坡唐宋墓葬一览表　　　　　　　　　　（单位：厘米）

墓号	层位关系 开口	层位关系 打破	形制结构	墓底 长×宽	方向	葬具	葬式	随葬品	备注
M7	②层下	生土	土圹砖室	288×220	5°	棺木	仰身直肢	双唇罐、碗、器盖、铜镜、铜钱	
M8	②层下	M9	土圹砖室	残长 456×192	10°		不详		
M9	②层下	生土	土圹砖室	残长 60×110	9°		不详		
M36	①层下	M35	土圹砖、石	360×170	215°	棺木	不详	铜钱	
M18	①层下	生土	长方形土坑	200×105	0°	棺痕	不详	罐	
M20	②层下	生土	长方形土坑	176×60	60°		仰身直肢	罐	
M22	②层下	生土	长方形土坑	残长 134×72	45°		仰身直肢	铜钱	
M23	②层下	生土	长方形土坑	148×60	20°		不详	铜镜	
M24	②层下	生土	长方形土坑	残长 120×76	15°	棺钉	仰身直肢	罐、铜钱	
M25	②层下	生土	长方形土坑	210×52	45°		仰身直肢		
M26	②层下	生土	长方形土坑	216×80	10°		仰身直肢	罐、铜钱	

续表

墓号	层位关系 开口	层位关系 打破	形制结构	墓底 长×宽	方向	葬具	葬式	随葬品	备注
M27	②层下	生土	长方形土坑	残长 150×60	40°		仰身直肢	铜钱、罐、盏	
M28	②层下	生土	长方形土坑	残长 178×60	20°		仰身直肢	盏、铜钱	
M29	②层下	生土	长方形土坑	残长 100×56	70°		不详	罐、盏、铜钱	
M33	②层下	生土	长方形土坑	168×66	0°		仰身直肢	碗	
M40	①层下	生土	长方形土坑	260×100	75°	棺钉	不详	罐、盏、铜钱	
M41	①层下	生土	长方形土坑	226×74	78°		不详	罐、盏、铜钱	
M44	②层下	生土	长方形土坑	220×90	80°	棺钉	不详	碗	
M45	②层下	生土	长方形土坑	198×80	80°	棺钉	仰身直肢	碗、铜钱	
M51	②层下	生土	长方形土坑	残长 156×76	90°		不详	盏	
M52	②层下	生土	长方形土坑	200×68	105°	棺痕	仰身直肢	铜钱	
M53	②层下	生土	长方形土坑	残长 130×68	87°	棺钉	不详	盏	
M54	②层下	生土	长方形土坑	残长 140×66	105°	棺钉	仰身直肢	铁剪、粉盒、贝壳	
M55	②层下	生土	长方形土坑	残长 160×68	70°	棺钉	不详	盏、罐、板瓦	
M57	②层下	生土	长方形土坑	残长 110×48	80°	棺钉	仰身直肢	铜钱	
M58	②层下	生土	长方形土坑	残长 186×100	105°	棺痕	仰身直肢	罐、铜钱	
M68	②层下	生土	长方形土坑	200×80	97°		仰身直肢	铜钱	
M70	②层下	生土	长方形土坑	160×60	96°		不详	盏	
M71	②层下	生土	长方形土坑	200×72	135°	棺钉	不详	罐	
M77	①层下	生土	长方形土坑	200×64	86°	棺钉	仰身直肢	铜钱	
M80	②层下	生土	长方形土坑	残长 100×68	117°		不详	铜钱、碗、罐	
M83	②层下	生土	长方形土坑	170×60	65°	棺钉	不详	盏	
M85	②层下	生土	长方形土坑	残长 160×60	100°		不详	盘	
M87	①层下	生土	长方形土坑	190×76	95°		不详	罐、盏	

3座砖室墓有2座破坏相当严重，不仅形制结构不全，且无任何随葬品，仅M7保存较好，其墓葬形制也较特殊，随葬品未遭破坏，组合形式为：双唇罐、盘口壶、钵、碗、器盖、铜镜、铜钱。

1座砖石合筑墓由于厂房的建设将其严重破坏，墓内积满建筑垃圾，只清理出铜钱3枚。

二、墓葬介绍

（一）砖室墓

M7 长方形土圹竖穴券顶砖室墓。开口②层下，打破生土，方向5°，墓圹长328、宽260厘米，墓室长288、宽220厘米，券顶距地面深20厘米。该墓分东西两室，两室中间横砌一排墓砖相隔，再各自起券，从随葬品的结构分析，推测为夫妇同穴异室合葬墓。墓砖为青灰色，一面饰绳纹，两侧无纹饰，砖长34、宽14、厚4.8厘米，四壁砌法一样，为三横一竖。距墓底100厘米时开始起券，发掘时西室券顶已塌，东室券顶北部被从山上滚下的大石块毁坏，南部被M6打破，只残留中部一点，墓室高140厘米。四壁在距墓底50厘米处都开有小窗，东、西壁各4个，南北壁各2个，中隔墙各开6个，墓底用砖横竖交错平铺。西室长260、宽80厘米，中部设有棺床，棺床用墓砖平铺二层，长175、宽34、高10厘米。葬具已腐烂，只发现数枚棺钉，人骨保存较差，仅剩头骨和部分肢骨，葬式为仰身直肢，右肢骨由于棺床较窄散落在棺床边。随葬品置于墓室北端，有罐1件、器盖1件、铜镜1件、碗1件、骨簪1件、钵1件、铜钱1枚、石饼1个，分析墓主可能是女性。东室无棺床，只在墓室北部发现零乱肢骨，推测迁葬的可能性较大，随葬品置于墓室北部，出土盘口壶1件、钵1件。东西两室共出土随葬品10件（图七一；图版一五，1、2）。

瓷器 6件。

盘口壶 1件。标本M7:9，灰白胎，青绿釉，深盘口且向外侈，束颈，颈较短，颈下有四耳横置，腹部瘦长，最大径在上腹，平底，下腹露胎，有滴釉。口径20、腹径21.2、底径10.6、高40厘米（图七二，8；彩版八，1）。

双唇罐 1件。标本M7:1，褐红色胎，青绿色釉。直口，尖唇，无颈，口与肩交接处有宽沿一周，肩部四个立耳，鼓腹，最大径在腹中部，近底部较直，平底。釉面大多已脱落，下腹露胎，器身可见泥条盘筑痕迹。口径12.5、腹径20.6、底径13.8、高21.5厘米（图七二，1；图版一九，1）。

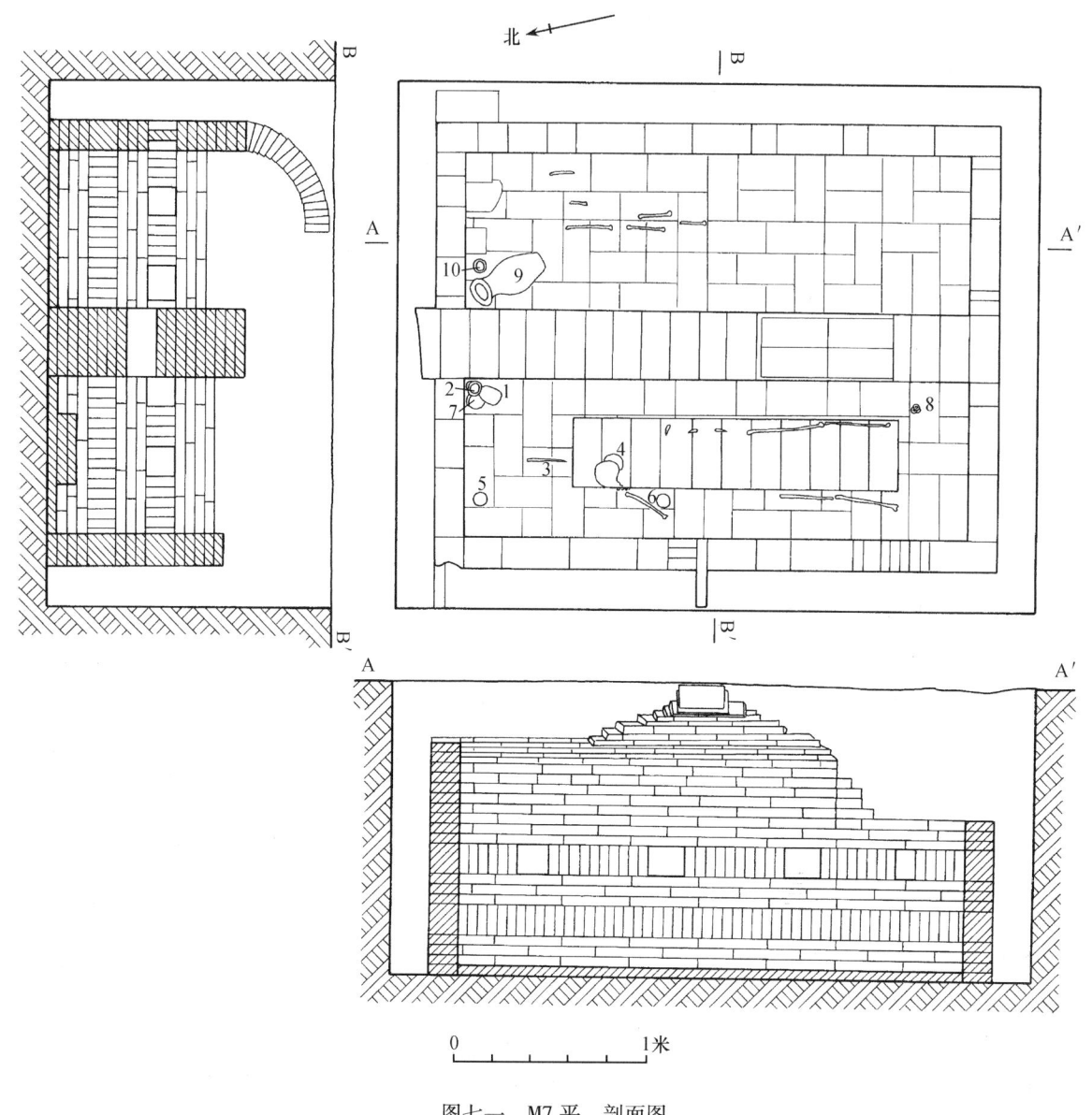

图七一 M7 平、剖面图

1. 瓷双唇罐 2、10. 瓷钵 3. 骨簪 4. 铜镜 5. 瓷碗 6. 石饼 7. 瓷器盖 8. 铜钱 9. 瓷盘口壶

碗 1件。标本 M7∶5，灰白胎，褐色釉，尖圆唇，弧壁，平底。外壁下部有一周用锐器刻划出来的文字，笔划流畅有力，深浅不一，可辨其文字"一奴陈承光□石板石板板石"。口径10.6、底径3.5、高4厘米（图七二，6；图版二二，2）。

钵 2件。直口、圆唇，上壁较直，下壁曲收，平底。红胎褐釉，釉不及底。标本 M7∶2，口径16.6、底径7.8、高5.4厘米（图七二，3）。标本 M7∶10，口径15.8、底径8.4、高5.8厘米（图七二，4；图版二二，4）。

器盖 1件。标本 M7∶7，灰白胎，青绿色釉，圆饼形纽，下端内凹，内底有明显叠烧痕迹。口径15.6、高5.4厘米（图七二，5）。

肆 唐宋墓葬

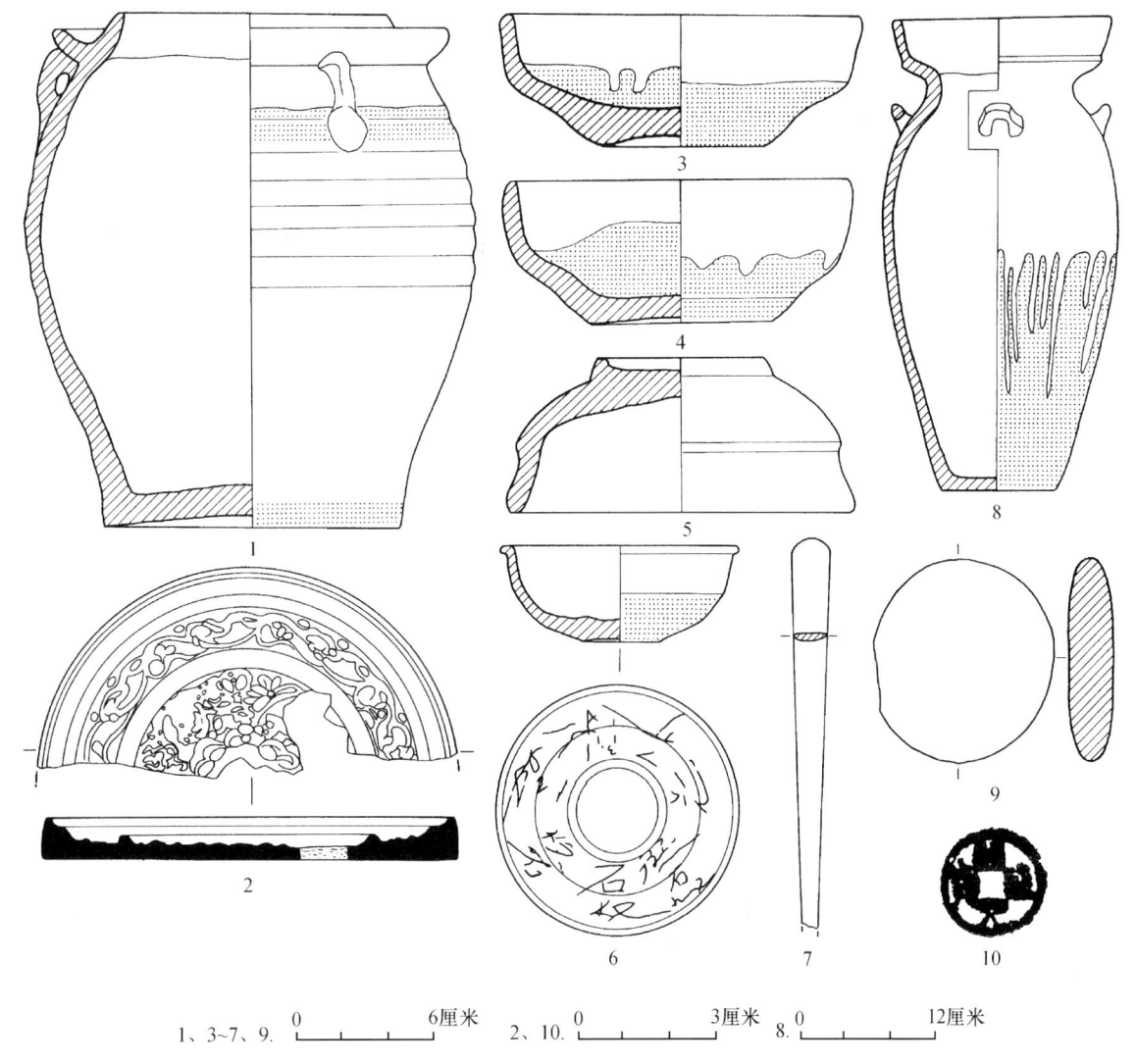

图七二 M7 出土器物

1. 瓷双唇罐（M7:1） 2. 铜镜（M7:4） 3、4. 瓷钵（M7:2、M7:10） 5. 瓷器盖（M7:7） 6. 瓷碗（M7:5） 7. 骨簪（M7:3）
8. 瓷盘口壶（M7:9） 9. 石饼（M7:6） 10. 铜钱（M7:8）

铜镜 1件。标本M7:4，为三角缘葡萄镜，该镜大部分已残，外区为忍冬纹，内区为花叶葡萄，正中有一圆纽，镜面略凸。直径9.4、缘厚0.8厘米（图七二，2；图版二四，4）。

骨簪 1件。标本M7:3，扁锥形，柄部略宽，尖部已残，器身磨光。残长16.5厘米（图七二，7）。

石饼 1件。标本M7:6，为褐色自然砂石，圆形，直径8.6、厚2厘米（图七二，9）。

铜钱 1枚。开元通宝标本M7:8，正面有轮有郭，背面有轮有郭，"开"字下部略宽于上部，"通"字中间二横偏下，直径2.4厘米（图七二，10）。

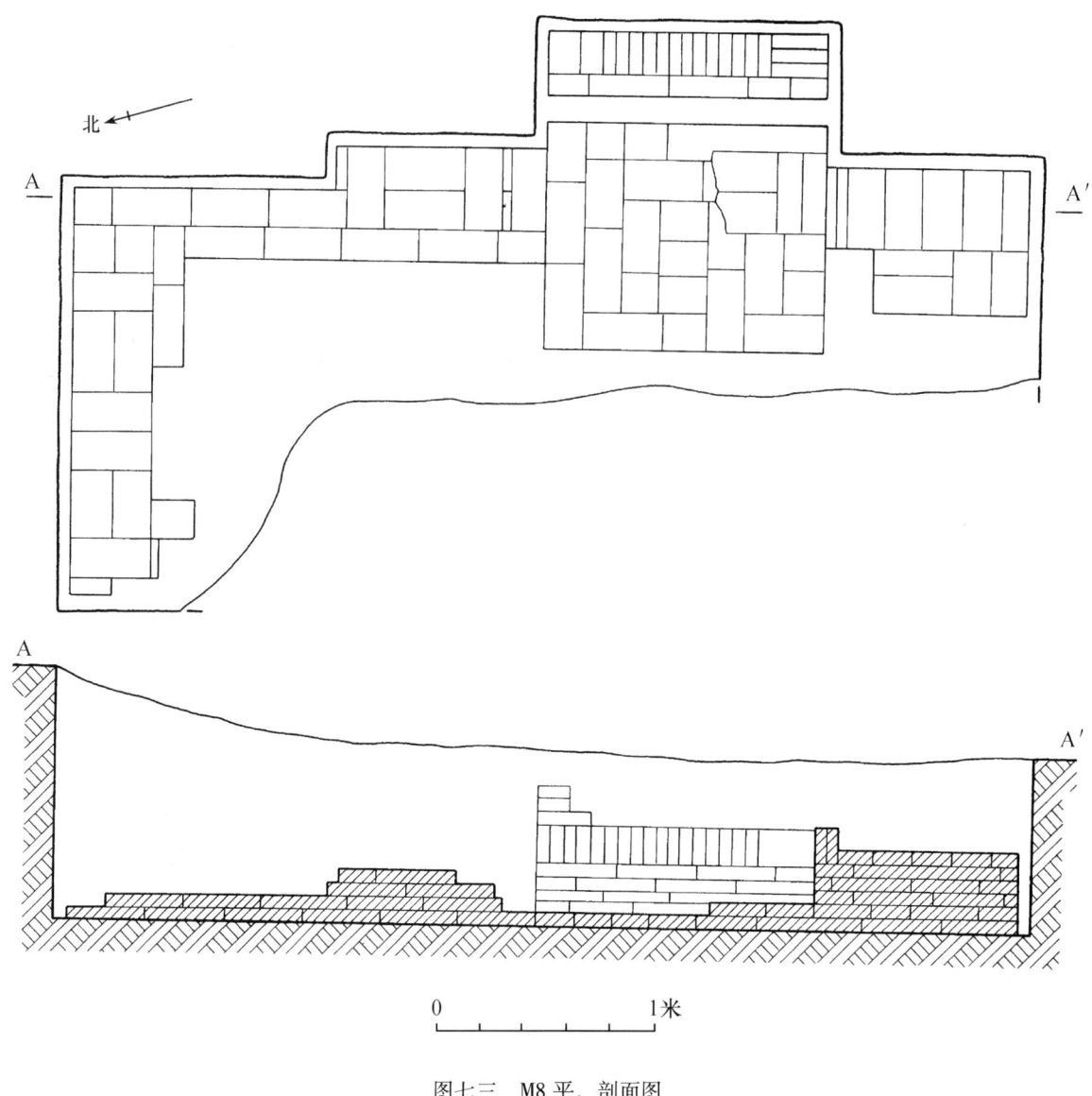

图七三　M8 平、剖面图

M8　土圹竖穴"亚"字形砖室墓。开口②层下，打破 M9，方向 10°。该墓破坏相当严重，北部打破 M9，只剩墓底局部和部分壁砖，主室为长方形，残长 456、宽 192、残高 56 厘米，填土松散，为上面滚下来的散土，含有少量六朝至唐代的黄褐釉、青釉瓷片。由于西壁已残，看不清其结构，但东壁中部向东伸沿延，分析为"亚"字形，墓砖青灰色，素面，长 36、宽 16.5、厚 5.6 厘米，四平一竖砌法，铺底砖为错缝平铺，横竖交错。由于破坏严重，葬具和葬式不详，墓内只发现少量零乱肢骨，未见随葬品（图七三）。

M9　土圹竖穴券顶砖室墓。开口②层下，方向 9°，该墓南部大半被 M8 打破，只残存北部少量。墓砖为青灰色，素面，长 36、宽 17、厚 5.5 厘米，四壁采用四六顺一丁的砌法，距墓底 70 厘米开始起券，底砖呈人字形平铺，填土红黄色，松散，发现一些青釉、黄褐釉瓷片（图七四）。

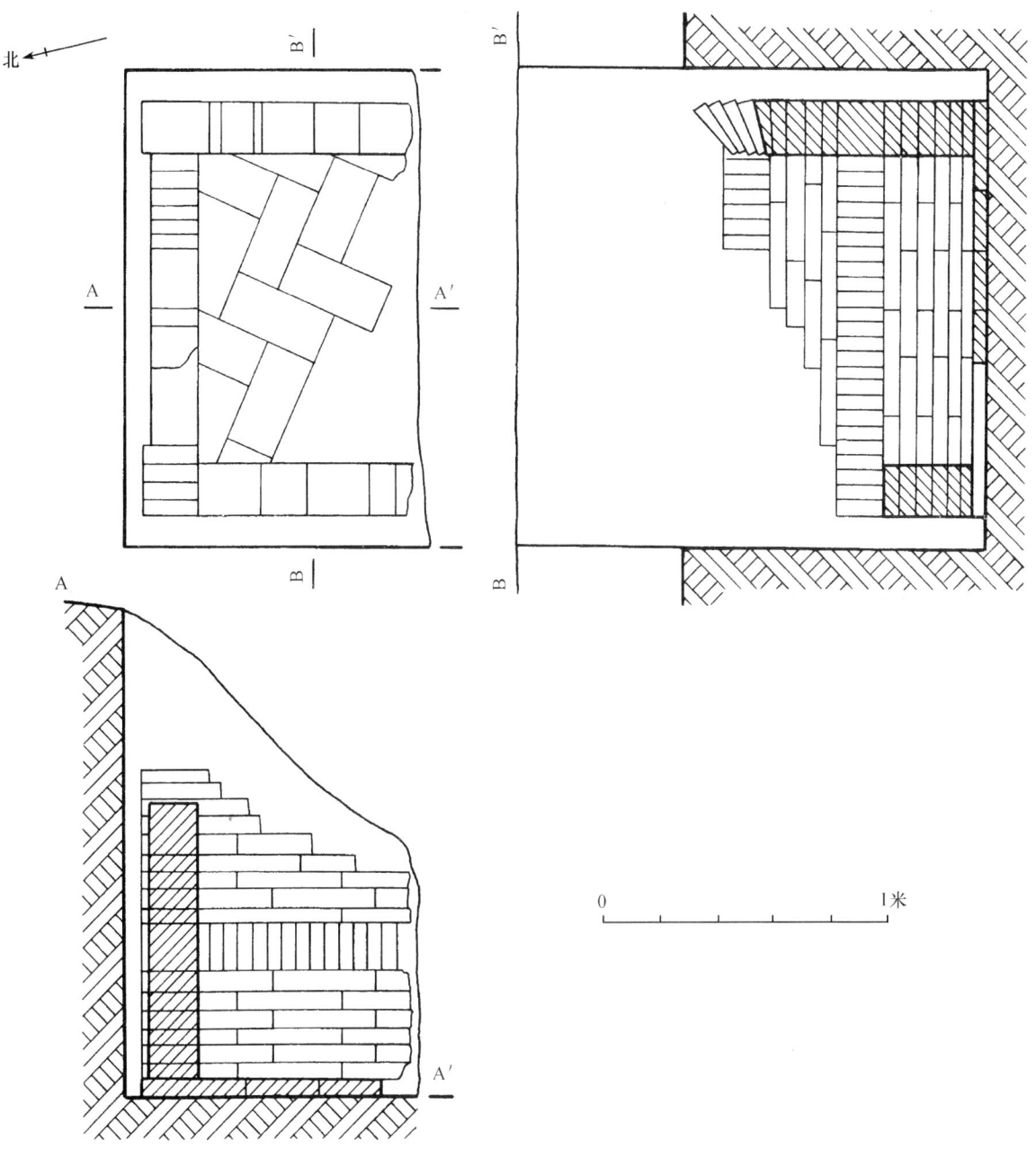

图七四 M9 平、剖面图

（二）砖石合筑墓

M36 长方形土坑竖穴砖石合筑墓，该墓处于建筑区内，被现代建筑破坏，打破 M35。开口①层下，方向 215°。墓口距地面深 130 厘米，墓圹长 400、宽 200 厘米，墓室残长 360、宽 170 厘米，墓内填土较乱，为灰砂土。该墓四周墙壁用长方形石块砌成，底部用素面灰砖起筑，墓底正中有平铺的棺床，高出墓底10厘米，用灰色正方形砖平铺而成，砖长33、厚5厘米。墓葬券顶已无存，四壁上部和棺床的大部分均遭严重破坏。未发现人骨和随葬品，只是在墓底中部清理出棺钉2枚和铜钱3枚（图七五）。

开元通宝　2枚。标本M36:1，隶书，面有轮有郭，郭较宽。直径2.3厘米（图七六，1）。

元丰通宝　1枚。标本M36:2，面有轮有郭，篆体。直径2.5厘米（图七六，2）。

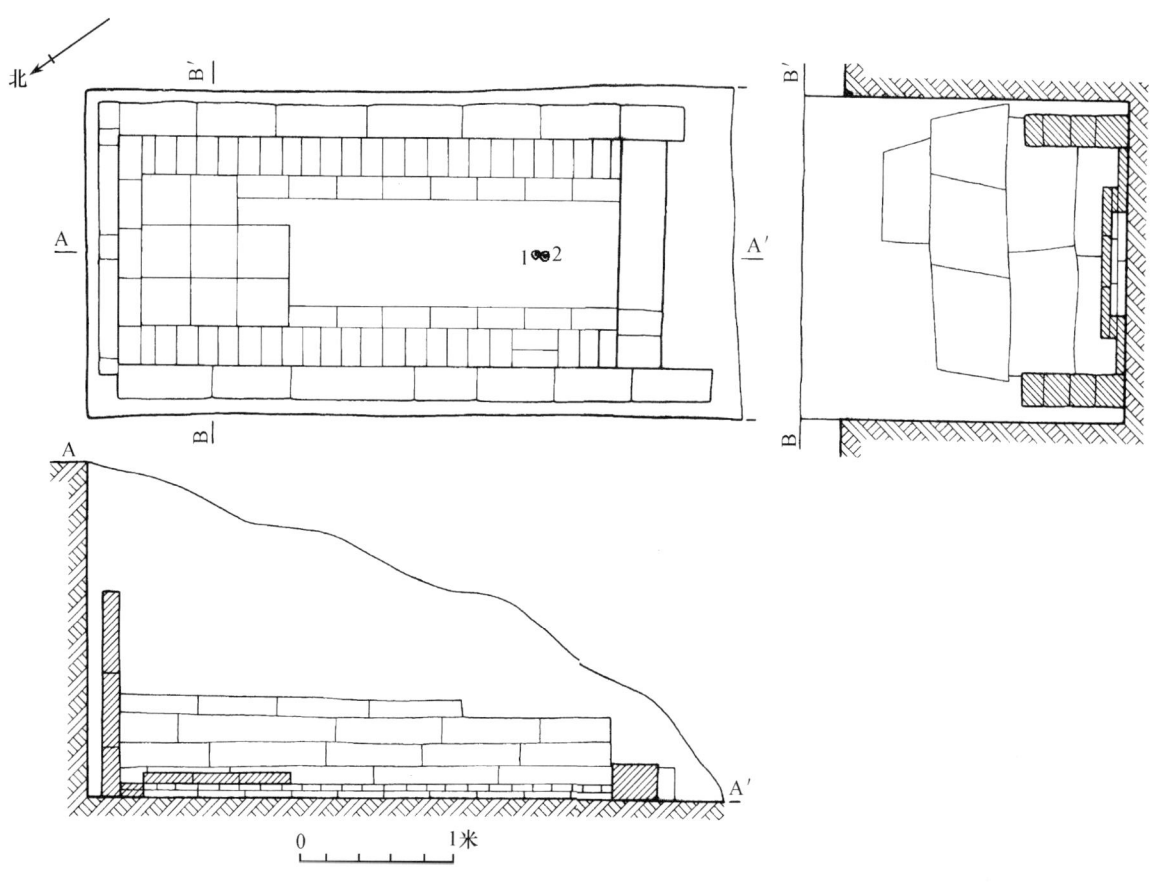

图七五　M36平、剖面图
1、2. 铜钱

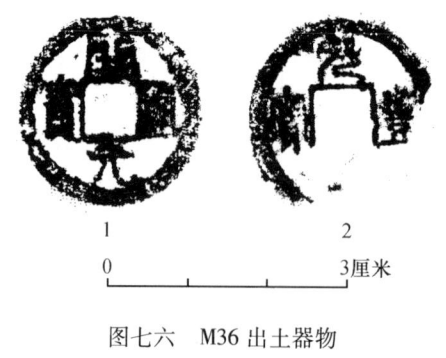

图七六　M36出土器物
1、2. 铜钱（M36:1、M36:2）

（三）土坑墓

陶家坡唐宋时期土坑墓共 32 座，均为土坑竖穴墓，墓坑距现地面均较浅，破坏严重，随葬品较少，多为日常生活用具。

M17 该墓是本次发掘中较为特殊的一座。它在砖室墓 M38 的券顶上打一个直径约 2 米长的洞，然后从顶上将死者放入墓中。清理中未发现葬具，葬式为仰身直肢，人骨保存较完整，头向西，随葬品置于墓室东部，共 16 件，放置无规律，有瓷器、铁器、贝壳，以瓷器居多，大部分已破碎（见 M38）。

瓷器 14 件。

罐 6 件。

双唇罐 2 件。标本 M17：1（M38：01），红色胎，褐色釉，底露胎。双唇，内唇较直，有 3 个小缺口，外唇外撇，肩部四耳竖置，最大径在腹部，下腹斜收，平底。口径 22.8、腹径 34.4、底径 23.6、高 38.8 厘米（图七七，12；图版一九，3）。标本 M17：3（M38：03），红胎绿釉，底露胎，双唇，内唇较直，外唇向外侈出，肩部四耳竖置，腹壁较直，平底。口径 14.8、底径 16.4、高 16.2 厘米（图七七，11；图版一九，4）。

直口罐 2 件。标本 M17：8（M38：08），灰白胎，褐色釉，底露胎。直口，圆唇外卷，壁较直，最大径在肩部，平底。口径 9.8、底径 11.2、高 16 厘米（图七七，6；图版二〇，4）。标本 M17：4（M38：04），灰色胎，青黄釉，直口，平沿，溜肩，平底。口径 16、底径 12.4 厘米（图七七，10）。

双耳罐 2 件。标本 M17：2（M38：02），灰白胎，青黄釉，直口，圆唇外卷，肩部有一周釉下彩，为褐、蓝二色相间的圆点或长方形点，肩颈之间有双耳竖置，腹部呈瓜棱状，平底。口径 10.8、腹径 14.4、底径 11、高 16.6 厘米（图七七，3；彩版七，2；图版二〇，1）。标本 M17：7（M38：07），灰白胎，灰黄釉。直口圆唇，颈肩之间竖置双耳，最大径在上腹，下腹微收，平底内凹。口径 7.6、底径 7.8、高 12 厘米（图七七，7）。

执壶 2 件。标本 M17：5（M38：05），灰白胎，灰黄釉，底露胎。颈较长，口外撇，尖唇，肩部有一细长流，流有多道削棱，流下有褐色釉下彩，为束草卷云图案，下腹斜收，平底。口径 9.2、腹径 12.8、底径 10.4、高 19.4 厘米（图七七，1；彩版七，3）。标本 M17：6（M38：06），灰白胎，灰黄色釉，底露胎。长颈，口外撇，尖唇，肩部一短流，腹部有釉下绿彩垂叶纹，腹壁较直，平底。口径 8.4、底径 10.6、高 17.4 厘米（图七七，2；彩版七，1）。

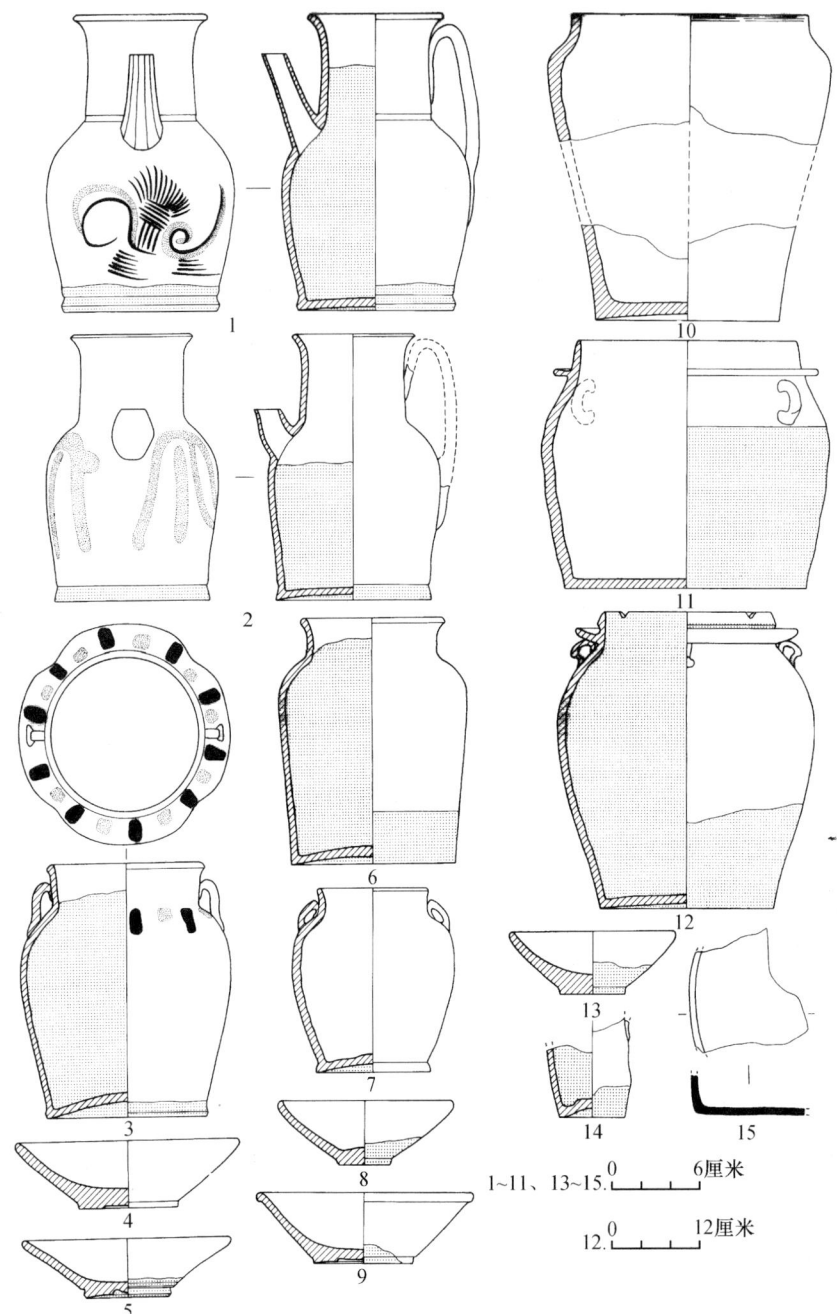

图七七 M17 出土器物

1、2. 瓷执壶（M17∶5（M38∶05）、M17∶6（M38∶06）） 3、7. 瓷双耳罐（M17∶2（M38∶02）、M17∶7（M38∶07）） 4、5、8、9、13. 瓷盏（M19∶9（M38∶09）、M17∶11（M38∶011）、M17∶12（M38∶012）、M17∶10（M38∶010）、M17∶13（M38∶013）） 6、10. 瓷直口罐（M17∶8（M38∶08）、M17∶4（M38∶04）） 11、12. 瓷双唇罐（M17∶3（M38∶03）、M17∶1（M38∶01）） 14. 瓷杯（M17∶14（M38∶014）） 15. 铁器（M17∶15（M38∶015））

盏 5件。形制基本相似，壁斜直，腹浅。标本M17：10（M38：010），青白瓷，底露胎，圆唇外卷，壁斜直，玉璧形底。口径15、底径6.8、高4.6厘米（图七七，9）。标本M17：9（M38：09），灰白胎，灰黄釉，通身施釉，壁斜直，圆唇，玉璧形底。口径15.4、底径6.8、高4.4厘米（图七七，4）。标本M17：11～13三件与M17：9基本相似。标本M17：11（M38：011），口径14.4、底径3.7、高3.8厘米（图七七，5）。标本M17：12（M38：012），口径12、底径3.6、高4.2厘米（图七七，8）。标本M17：13（M38：013），口径11.2、底径4.4、高4.1厘米（图七七，13）。

杯 1件。标本M17：14（M38：014），灰白胎，褐色釉，下部露胎。上部残，器形不明，直筒形，底内凹（图七七，14）。

铁器 1件。标本M17：15（M38：015），锈蚀严重，器形残缺，形制不明（图七七，15）。

贝壳 1件。标本M17：16（M38：016），残，未经加工。

M18 长方形土坑竖穴墓，墓口距地面深40厘米，墓坑残长200、宽105厘米，墓底距地面深90厘米。墓内填土为黄色沙土，葬具和人骨已腐，只是墓底残留一层灰黑色土，墓内出土瓷罐1件（图七八）。

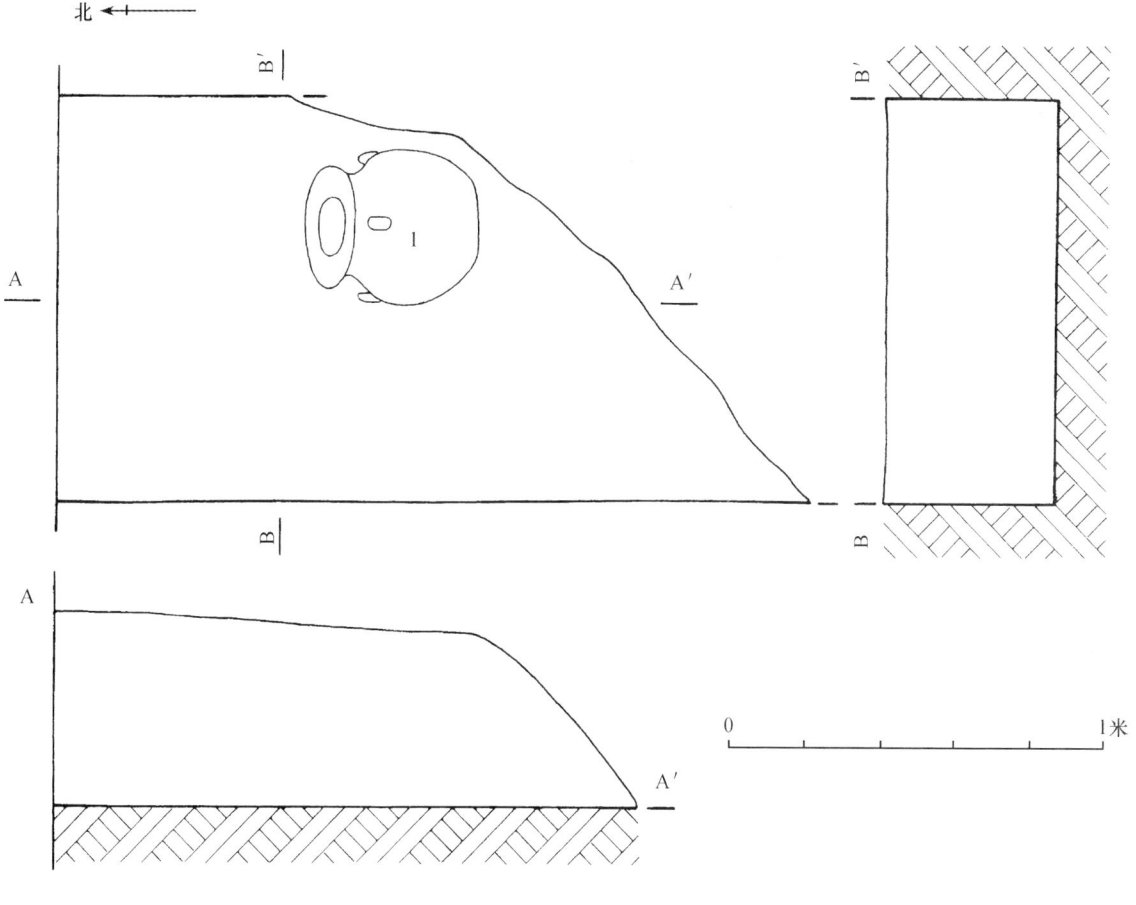

图七八 M18平、剖面图
1. 瓷罐

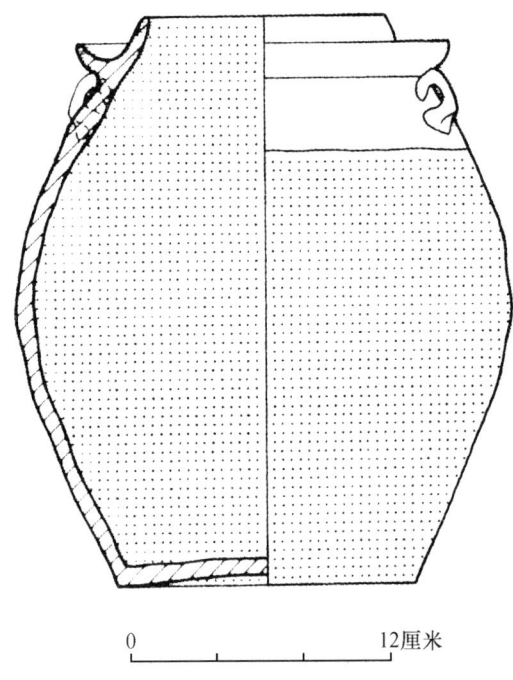

图七九　M18 出土瓷罐（M18∶1）

罐　1件。标本 M18∶1，灰黄色胎，上部施褐绿色釉，下部露胎，泥条盘筑，双唇，内口微向内敛，唇厚。外口向外斜侈，唇尖，颈部竖置双耳，最大径在腹中部，平底。高25.2、内口径11.4、外口径17.2、腹径14厘米（图七九；图版一九，2）。

M20　长方形土坑竖穴墓，开口②层下，打破生土，方向60°。墓口距地面深75厘米。由于农田改造，墓口上部已被扰乱，残存深度15厘米，坑长180、宽70厘米，墓底长176、宽60厘米。墓内填土为灰褐色，清理出人骨1具，头向偏东，仰身直肢，葬具不详。墓内出土瓷罐1件（图八〇；图版一六，1）。

罐　1件。标本 M20∶1，灰色胎，褐色釉，下腹露胎。平口，口中央有一周凹槽，圆唇，肩部和腹中部各饰一道凹弦纹，最大径在腹中部，下腹斜收，平底内凹。口径11.6、腹径14.4、底径6.4、高16厘米（图八一；图版二〇，5）。

M22　长方形土坑竖穴墓，开口②层下，打破生土，方向45°，墓坑南部略小，破坏严重，残长134、宽60~72厘米，填土为灰黑色，墓内葬具不详，仅残存部分头骨和肢骨，出有银簪1件、铜钱45枚（图八二；图版一六，2）。

簪　1件。标本 M22∶1，银质，由一根圆形银丝弯曲而成，尾部圆顿。长25厘米（图八三，1）。

铜钱　45枚，统一编号为 M22∶2。大多数已锈蚀，钱文基本可辨认。

景祐元宝　1枚，标本 M22∶2-1，篆体，面有轮有郭，背有轮有郭。直径2.5厘米（图八三，2）。

太平通宝　1枚，标本 M22∶2-2，隶书，面背均有轮有郭。直径2.4厘米（图八三，3）。

圣宋元宝　3枚，标本 M22∶2-3，行书，面背均有轮有郭。直径2.4厘米。标本 M22∶2-4，隶书，面背均有轮有郭。直径2.35厘米。标本 M22∶2-5，草书，面背均有轮有郭。直径2.35厘米（图八三，4、5、6）。

元丰通宝　4枚，标本 M22∶2-6，草书，面背均有轮有郭。直径2.5厘米。标本 M22∶2-6，直径2.4厘米（图八三，7、8）。

元祐通宝　4枚，标本 M22∶2-8，行书，面北均有轮有郭。直径2.2厘米。标本 M22∶2-9，行书，郭较宽，方孔较小。直径2.4厘米。标本 M22∶2-10，篆书，面背均有轮有郭。直径2.4厘米（图八三，9、10、11）。

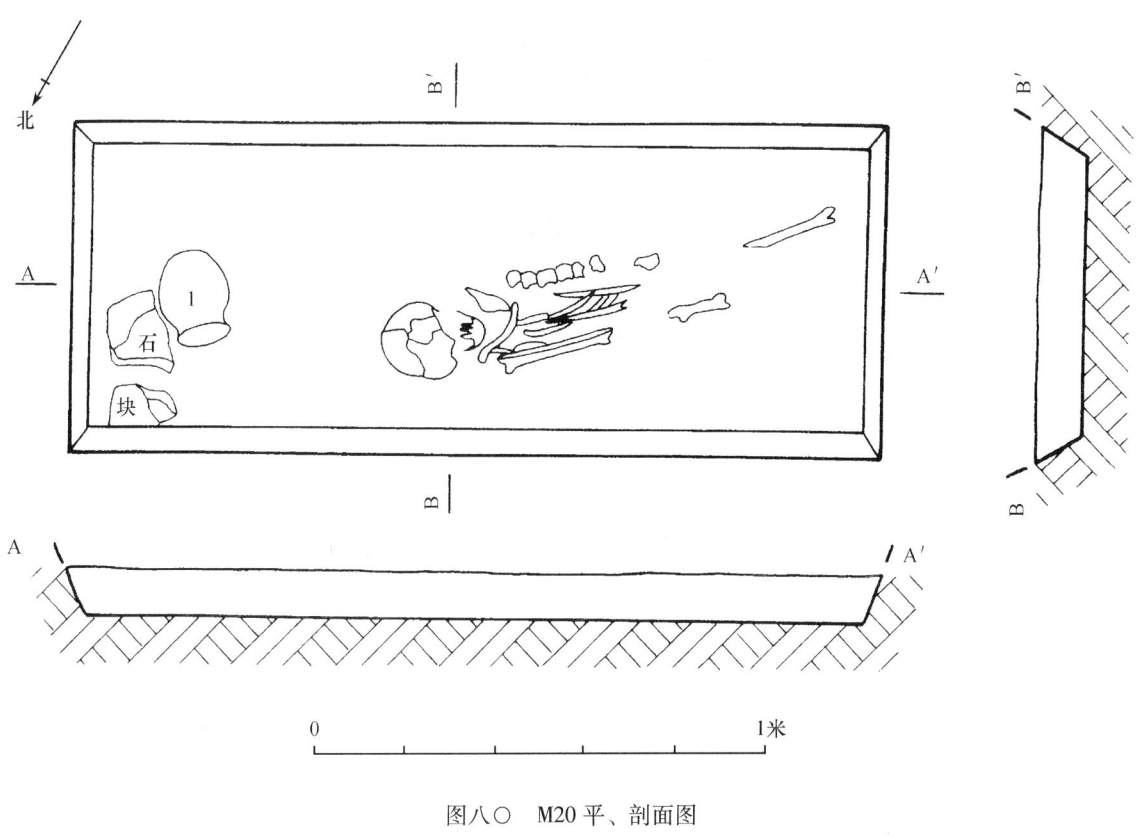

图八〇　M20 平、剖面图
1. 瓷罐

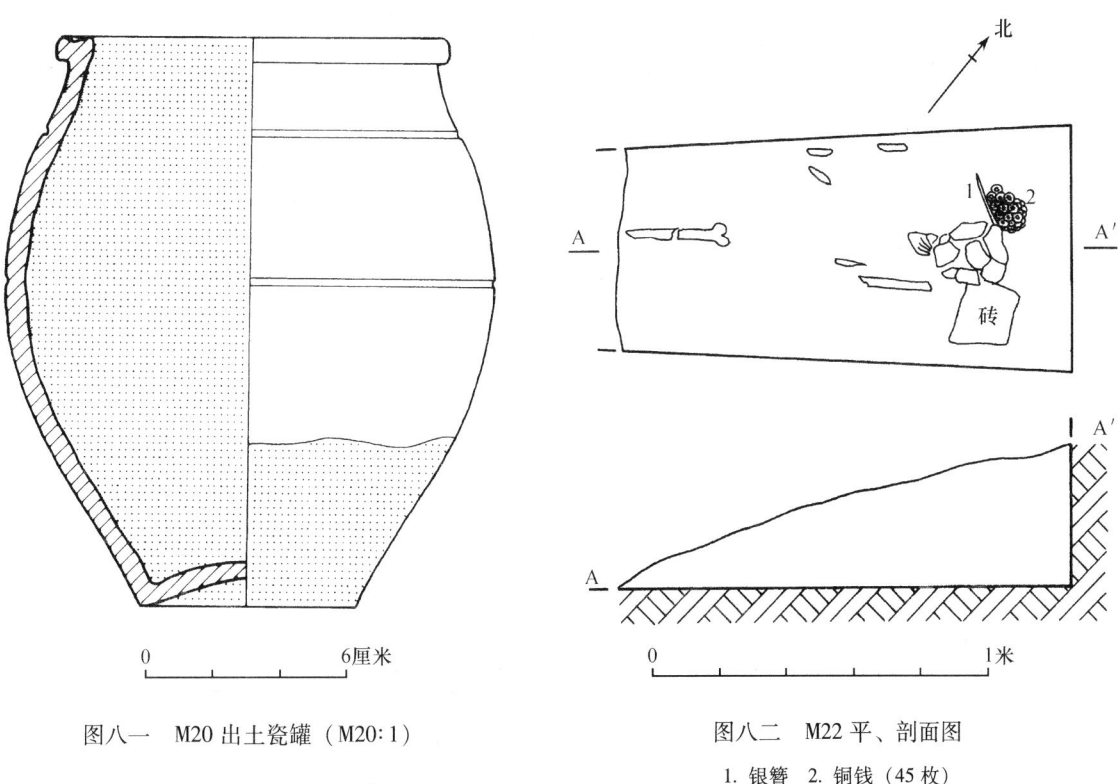

图八一　M20 出土瓷罐（M20∶1）

图八二　M22 平、剖面图
1. 银簪　2. 铜钱（45 枚）

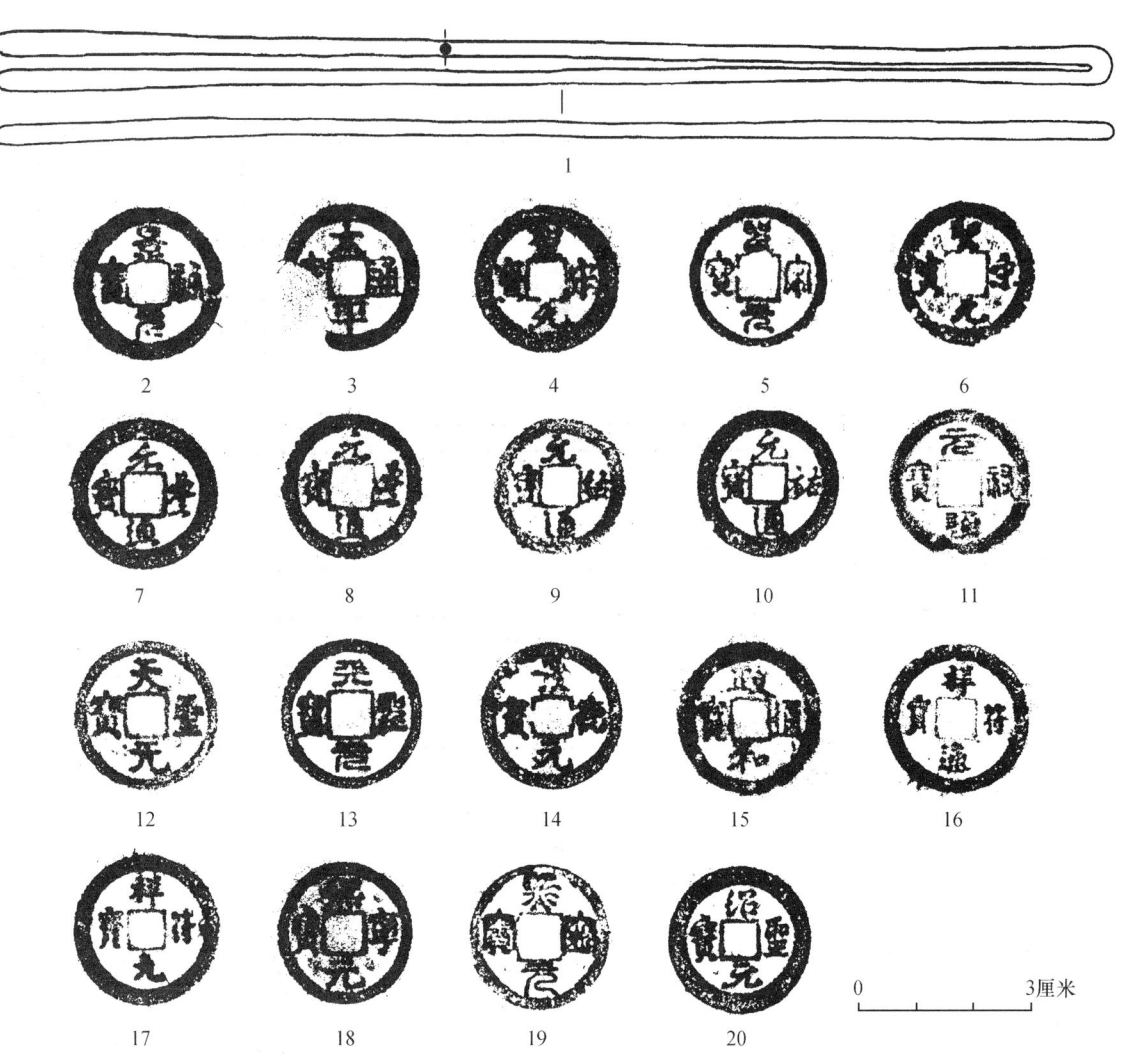

图八三　M22 出土器物

1. 银簪（M22:1）　2~20. 铜钱（M22:2-1、M22:2-2、M22:2-3、M22:2-4、M22:2-5、M22:2-6、M22:2-7、M22:2-8、M22:2-9、M22:2-10、M22:2-11、M22:2-12、M22:2-13、M22:2-14、M22:2-15、M22:2-16、M22:2-17、M22:2-18、M22:2-19）

天圣元宝　5 枚，标本 M22:2-11，行书，面背均有轮有郭。直径 2.4 厘米。标本 M22:2-12，篆体，面有轮有郭。直径 2.45 厘米（图八三，12、13）。

景德元宝　1 枚。标本 M22:2-13，行书，面背均有轮有郭。直径 2.4 厘米（图八三，14）。

政和通宝　1 枚。标本 M22:2-14，隶书，面有轮有郭，背有郭，轮磨平。直径 2.5 厘米（图八三，15）。

祥符通宝　1 枚。标本 M22:2-15，行书，面背均有轮有郭。直径 2.5 厘米（图八三，16）。

祥符元宝　5 枚。标本 M22:2-16，行书，面背均有轮有郭。直径 2.5 厘米（图八三，17）。

熙宁通宝　3 枚。标本 M22:2-17，隶书，面背均有轮有郭。直径 2.35 厘米。标本 M22:2-18，篆体，面背均有轮有郭。直径 2.4 厘米（图八三，18、19）。

绍圣元宝 3枚，标本M22：2-19，篆体，面背均有轮有郭，直径2.45厘米（图八三，20）。

治平通宝 1枚，面背均有轮有郭，残损严重。

嘉祐通宝 1枚，面背均有轮有郭。残损严种。

M23 长方形土坑竖穴墓，开口②层下，打破生土，方向20°，墓口距地面最深处65厘米，墓圹残长148、宽60厘米，墓葬填土为灰黑色，该墓破坏严重，葬具无存，葬式不详，残存少量肢骨。墓葬南部出土铜镜1枚（图八四）。

铜镜 1枚，标本M23：1，六边形，制作简单，整体轻薄，内外圈纹饰均为六个圆点，中间一圆形纽，纽上有穿，镜面平。长7.8、厚0.6厘米（图八五；彩版八，3）。

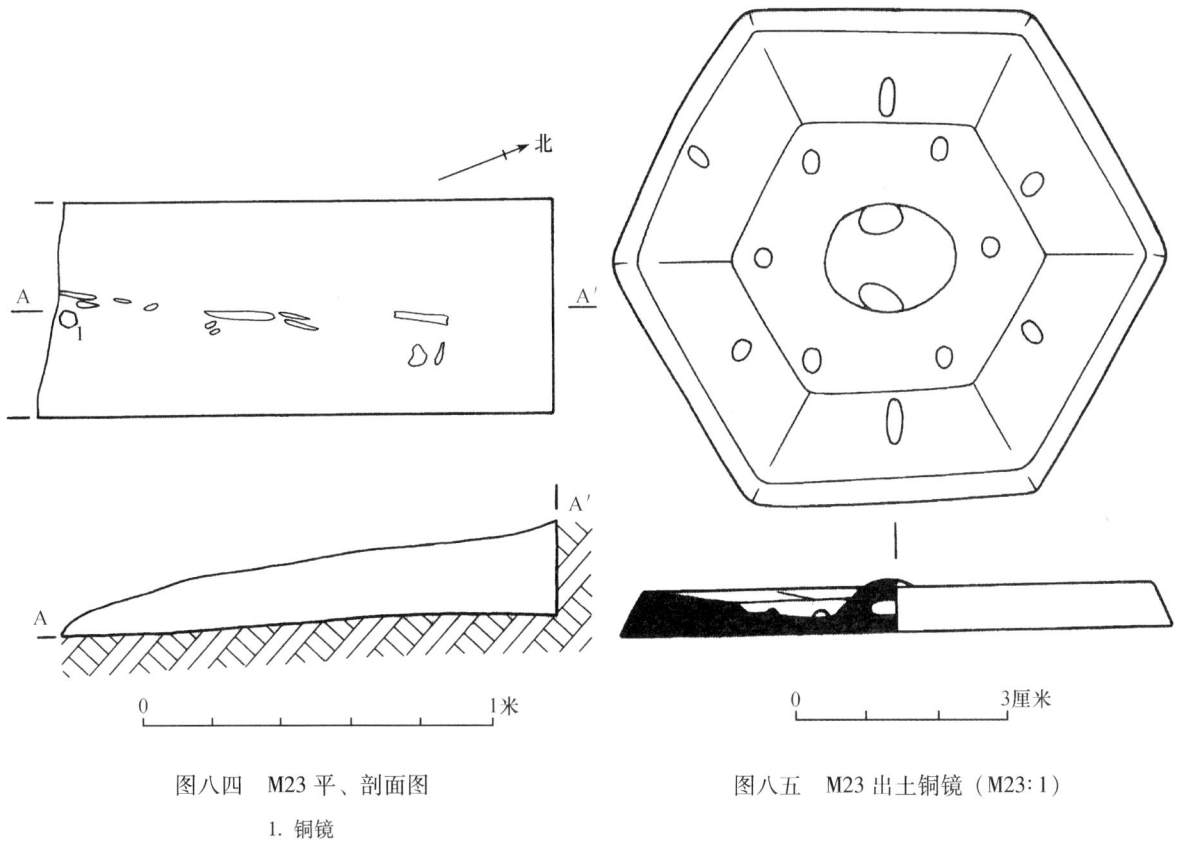

图八四 M23平、剖面图
1. 铜镜

图八五 M23出土铜镜（M23：1）

M24 长方形土坑竖穴墓。开口②层下，打破生土，方向15°，墓口距地面最深处120厘米，墓圹已被破坏，残长120、宽76厘米，埋土为灰黑色。墓底发现头骨残片和少量肢骨，葬具不详，只剩几枚棺钉，出土瓷罐1件、铜钱1枚（图八六）。

罐 1件。标本M24：1，红胎，褐绿色釉，平口，圆唇，短颈，矮腹，腹中部鼓，下腹急收，平底内凹，底露胎。口径11.5、腹径13.3、底径5.6、高7.6厘米（图八七；图版二一，4）。

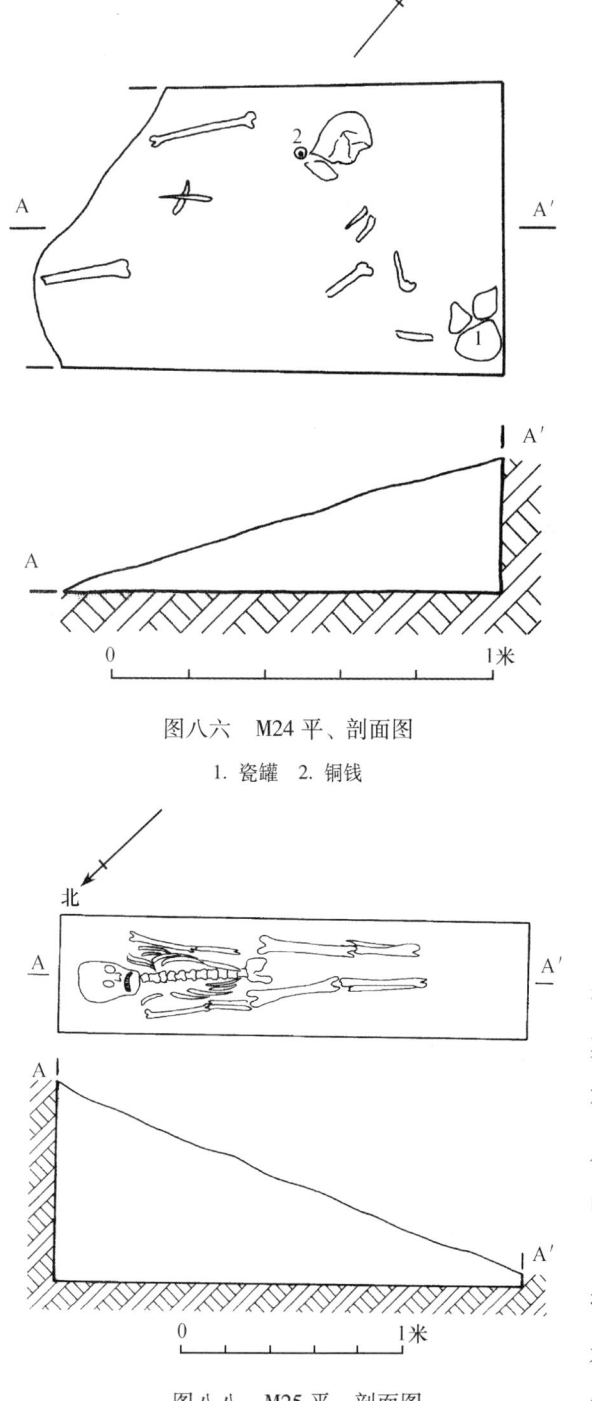

图八六　M24 平、剖面图
1. 瓷罐　2. 铜钱

图八七　M24 出土瓷罐（M24∶1）

图八八　M25 平、剖面图

铜钱　1枚。标本 M24∶2，由于破碎严重，只能辨认钱文为元祐通宝。

M25　长方形土坑竖穴墓，开口②层下，打破生土，方向45°，墓口距地面深100厘米。墓圹长210、宽52厘米，填土为黑褐色。墓内有人骨1具，下肢已残，仰身直肢，未见葬具及痕迹，脚下有2块破碎的白瓷片，分析为碗的残片，器形不能复原（图八八）。

M26　长方形土坑竖穴墓，开口②层下，打破生土，方向10°，墓口距地面最深处110厘米，墓坑长216、宽80厘米。墓内填土为灰黑色，葬具已朽，人骨主要部分均存在，葬式为仰身直肢，南部放置一瓷罐，胸部及大腿部有铜钱14枚（图八九；图版一七，1）。

瓷器1件。

双耳罐　1件。标本 M26∶2，红褐胎，褐釉，下腹露胎，直颈圆唇，器身较直，器形瘦长，颈与肩部交接处置双耳，平底内凹。口径9.6、腹径14、底径7.6、高16.5厘米（图九〇，1；图版一九，5）。

肆 唐宋墓葬

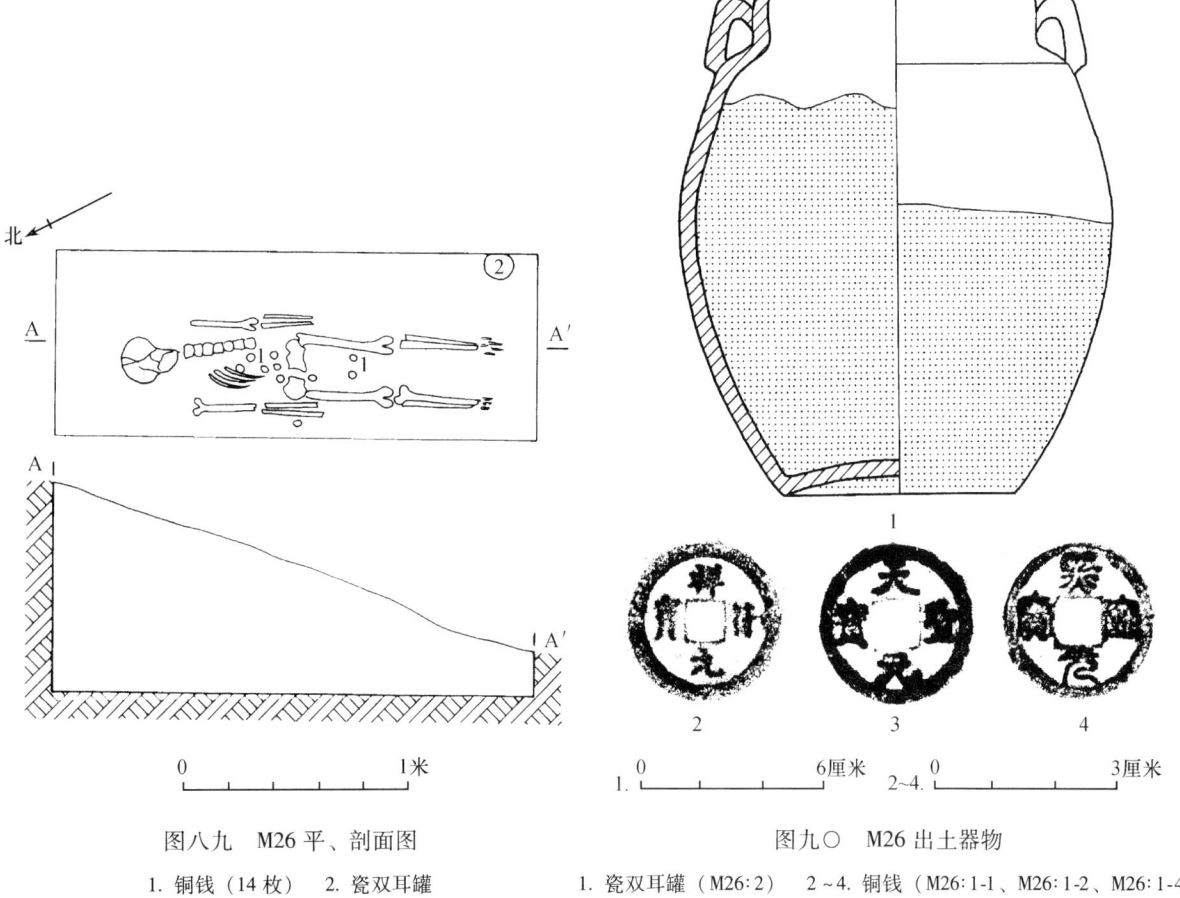

图八九 M26 平、剖面图
1. 铜钱（14枚） 2. 瓷双耳罐

图九〇 M26 出土器物
1. 瓷双耳罐（M26∶2） 2~4. 铜钱（M26∶1-1、M26∶1-2、M26∶1-4）

铜钱 14枚。

祥府元宝 5枚。标本M26∶1-1，行书，面背均有轮有郭。直径2.5厘米（图九〇，2）。

天圣元宝 3枚。标本M26∶1-2，隶书，面背均有轮有郭。直径2.5厘米（图九〇，3）。

至道元宝 4枚。标本M26∶1-3，均已破碎严重。

熙宁元宝 3枚。标本M26∶1-4，篆体，面有轮有郭，背无。直径2.4厘米（图九〇，4）。

M27 长形土坑竖穴墓，开口②层下，打破生土，方向40°。墓口距地面最深处160厘米，墓坑残长150、宽60厘米，头向北，葬具已朽，人骨上半部分保存较好，下肢残，仰身直肢，头部上方放置瓷罐和盏各1件，颌骨附近出土铜钱2枚（图九一；图版一七，2）。

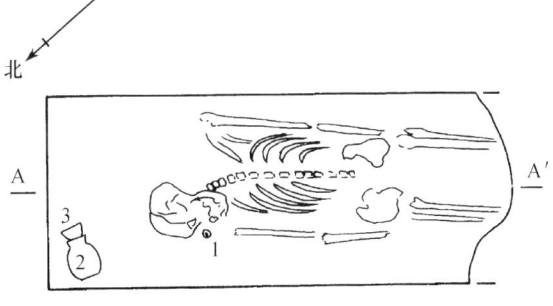

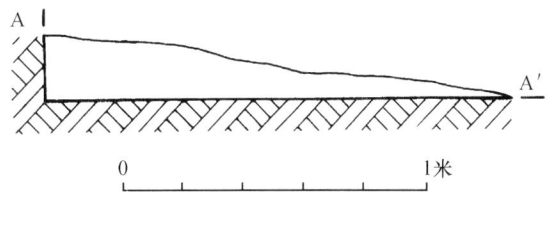

图九一 M27 平、剖面图
1. 铜钱（2枚） 2. 瓷罐 3. 瓷盏

铜钱 2枚。

开元通宝 1枚。标本M27:1-1,隶书,面背均有轮有郭。直径2.45厘米(图九二,3)。

元祐通宝 1枚。标本M27:2-2,篆体,面有轮有郭,背有郭无轮。直径2.4厘米(图九二,4)。

瓷器 2件。

罐 1件。标本M27:2,红胎,褐色釉,下腹露胎,平沿,沿中间有一凹槽,圆唇,最大径在上腹部,平底,颈和腹部各饰一道凹弦纹。口径15、腹径13.6、底径6.2、高15厘米(图九二,1;图版二〇,6)。

盏 1件。标本M27:3,红色胎,褐红色釉,周身开片,底露胎,敛口、圆唇、壁斜直,饼形底。口径10.4、底径3.6、高5.6厘米(图九二,2;图版二三,6)。

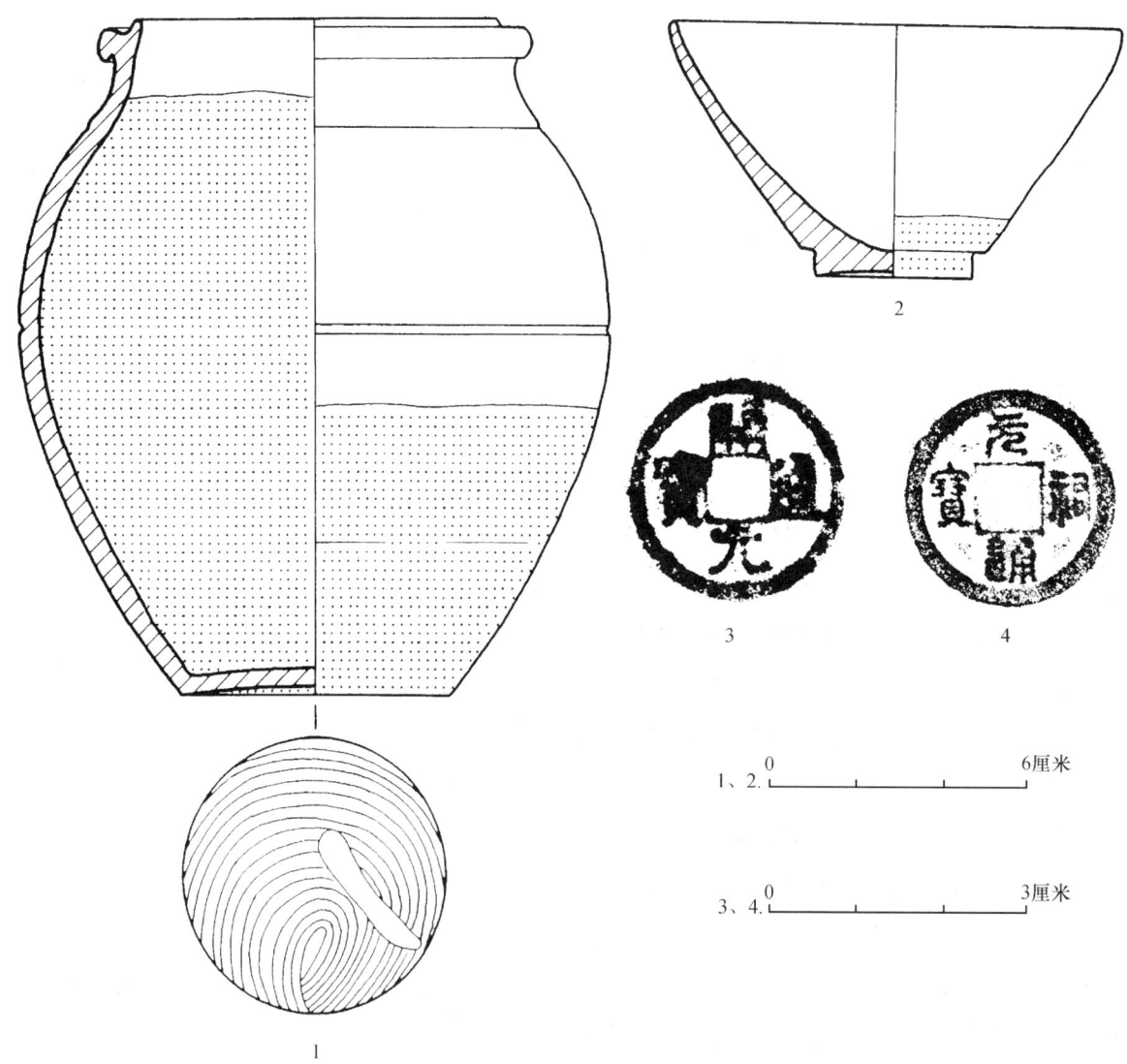

图九二 M27出土器物

1. 瓷罐(M27:2) 2. 瓷盏(M27:3) 3、4. 铜钱(M27:1-1、M27:1-2)

M28 长形土坑竖穴墓，开口②层下，打破生土，方向20°。墓口距地面最深处70厘米，墓坑残长178、宽60厘米，坑内为灰黑色填土，墓内发现人骨1具，仰身直肢，下肢已残，葬具不详。口内含铜钱1枚，南部出土碎瓷片，该墓共出随葬品4件（图九三）。

瓷器 1件。

盏 标本M28:3，白瓷，胎较薄，尖唇，斜壁，残损严重，已不能复原。

簪 1件。标本M28:1，铜质，由一根直径4～5厘米的铜丝弯曲而成，尾部圆顿。长22.5厘米（图九四，1）。

铜钱 1枚。天圣元宝。标本M28:2，行书，面背均有轮有郭。直径2.5厘米（图九四，3）。

耳环 1件。标本M28:4，铜质圆形，尾部瘦长（图九四，2）。

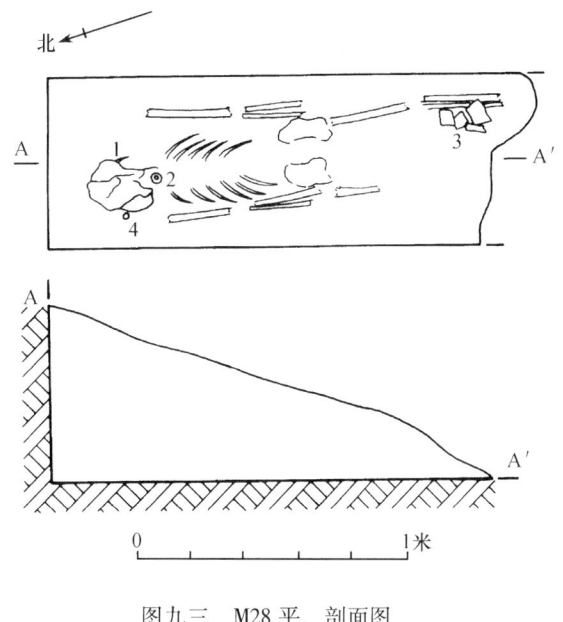

图九三 M28平、剖面图
1. 铜簪 2. 铜钱 3. 瓷盏 4. 铜耳环

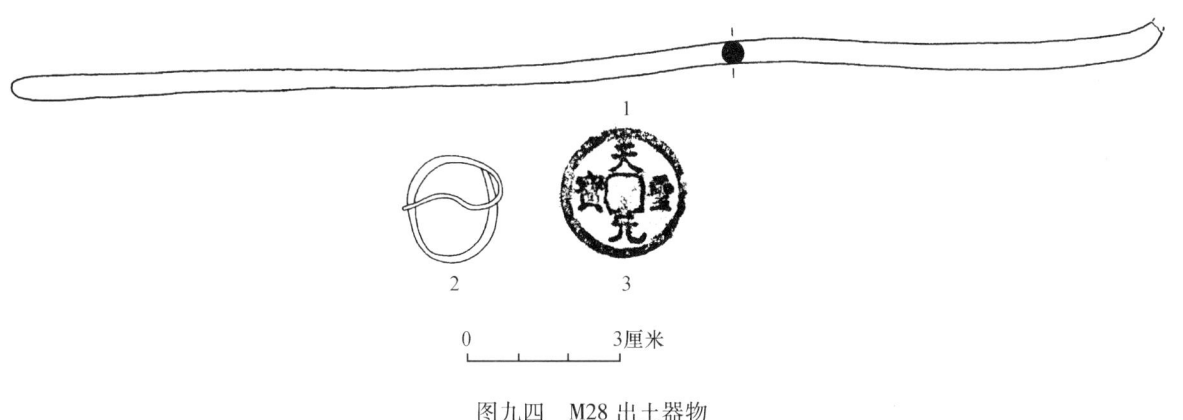

图九四 M28出土器物
1. 铜簪（M28:1） 2. 铜耳环（M28:4） 3. 铜钱（M28:2）

M29 长方形土坑竖穴墓，开口②层下，打破生土，方向70°。墓口距地面最深处120厘米，该墓破坏严重，墓坑残长100、宽56厘米，填土为灰黑色，人骨保存较差，仅存极少骨渣，墓式和葬具不详，出土随葬品3件（图九五）。

瓷器 2件。

罐 1件。标本M29:2，红胎，褐釉，釉色已胎落，直口圆唇，最大径在上腹，下部露胎，平底。口径7.8、腹径12.4、底径7.4、高14.4厘米（图九六，1；图版二一，1）。

盏 1件。标本M29:3，灰白胎，褐釉，底露胎，敛口圆唇，壁斜直，假圈足。口径11.6、底径3.4、高5.5厘米（图九六，2；图版二三，5）。

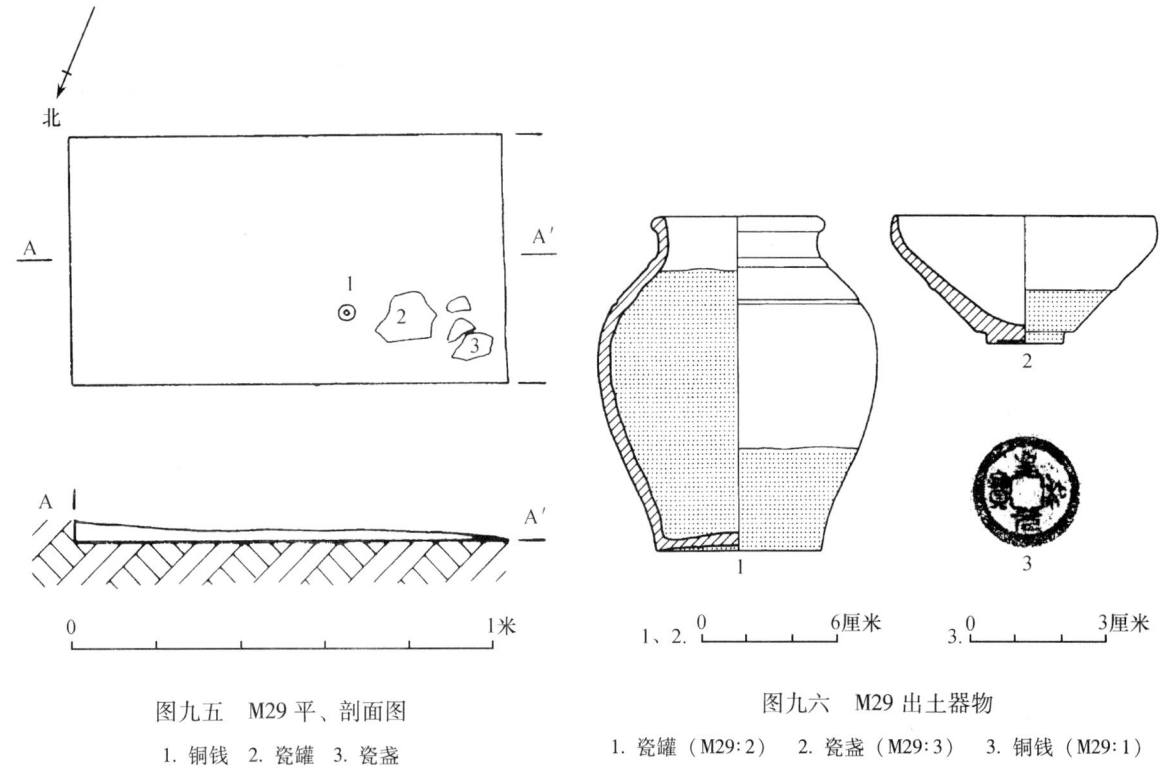

图九五　M29 平、剖面图
1. 铜钱　2. 瓷罐　3. 瓷盏

图九六　M29 出土器物
1. 瓷罐（M29:2）　2. 瓷盏（M29:3）　3. 铜钱（M29:1）

铜钱　1 枚。至和元宝。标本 M29:1，隶书，面背均有轮有郭。直径 2.4 厘米（图九六，3）。

M33　长方形土坑竖穴墓，开口②层下，方向正南北。墓口距地面最深处 100 厘米，墓底距地面 120 厘米，墓圹上半部分已破坏，长 168、宽 66 厘米，填土为灰黑土，墓内有人骨 1 具，头向北，仰身直肢，葬具不详，人骨大部分已无存，墓室北部出土瓷碗 1 件（图九七）。

碗　标本 M33:1，红胎，褐釉，侈口，圆唇，斜壁，矮圈足。口径 16.8、底径 6.2、高 4.8 厘米（图九八）。

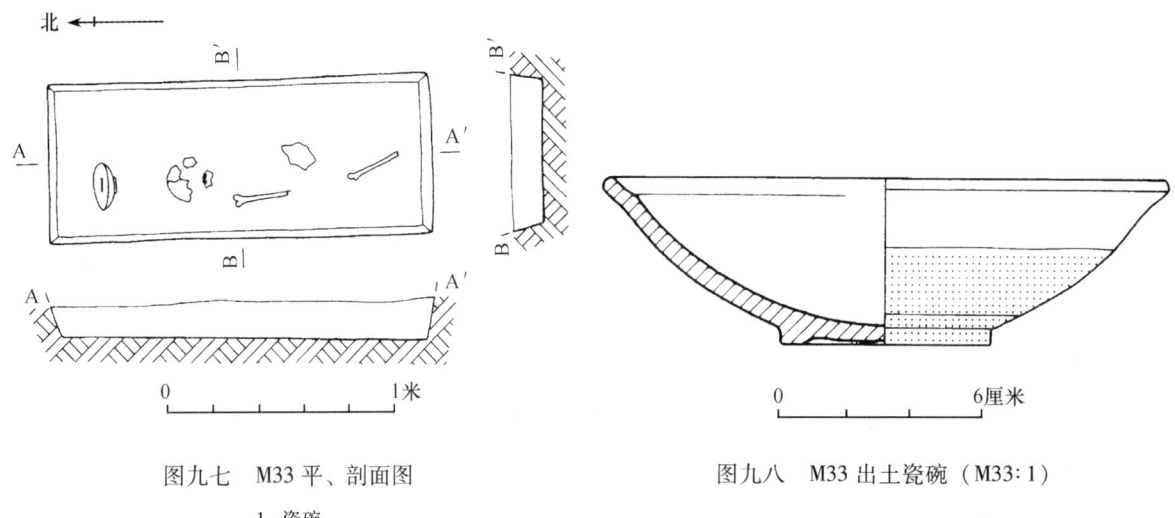

图九七　M33 平、剖面图
1. 瓷碗

图九八　M33 出土瓷碗（M33:1）

M40　方形土坑竖穴墓，西部有大量石块堆砌，开口①层下，打破生土，方向75°，墓口距地面深150厘米，墓底距地面深210厘米。墓坑长260、宽100厘米，墓内填土为灰褐色，人骨保存极差，清理出二枚人牙及少量骨渣，葬式不详，发现几枚棺钉，推测棺木已朽。随葬品置于墓室西部，共5件（图九九）。

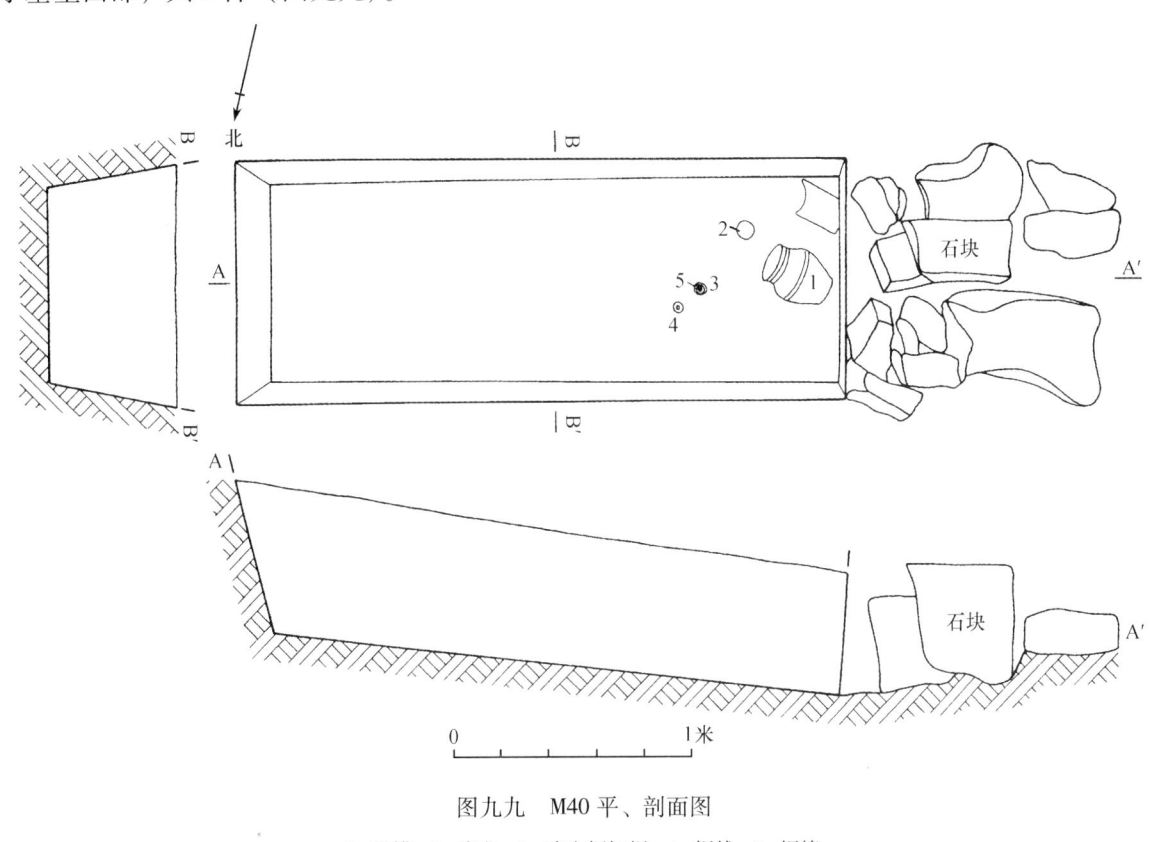

图九九　M40平、剖面图
1. 瓷罐　2. 瓷盏　3. 鎏金铜钗帽　4. 铜钱　5. 铜簪

瓷器　2件。

罐　1件。标本M40:1，红胎褐釉，下部露胎。直口圆唇，双耳残，颈和腹各饰二道凹弦纹，最大径在肩的下部，下腹斜收，平底。口径13.3、腹径16.2、底径9、高19厘米（图一〇〇，1；图版一九，6）。

盏　1件。标本M40:2，红胎，褐釉，侈口，尖唇，器壁斜直，圈足。口径8.6、高3.2、底径3.4厘米（图一〇〇，3）。

鎏金铜钗帽　1件。标本M40:3，从下至上呈塔形，内空，中间有一周鳞片纹，正面鎏金（图一〇〇，2）。

铜钱　1枚。开元通宝。标本M40:4，隶书，面背均有轮有郭。直径2.5厘米（图一〇〇，5）。

铜簪　1枚。残。标本M40:5，残长4厘米（图一〇〇，4）。

M41　长方形土坑竖穴墓，开口①层下，打破生土，方向78°。墓口距地面最深处210厘米，墓底距地面最深处290厘米，墓坑长226、宽74厘米；墓底长216、宽64厘米，墓内填土为灰褐色，人骨已朽，只剩二节肢骨，葬式和葬具不详，随葬品置于西部，出土罐、盏、铜钱（图一〇一）。

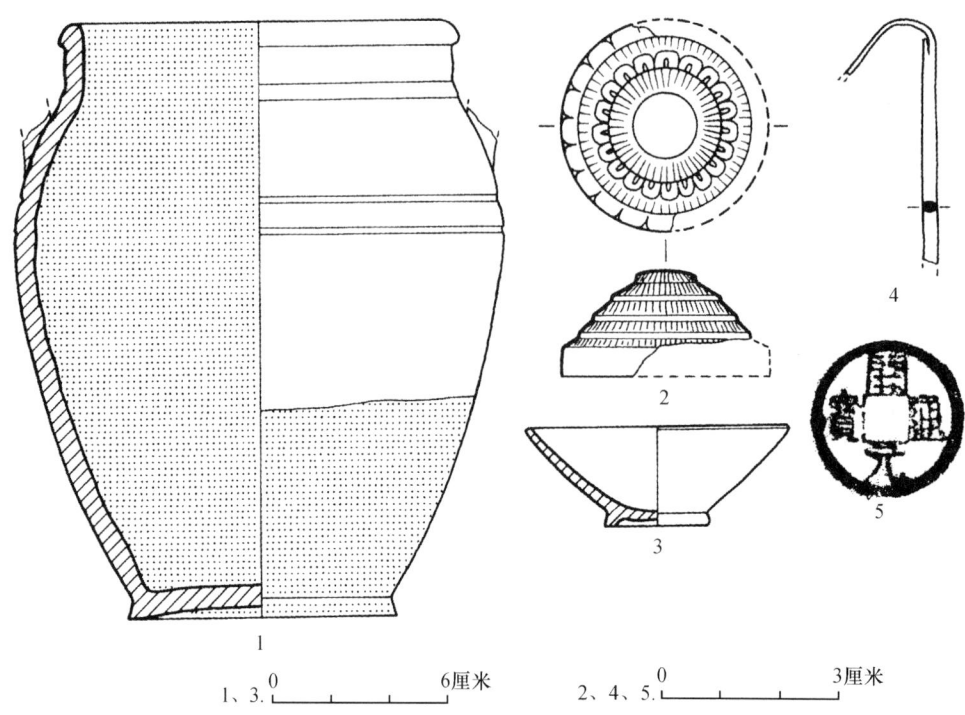

图一〇〇　M40 出土器物

1. 瓷罐（M40:1）　2. 鎏金铜钗帽（M40:3）　3. 瓷盏（M40:2）　4. 铜簪（M40:5）　5. 铜钱（M40:4）

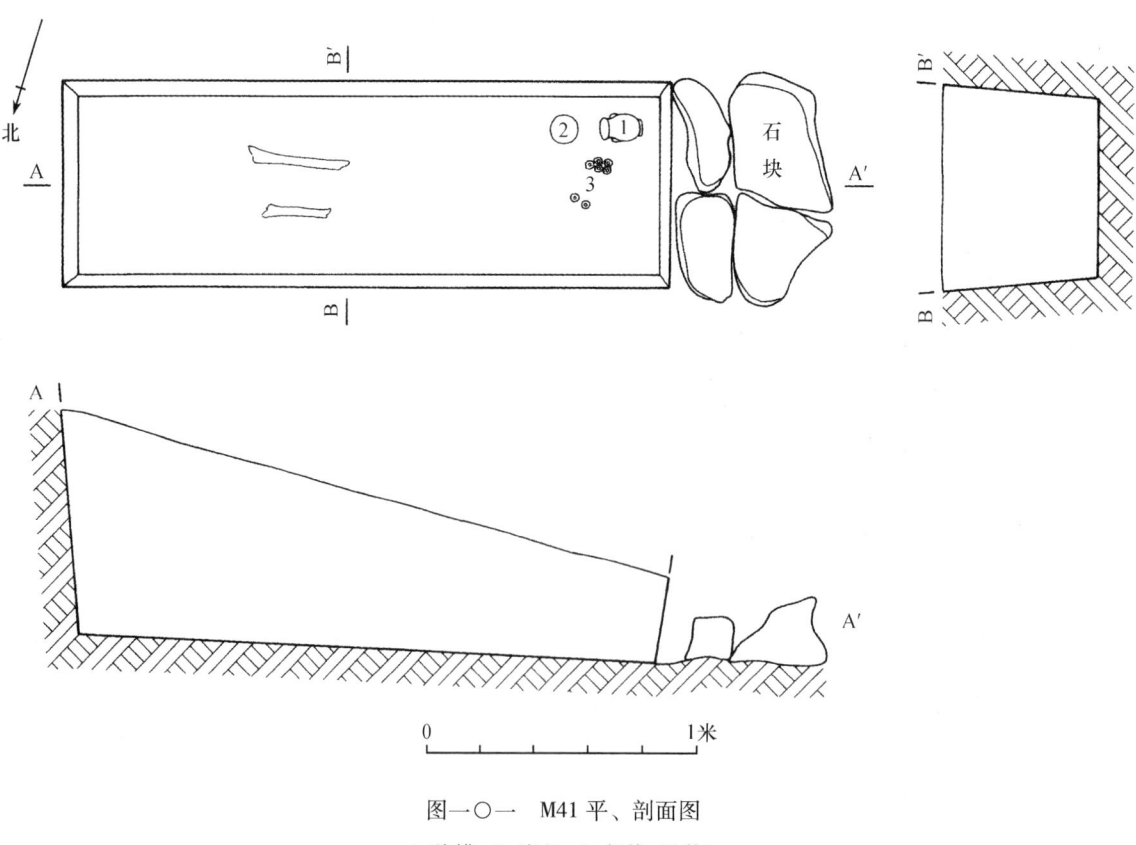

图一〇一　M41 平、剖面图

1. 瓷罐　2. 瓷盏　3. 铜钱（6 枚）

瓷器 2件。

罐 1件。标本M41:1，红胎、褐釉，直口圆唇，肩部二竖耳，上腹突出，下腹露胎、平底。口径8.8、腹径12.4、底径7.8、高14.2厘米（图一〇二，1；图版二〇，2）。

盏 1件，标本M41:2，红胎褐釉，底露胎，侈口圆唇，壁斜直，圈足。口径10.4、底径3.4、高5厘米（图一〇二，2）。

铜钱 6枚。

至和元宝 1枚。标本M41:3-1，篆体，面有轮有郭，背无。直径2.35厘米（图一〇二，3）。

熙宁元宝 1枚。标本M41:3-2，篆体，面背均有轮有郭。直径2.35厘米（图一〇二，4）。

祥符元宝 1枚。标本M41:3-3，行书，均有轮有郭，郭较宽。直径2.55厘米（图一〇二，5）。

开元通宝 2枚。标本M41:3-4，隶书，面背均有轮有郭。直径2.4厘米（图一〇二，6）。

嘉祐元宝 1枚。标本M41:3-5，篆体，面背均有轮有郭。直径2.45厘米（图一〇二，7）。

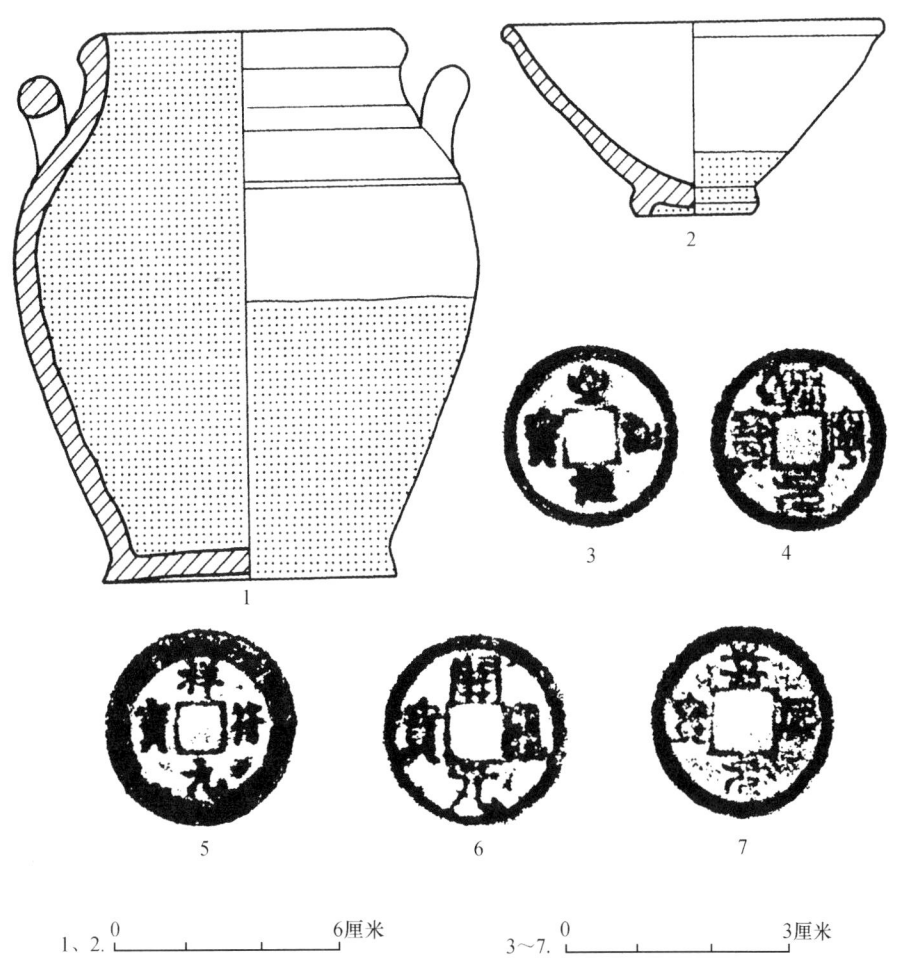

图一〇二 M41出土器物

1. 瓷罐（M41:1） 2. 瓷盏（M41:2） 3~7. 铜钱（M41:3-1、M41:3-2、M41:3-3、M41:3-4、M41:3-5、M41:3-6、M41:3-7）

M44 长方形土坑竖穴墓，开口②层下，打破生土，方向80°。墓口距地面深80厘米，墓底距地面深180厘米，墓圹长220、宽90厘米，填土为灰褐色，人骨保存很差，头骨成碎渣，只剩二节肢骨，葬式不详，头向东，葬具已朽，只发现了3枚棺钉，东北部出土瓷碗4件（图一〇三）。

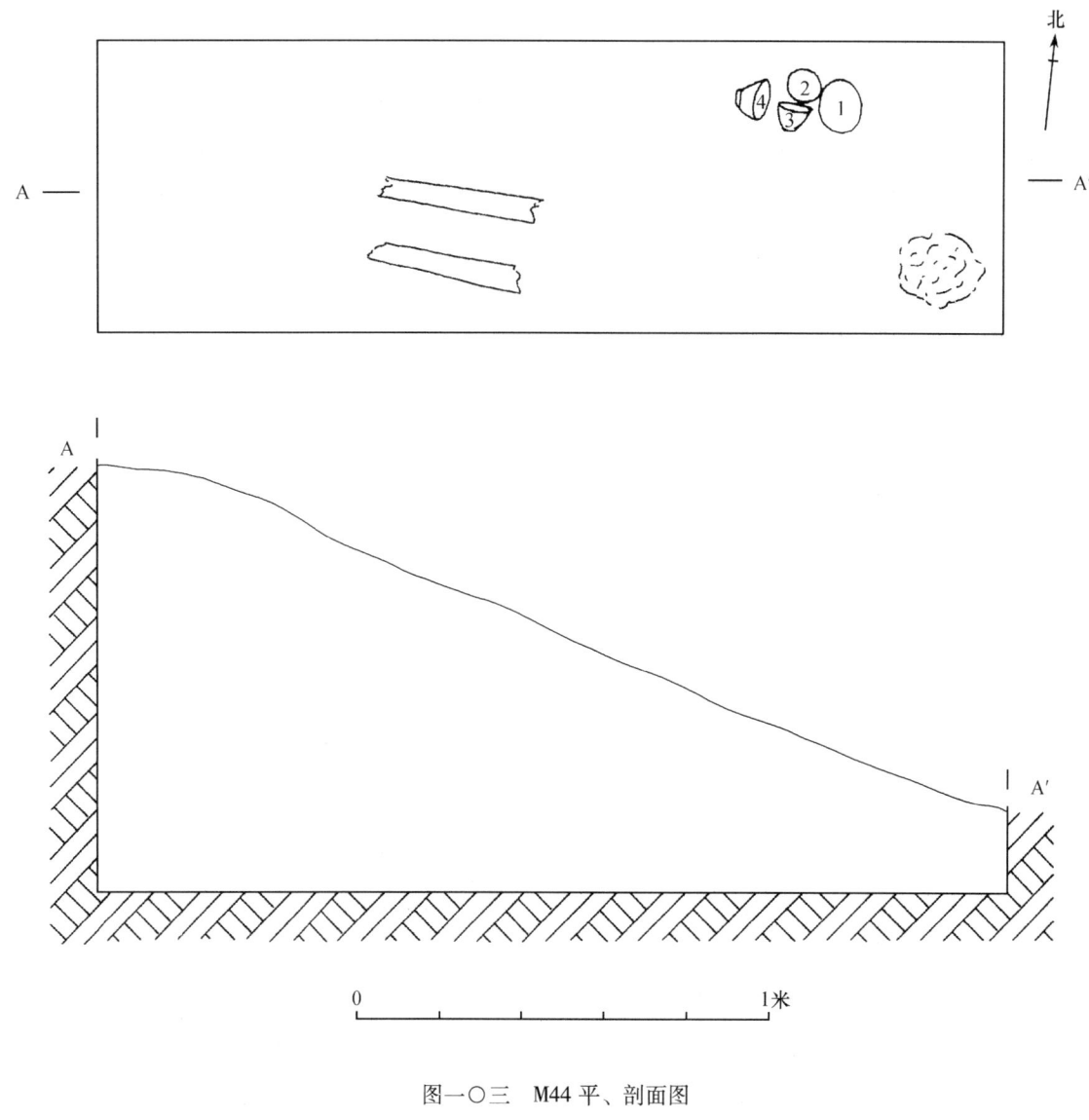

图一〇三 M44平、剖面图
1、2、4. 瓷碗　3. 瓷盏

碗　3件。标本M44：1，灰白胎，白色釉，口部微外侈，尖唇，胎较薄，圈足。口径15.8、底径5.8、高7.2厘米（图一〇四，1；图版二二，1）。标本M44：2，灰白胎，褐釉，弧壁圆唇，唇部施白釉，下部施深褐色釉，底露胎，假圈足。口径10、底径3.8、高4.4厘米（图一〇四，2；图版二三，2）。标本M44：4，灰白胎，黄白色釉，口外侈，尖唇，葵瓣口，腹较深，高圈足。口径11、圈足直径4、高6.8厘米（图一〇四，4）。

盏　1件。标本M44：3，白胎，青白色釉，壁斜直，口略外侈，尖唇，圈足较高，外壁有一周花瓣纹。口径12、底径3.8、高6.2厘米（图一〇四，3；图版二一，6）。

M45 长方形土坑竖穴墓，开口②层下，打破生土，方向80°。墓口距地面深90厘米，墓底距地面深200厘米。墓坑长190、宽80厘米，墓内填土为灰褐色。墓葬保存较差，头骨尚能看出形状，剩余零星肢骨，头向东、仰身直肢，葬具已朽，发现棺钉2枚，墓底出土瓷器1件，铜钱2枚（图一〇五）。

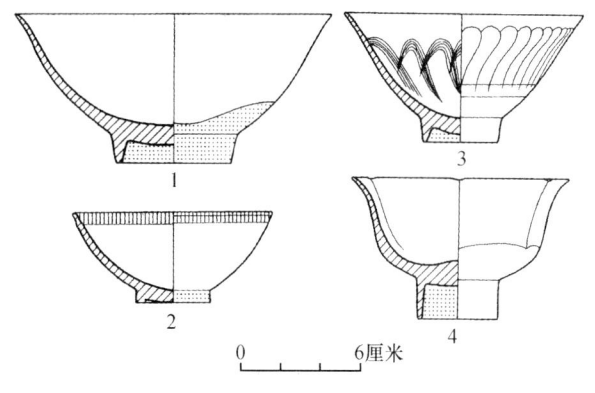

图一〇四 M44 出土器物
1、2、4. 瓷碗（M44∶1、M44∶2、M44∶4）
3. 瓷盏（M44∶3）

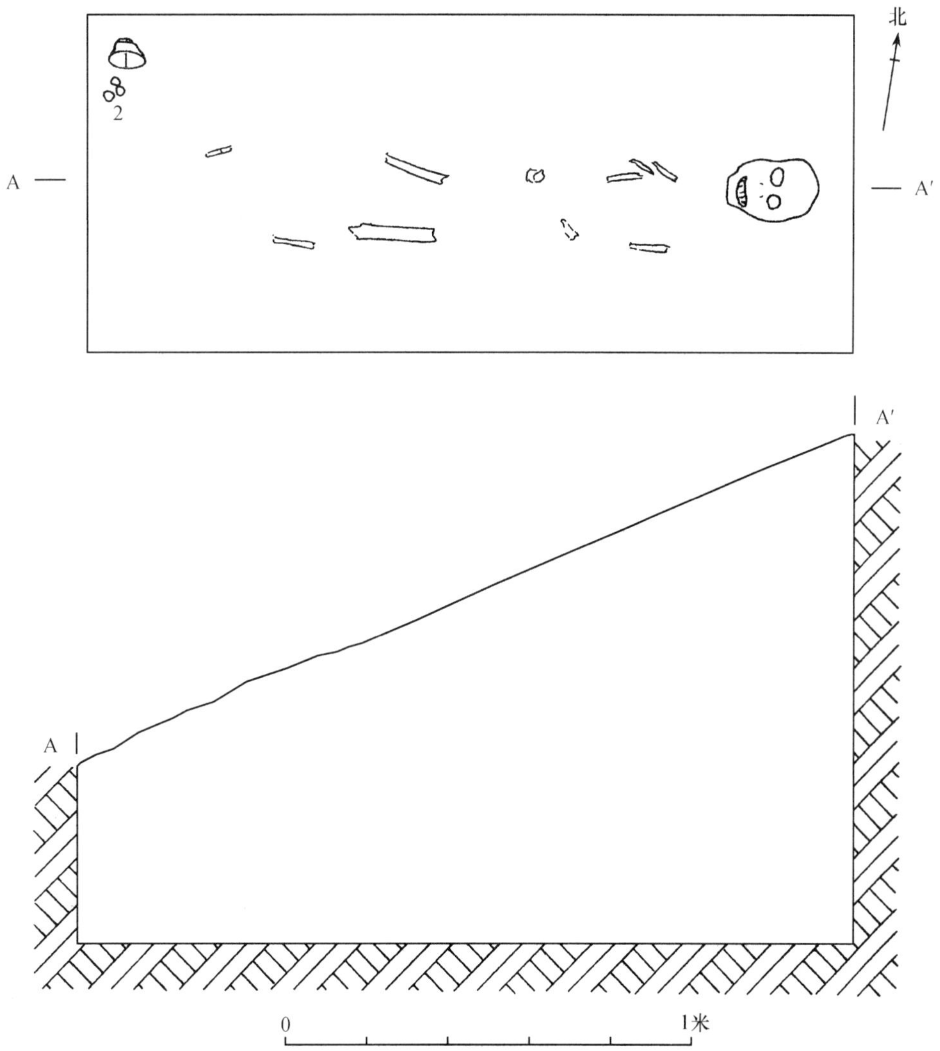

图一〇五 M45 平、剖面图
1. 瓷碗 2. 铜钱（2枚）

碗 1件。残标本M45:1，灰白胎，淡绿色釉，尖唇，斜壁，口外侈。碗内圈饰花瓣，中间饰菊花纹，其外有云纹，外壁有数道放射状纹。口径12.6、圈足直径3.8、高5.4厘米（图一〇六，1；彩版八，2）。

铜钱 2枚。

祥符通宝 1枚。标本M45:2-1，行书，面背均有轮有郭，字体较小。直径2.5厘米（图一〇六，3）。

皇宋通宝 1枚。标本M45:2-2，隶书，面有轮有郭，背轮、郭磨平。直径2.4厘米（图一〇六，2）。

M51 长方形土坑竖穴墓，开口②层下，打破生土，方向90°。墓口距地面深65厘米，墓底距地面深90厘米。墓坑残长156、宽76厘米，墓底填土为灰褐色，人骨和葬具已无存，葬式及葬具不详，南部出土瓷器1件（图一〇七）。

盏 1件。标本M51:1，灰白胎，褐色釉，底露胎，碗内底部无釉，口部外侈、尖唇、壁斜直、圈足。口径12、底径4.8、高4厘米（图一〇八；图版二四，1）。

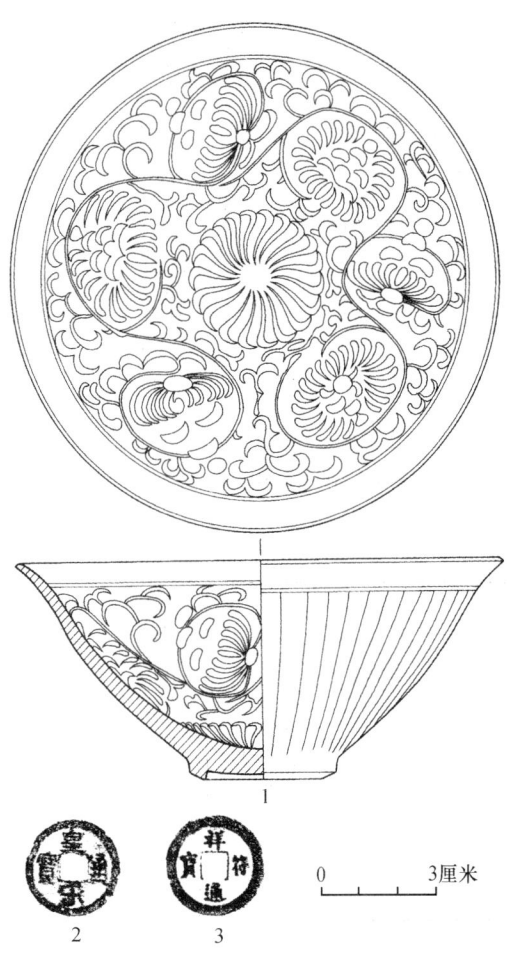

图一〇六 M45出土器物
1. 瓷碗（M45:1） 2、3. 铜钱（M45:2-2、M45:2-1）

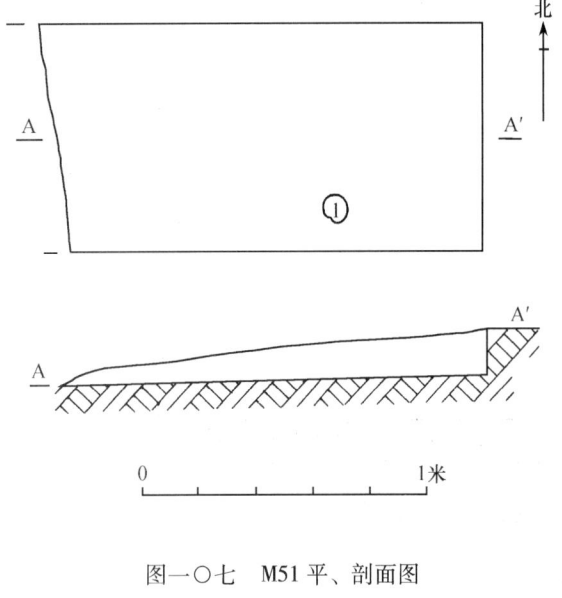

图一〇七 M51平、剖面图
1. 瓷盏

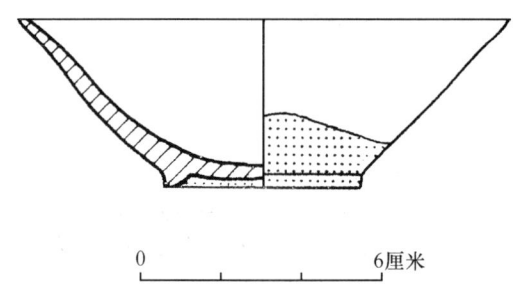

图一〇八 M51出土瓷盏（M51:1）

M52 长方形土坑竖穴墓，开口②层下，打破生土，方向105°。墓口距地面深40厘米，墓底距地面深170厘米，墓坑长200、宽68厘米，墓葬西部表面用石块圈成半圆形，墓内填土为灰白色，该墓保存较完整，清理出人骨1具，头向东，仰身直腹，棺木已朽，但痕迹可见，在人骨周圈发现棺钉数枚，中部清理出铜钱1枚（图一〇九）。

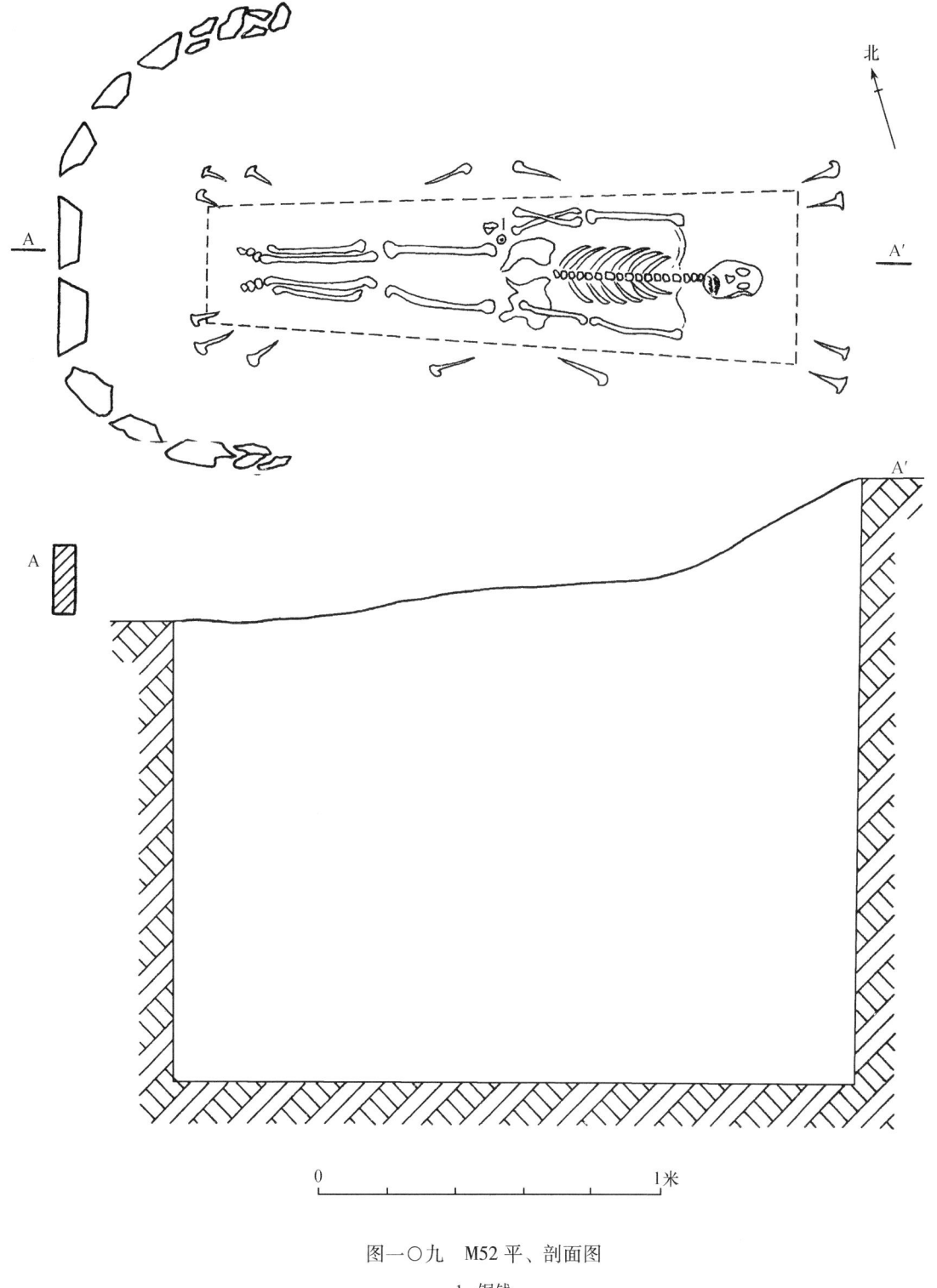

图一〇九　M52平、剖面图

1. 铜钱

铜钱　1枚。M52:1，皇宋通宝，残，字迹不清。

M53　长方形土坑竖穴墓，开口②层下，打破生土，方向87°。残长130、宽68厘米，填土为褐色花土，该墓破坏严重，只保留墓底的大部分，人骨无存，葬式不清，在墓底中部清理出陶盏2件，棺钉1枚（图一一○）。

陶器　2件。

盏　2件。标本M53:1，红胎，褐色釉，尖唇内敛，内壁口沿下有一道凸棱，壁斜直，浅圈足，外壁下部无釉。口径10.5、底径3.6、高4厘米（图一一一；图版二二，3）。标本M53:2与M53:1基本相同，口径11、底径4、高4厘米（图版二二，3）。

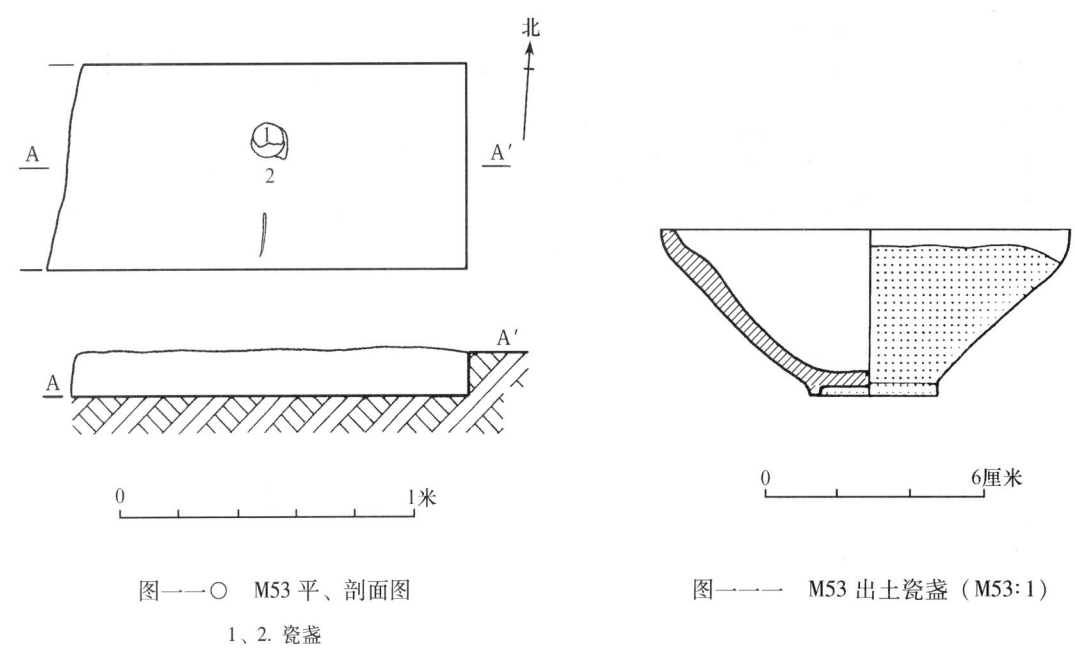

图一一○　M53平、剖面图
1、2. 瓷盏

图一一一　M53出土瓷盏（M53:1）

M54　长方形土坑竖穴墓，开口②层下，打破生土，方向105°。该墓圹已破坏，残长140、宽66厘米，墓内填土灰褐色，人骨腐烂较重，只能分辨出大致位置和葬式，仰身直肢，葬具无存，发现棺钉5枚，出土随葬品3件（图一一二）。

瓷器　1件。

粉盒　标本M54:1，圆形有盖，器身扁圆，青白釉，盖面满饰星点，子母口，平底，盖和器身的外圈均饰竖条纹。直径7.3、高3.7厘米（图一一三，1；彩版八，4；图版二四，3）。

铁剪　1件。标本M54:2，器形基本完整，整体轻巧，刃部较短，尾端略细外卷，长8.6厘米（图一一三，3）。

贝壳　1件。标本M54:3，白色，壳面微凸（图一一三，2）。

M55　长方形土坑竖穴墓，开口②层下，打破生土地，方向70°。墓口距地面深120厘米，墓圹已被破坏，残长160、宽68厘米，墓底距地面深150厘米，墓内填土为色灰褐花土，人骨及葬具无存，清理出3枚铁棺钉，随葬品集中于墓坑面部，出土瓷器2件，板瓦1块（图一一四）。

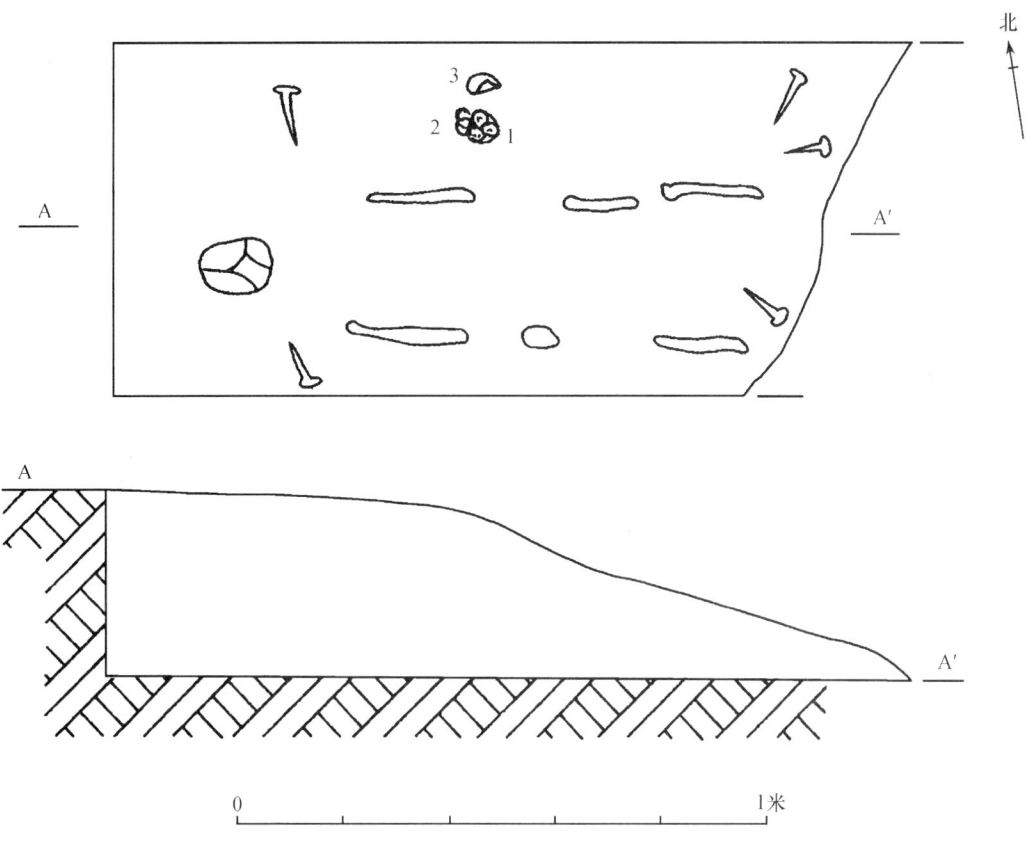

图一一二　M54 平、剖面图

1. 瓷粉盒　2. 铁剪　3. 贝壳

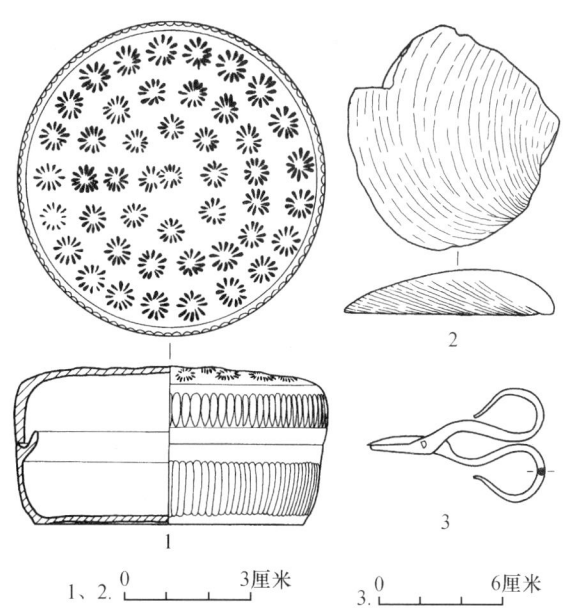

图一一三　M54 出土器物

1. 瓷粉盒（M54:1）　2. 贝壳（M54:3）　3. 铁剪（M54:2）

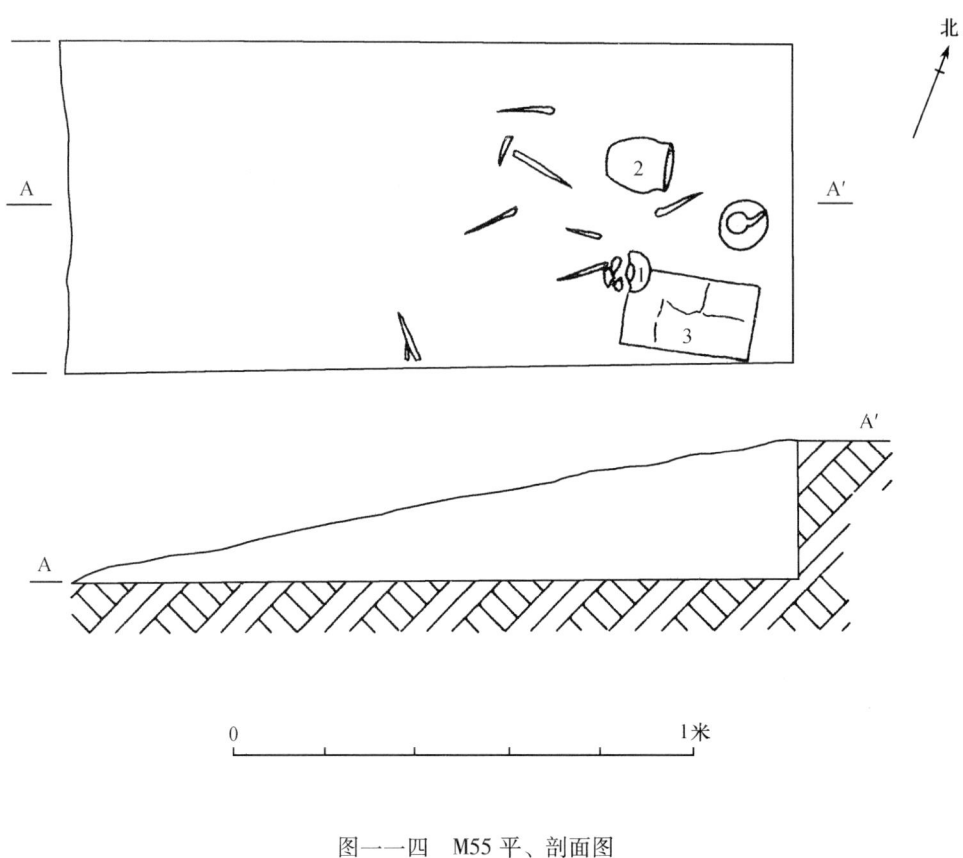

图一一四 M55 平、剖面图
1. 瓷碗 2. 瓷瓜棱罐 3. 板瓦

瓷器 2件。

碗 1件。标本 M55:1，圆唇，口微外撇，唇外壁有一周凹弦纹，下壁弧形，假圈足，灰白胎，黑釉，内壁釉色光亮，底露胎。口径 11.5、底径 4、高 5.5 厘米（图一一五，2；图版二三，1）。

瓜棱罐 1件。标本 M55:2，直口圆唇，肩部有一圈凹弦纹，双耳竖置于颈肩交接处，腹径略大于口径，呈瓜棱状，黑釉施至下腹，底露胎，圈足。口径 11.5、底径 7、腹径 13 厘米（图一一五，1；图版二〇，3）。

板瓦 1块。标本 M55:3，青灰色，上宽 19、下宽 17、长 27.8、厚 1.4 厘米，凹面有布纹（图一一五，3）。

M57 长方形土坑竖穴墓，开口②层下，打破生土，方向 80°，该墓西部已被破坏，残长 110、宽 48 厘米，墓内清理出人骨 1 具，保存较差，头向东，仰身直肢，葬具已朽，残留 3 枚棺钉，口衔铜钱 1 枚（图一一六）。

铜钱 1枚。

开元通宝 标本 M57:1，正面有轮有郭，背有郭，隶书，字体瘦长，清秀，钱体轻薄，直径 2.3 厘米（图一一七）。

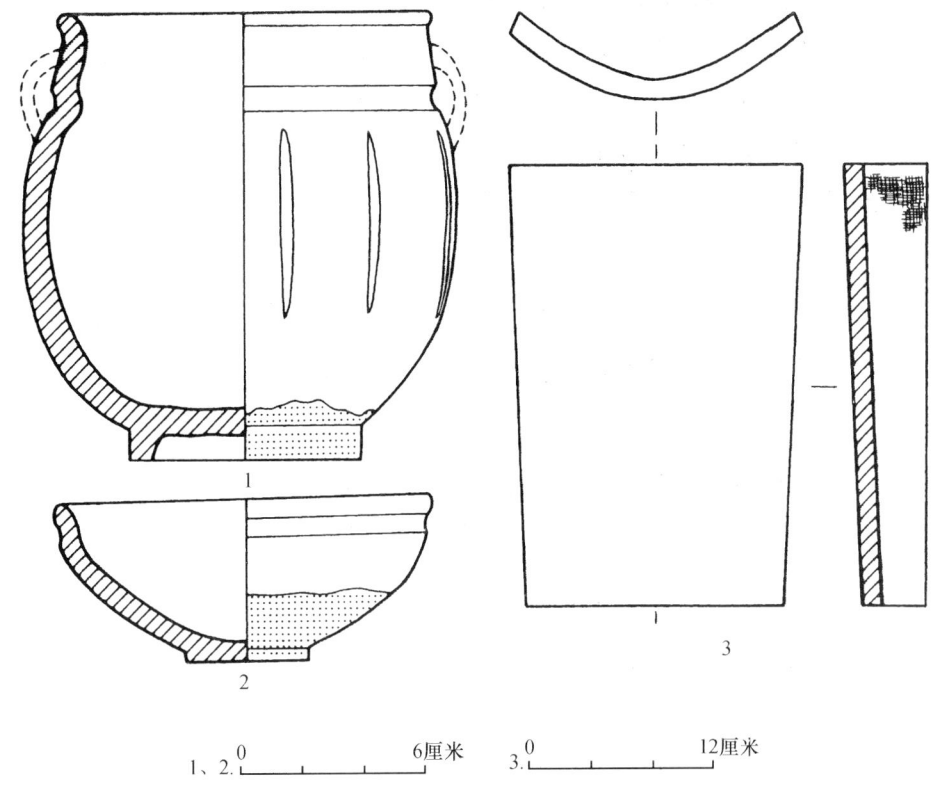

图一一五　M55 出土器物

1. 瓷瓜棱罐（M55:2）　2. 瓷碗（M55:1）　3. 板瓦（M55:3）

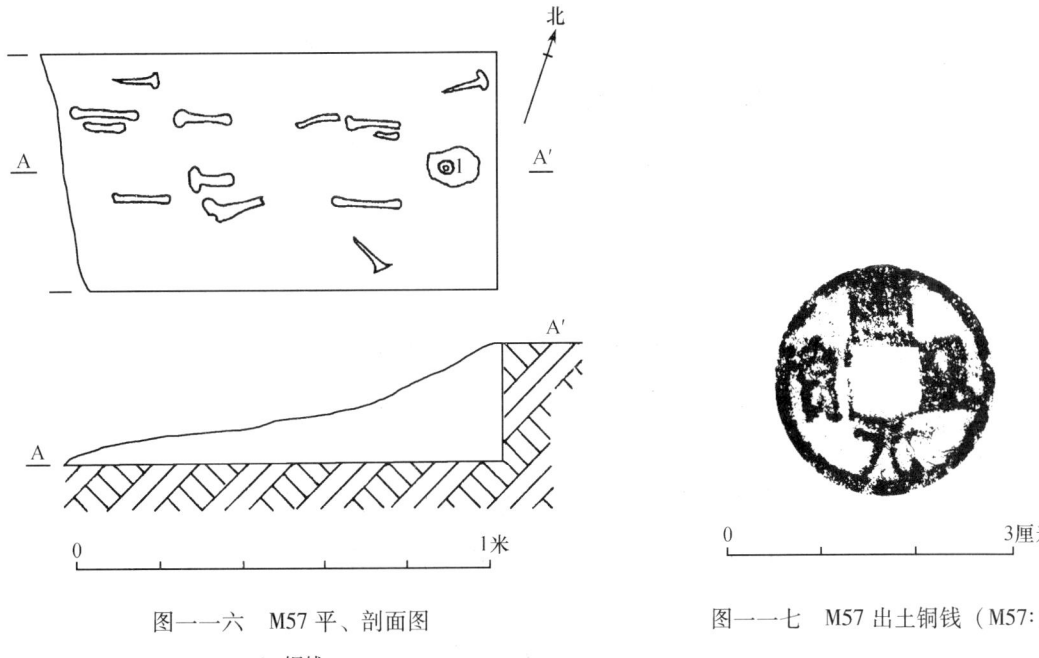

图一一六　M57 平、剖面图

1. 铜钱

图一一七　M57 出土铜钱（M57:1）

M58 长方形土坑竖穴墓，开口②层下，打破生土，方向105°。开口距地面深120厘米，该墓保存相对较好，残长186、宽100厘米，墓底距地面深174厘米，灰褐色填土。人骨的大部分保存下来，头向东，仰身直肢，墓底可见棺痕和铺垫的石灰痕迹，头骨旁边发现铜钱1枚，贝环1个，应置于棺内，瓷罐置于棺外的东北角（图一一八）。

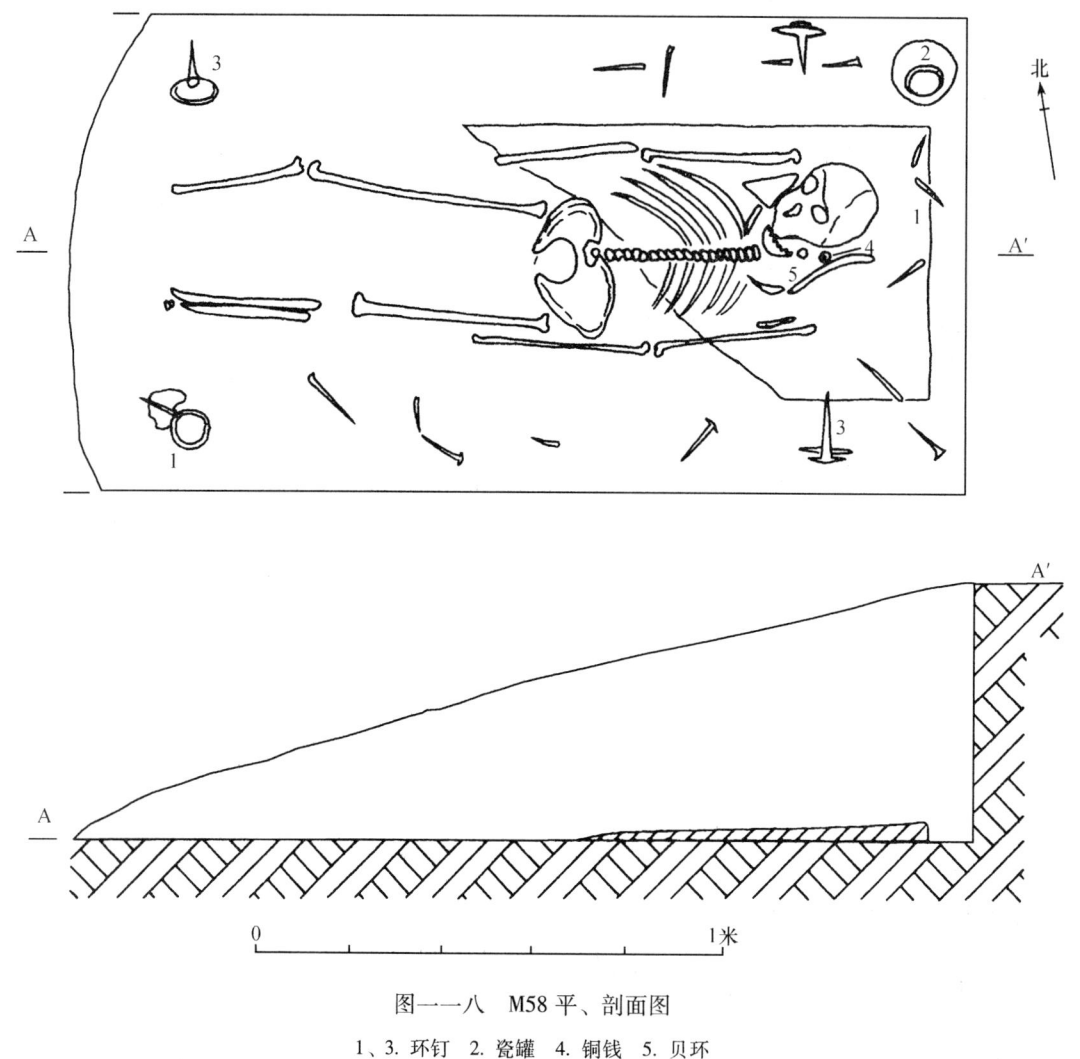

图一一八 M58平、剖面图
1、3. 环钉 2. 瓷罐 4. 铜钱 5. 贝环

环钉 2枚，编号M58:1和M58:3，标本M58:1，花瓣形钉帽，帽上套1圈环，环的断面为菱形，钉较长。钉帽直径10.8、环径10.3、钉长13.2厘米（图一一九，1）。

瓷器 1件。

罐 标本M58:2，红胎，褐釉，釉色大多已脱落，平沿，圆唇，束颈，腹部外鼓，器身有二周凹弦纹，平底内凹。口径10、底径9、高12、腹径16厘米（图一一九，2；图版二一，3）。

铜钱 1枚。

景德元宝 标本M58:4，隶书，面背均有轮有郭，外缘较宽阔。直径2.5厘米（图一一九，4）。

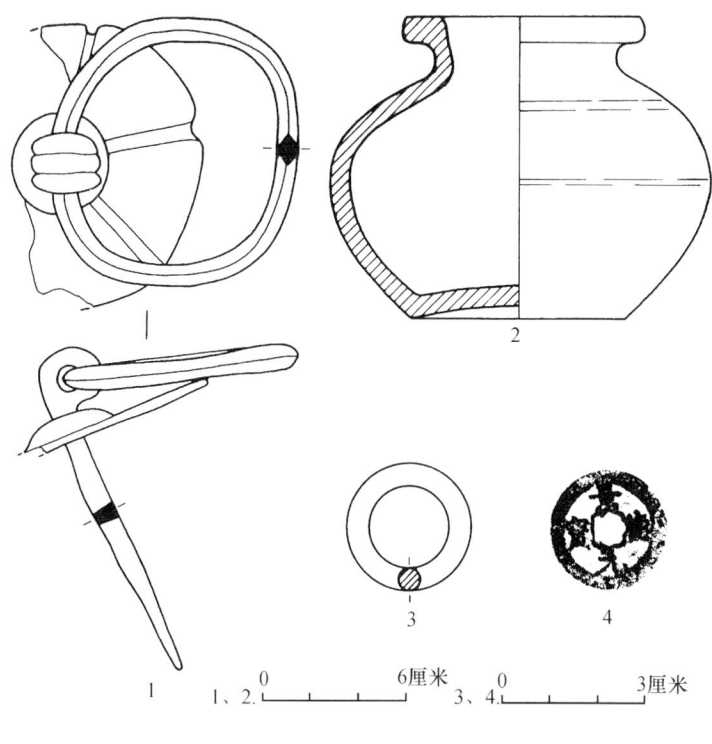

图一一九　M58 出土器物

1. 环钉（M58∶1）　2. 瓷罐（M58∶2）　3. 贝环（M58∶5）　4. 铜钱（M58∶4）

贝环　1件。标本 M58∶5，由贝壳磨制而成，通体光亮。外直径7.5、内径1.6厘米（图一一九，3）。

M59　长方形土坑竖穴墓，开口②层下，打破生土，方向103°。墓口距地面深125厘米，墓坑保存较好，长190、宽78厘米，灰褐色填土，墓内棺木已朽，但痕迹较清晰，可看出棺木放置的位置与大小，棺内有人骨1具，头向东，仰身直肢，墓内清理残瓦片4块，已不能复原。石器1件，棺钉4枚（图一二○）。

石器　1件。标本 M59∶1，鹅卵石敲击而成，正面光滑，背部粗糙不平，器身打磨较薄，刃部薄，有较清晰的使用痕迹（图一二一）。

M68　长方形土坑竖穴墓，开口②层下，打破生土，方向97°。墓口距地面深30厘米，墓坑保存较完整，长200、东端宽68、南端宽80厘米，墓底略小于墓口。灰黄色填土，墓内有人骨1具，下肢残，头向东，仰身直肢，葬具不详，墓葬中部清理出铜钱16枚（图一二二；图版一八，1）。

熙宁元宝　2枚。标本 M68∶1-1，篆书，面有轮有郭，背有轮有郭。直径2.5厘米（图一二三，1）。标本 M68∶1-2，外缘较宽，面有轮有郭，背有轮无郭，破碎严重。直径2.6厘米。

景德元宝　2枚。标本 M68∶2-1，行书，面有轮有郭，背有轮有郭。直径2.6厘米（图一二三，2）。

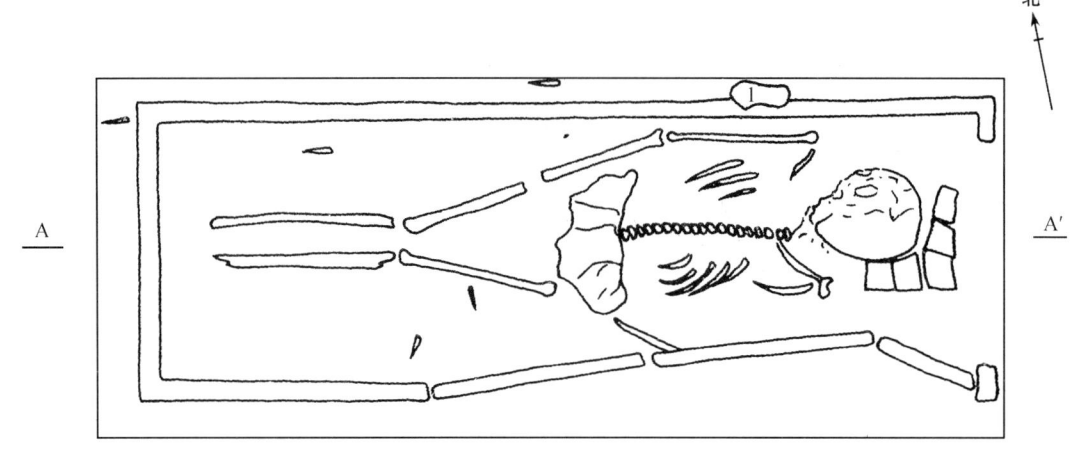

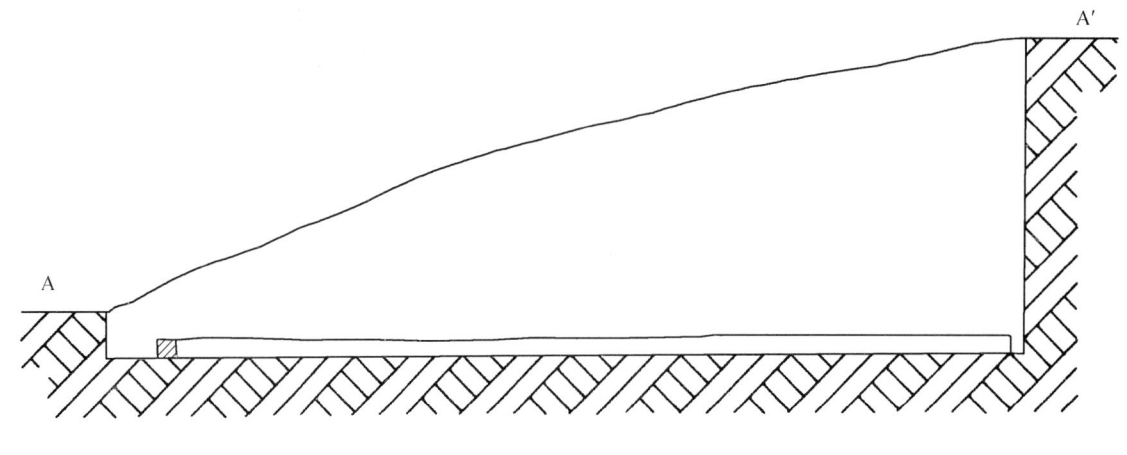

图一二〇　M59 平、剖面图
1. 石斧

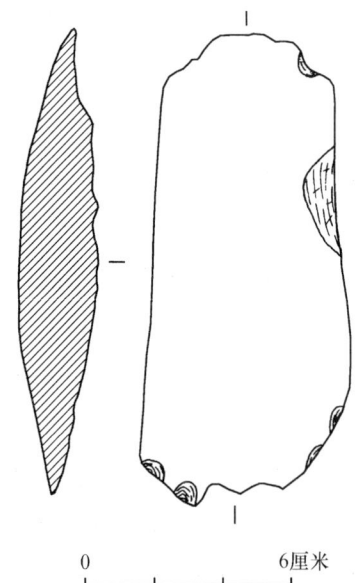

图一二一　M59 出土石斧（M59∶1）

皇宋通宝　2 枚。标本 M68∶3-1，隶书，钱文清秀，面有轮有郭，背有轮有郭。直径 2.5 厘米（图一二三，3）。

绍圣元宝　2 枚。标本 M68∶4-1，草书，面有轮有郭，背有轮有郭。直径 2.5 厘米（图一二三，4）。

元丰通宝　4 枚。标本 M68∶5-1，草书，面有轮有郭，背有轮有郭。直径 2.4 厘米（图一二三，5）。标本 M68∶5-2，篆体，边缘较窄，面有轮有郭，背有轮无郭。直径 2.25 厘米（图一二三，6）。

元祐通宝　3 枚。标本 M68∶6-1，篆体，面有轮有郭，背有轮有郭。直径 2.4 厘米（图一二三，7）。

肆 唐宋墓葬

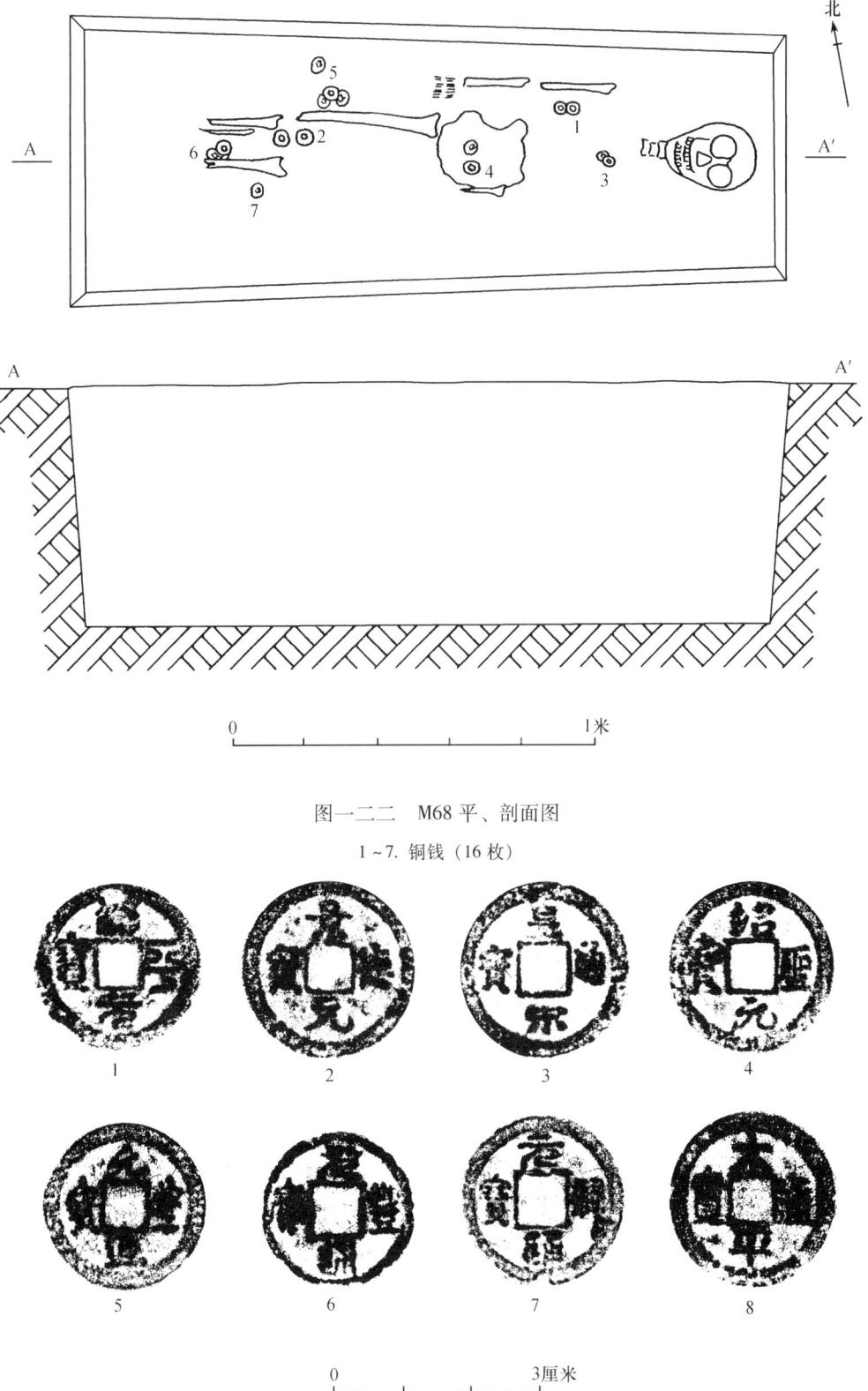

图一二二　M68 平、剖面图
1~7. 铜钱（16 枚）

图一二三　M68 出土器物
1~8. 铜钱（M68：1-1、M68：2-1、M68：3-1、M68：4-1、M68：5-1、M68：5-2、M68：6-1、M68：7-1）

太平通宝 1枚。标本 M68∶7-1，隶书，面有轮有郭，背有轮有郭。直径 2.5 厘米（图一二三，8）。

M70 长方形土坑竖穴墓，开口②层下，打破生土，方向 96°。墓口距地面深 60 厘米，墓坑保存较完整，长 180、宽 68 厘米，墓底距地面深 120 厘米，略小于墓口，底长 160、宽 60 厘米，灰黄色填土，墓内人骨已朽，只发现一节下肢骨，葬具无存，东部放置瓷碗 1 件（图一二四）。

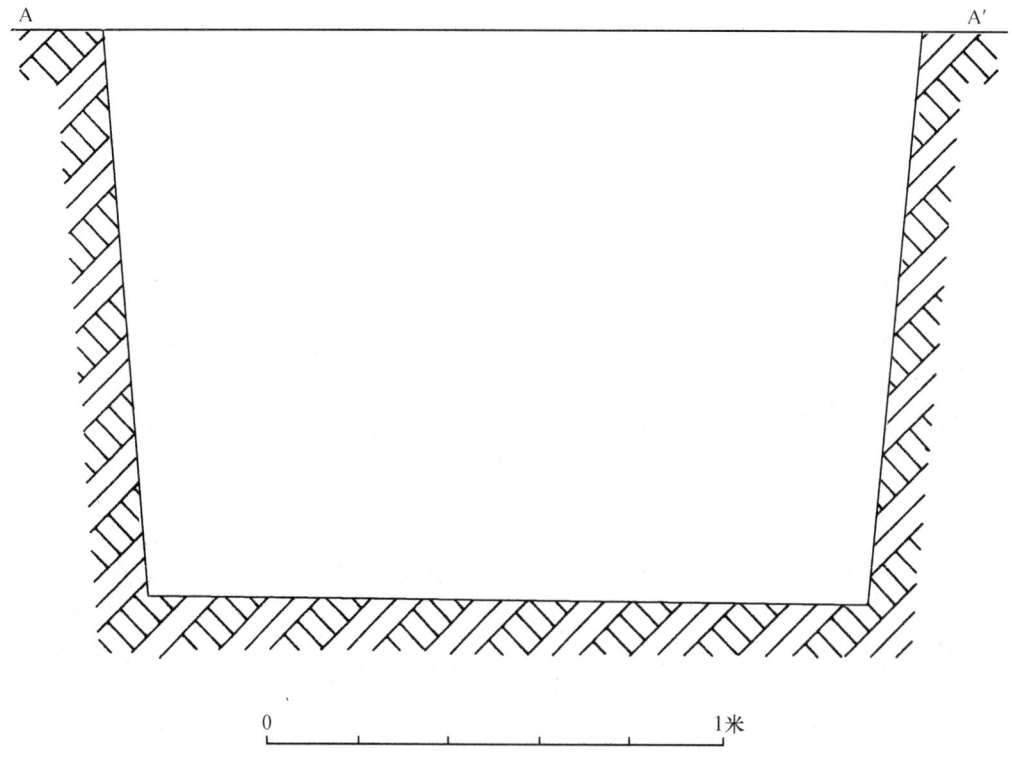

图一二四 M70 平、剖面图
1. 瓷碗

瓷器　1件。

碗　标本 M70:1，灰白胎，褐色釉，尖唇外侈、弧腹、假圈足、底露胎。口径 11.7、底径 4、高 5.4 厘米（图一二五；图版二三，3）。

M71　长方形土坑竖穴墓，开口②层下，打破生土，方向 135°。墓口距地面深 60 厘米，墓坑保存较完整，长 200、宽 72 厘米，底略小于口，灰褐色填土，墓内人骨和葬具均已朽，葬式和葬具不详，发现 4 枚棺钉，证明有棺木，东北角随葬瓷器 1 件（图一二六）。

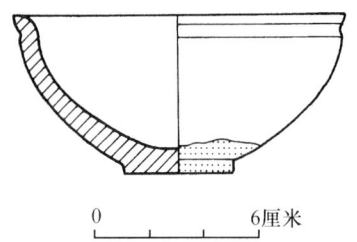

图一二五　M70 出土瓷碗（M70:1）

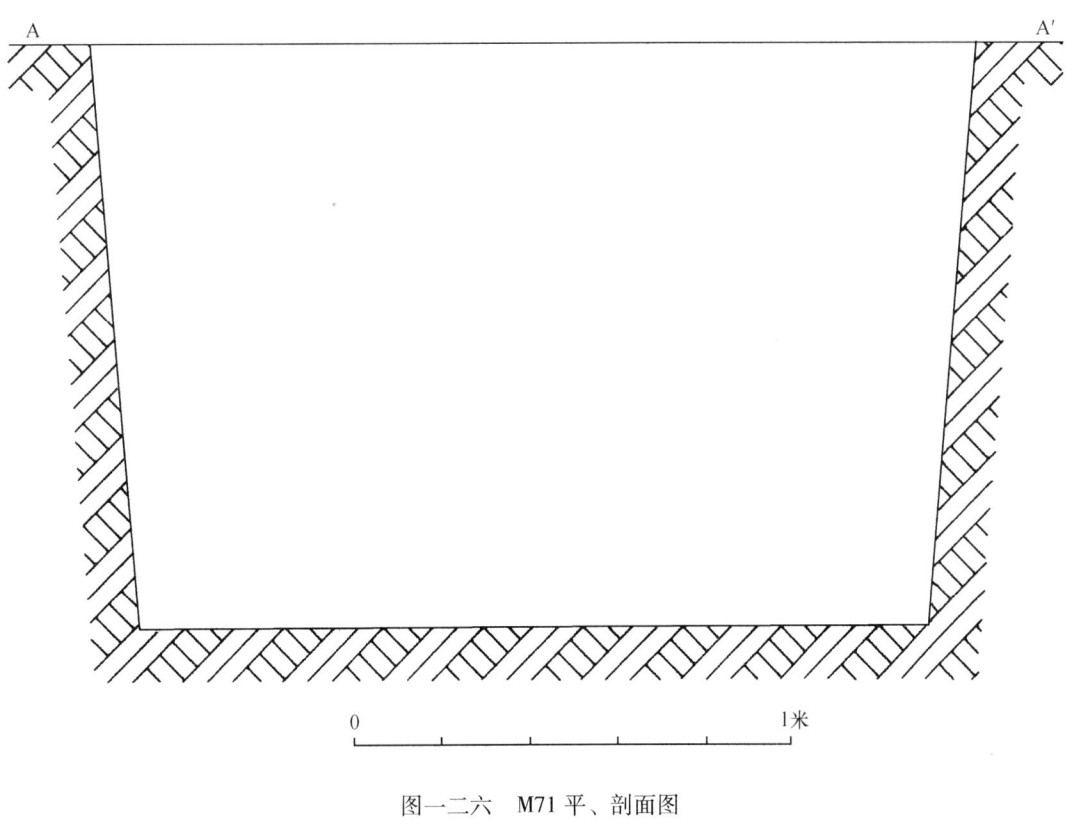

图一二六　M71 平、剖面图
1. 瓷罐

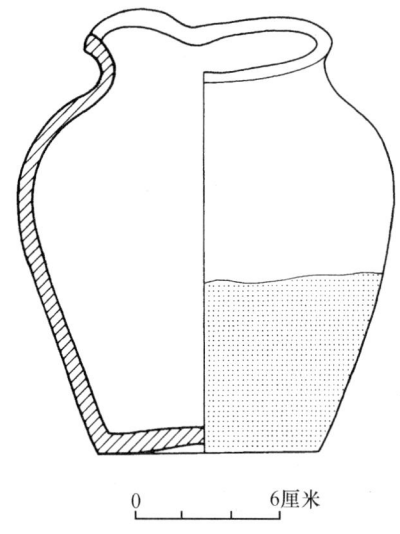

图一二七　M71 出土瓷罐（M71∶1）

罐　1件。标本M71∶1，红胎，褐釉，卷唇，短颈，溜肩，口部烧造时变形，腹较瘦长，最大径在肩部，平底。口径9.5、腹径15、底径9、高17厘米（图一二七；图版二一，2）。

M77　长方形土坑穴墓，开口①层下，打破生土，方向86°。墓口距地面深20厘米，墓坑长212、宽72厘米。墓底距地面深180厘米，底略小于口，长200、宽64厘米，墓内填土灰黑色，葬具已朽，可辨出人骨的大致部分，头向东，仰身直肢，口内含五铢钱1枚，还清理出环钉1枚（图一二八）。

五铢　1枚。标本M77∶1，该钱由于锈蚀严重，字迹不清，大致可辨钱文为五铢二字，字体瘦长，五字交叉两笔较弯曲，铢字两头平齐，直径2.4厘米（图一二九）。

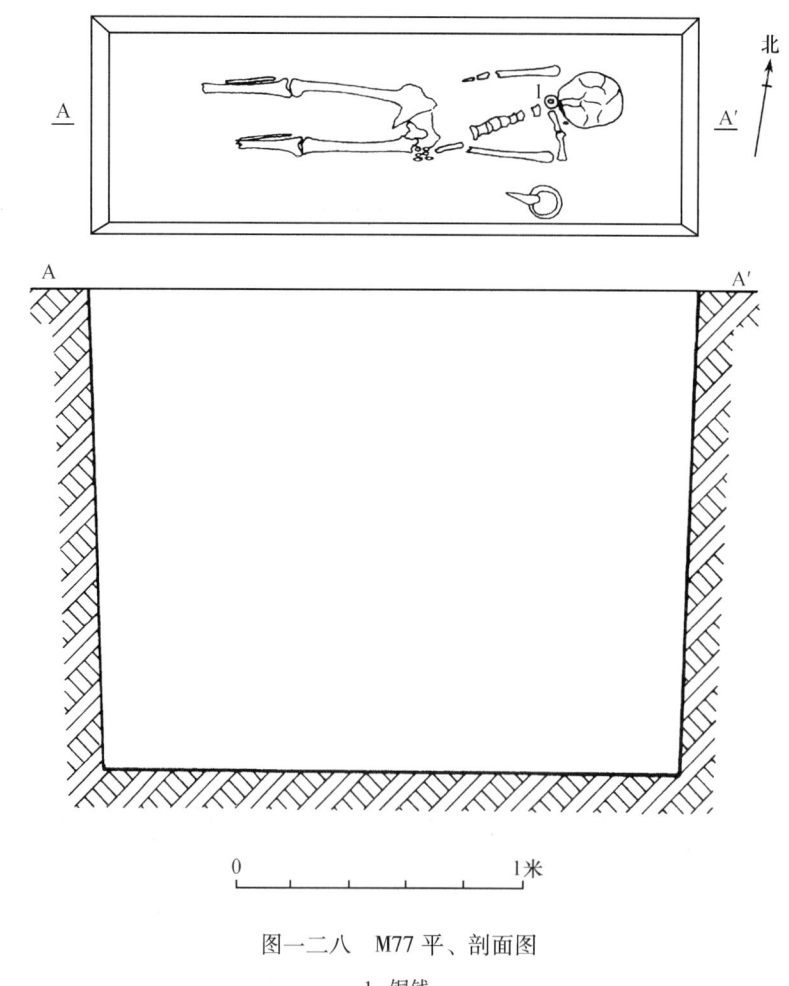

图一二八　M77 平、剖面图
1. 铜钱

M80　长方形土坑竖穴墓，开口②层下，打破生土，方向117°。该墓西部已毁，墓坑残长100、宽68厘米，灰褐色填土，人骨和葬具均无存，墓内发现铜钱1枚，瓷器2件（图一三〇）。

铜钱　1枚。景德元宝，标本M80∶1，残，字迹模糊，可见景德二字。

瓷器　2件。

杯　1件。标本M80∶2，上部残，灰白胎，釉色白中泛绿，开片，直壁，下部内收、平底、通体施釉。口径8.7、底径5.8、残高3.2厘米（图一三一，2；图版二三，4）。

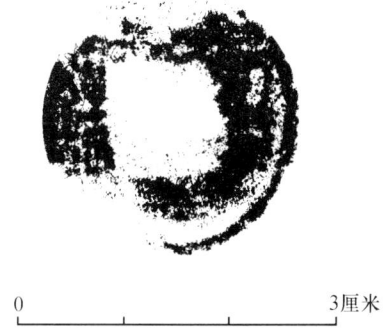

图一二九　M77出土铜钱（M77∶1）

罐　1件。标本M80∶3，红胎，褐釉，卷唇，短颈，上腹突出，颈与肩结合处饰一周凹弦纹，腹部饰瓜棱纹，平底。口径9.3、底径6.5、腹径14.5、高14.4厘米（图一三一，1；图版二一，5）。

M83　长方形土坑竖穴墓，开口②层下，打破生土，方向65°。墓口距地面深30厘米，墓圹保存较完整，长170、宽60厘米，灰褐色填土，墓内人骨和葬具基本无存，只剩一点骨渣，墓葬东部清理出瓷碗1件，带环梅花棺钉2枚（图一三二）。

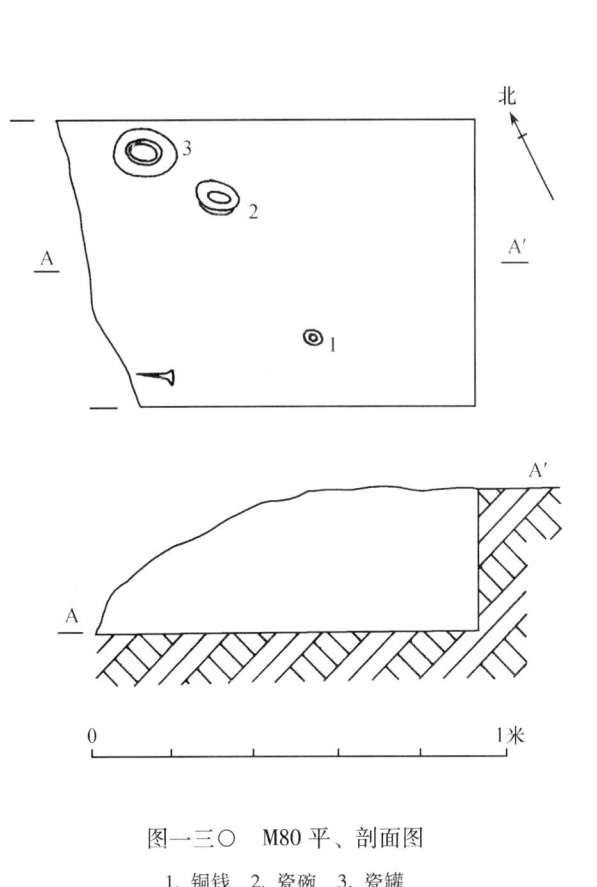

图一三〇　M80平、剖面图
1. 铜钱　2. 瓷碗　3. 瓷罐

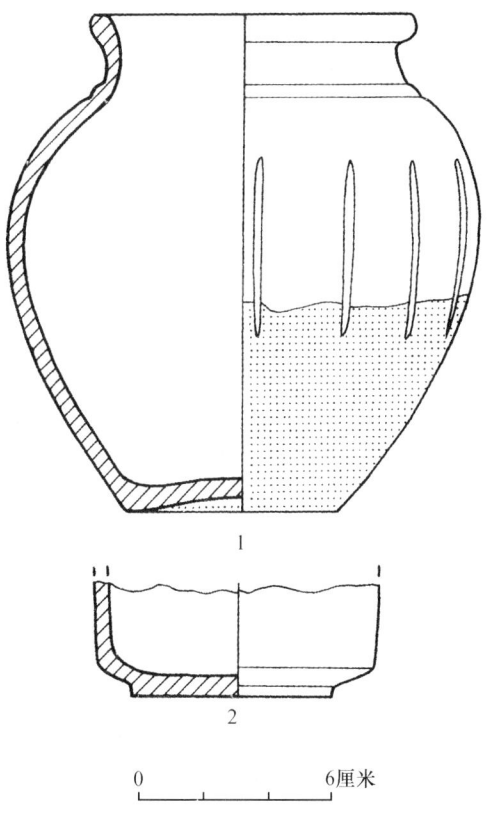

图一三一　M80出土器物
1. 瓷罐（M80∶3）　2. 瓷杯（M80∶2）

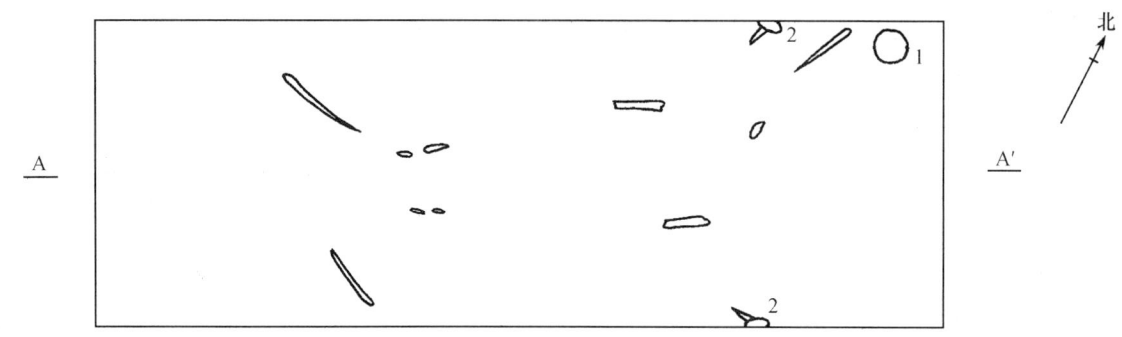

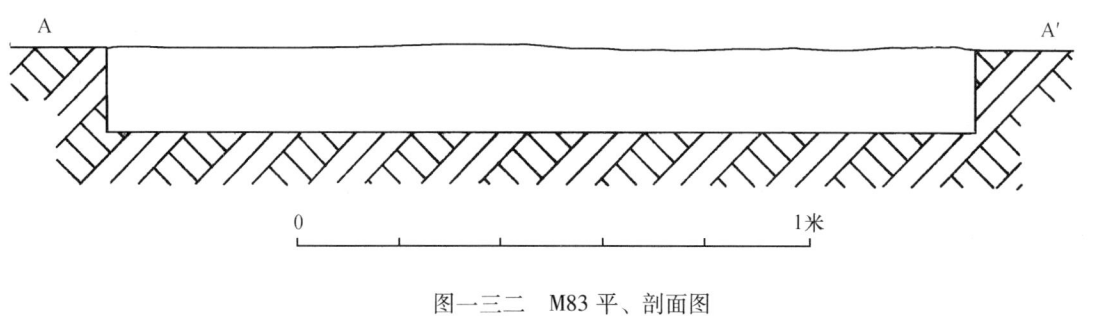

图一三二 M83 平、剖面图
1. 瓷碗 2. 环钉（2 枚）

瓷器 1 件。

碗 标本 M83:1，紫色胎，褐色釉，尖唇外撇，唇下内凹，弧壁，底较小，矮圈足。口径 12、底径 3.8、高 6 厘米（图一三三，2）。

环钉 2 件。标本 M83:2，钉呈尖锥状，断面为方形，钉上有花瓣形钉帽，帽上部有一弯钩，钩上套一个可活动的圆环（图一三三，1）。

M85 长方形土坑竖穴墓，开口②层下，打破生土，方向100°。墓口距地面深40厘米，墓坑已破坏，残长160、宽60厘米，墓内填土灰黑色，葬具与人骨均已无存，东北部清理出瓷器2件，均残（图一三四；图版一八，2）。

盘 1 件。标本 M85:1，残，灰白胎，釉色白中泛绿，尖唇，口部外撇，浅盘，壁略弧，盘中心饰牡丹花，周边饰水波纹。口径16.2、底径6、高3.8厘米（图一三五；图版二四，2）。

罐 1 件。标本 M85:2，残，器形不清，红胎，褐釉。

M87 长方形土坑竖穴墓，开口①层下，打破生土，方向95°。墓口距地面深35厘米，墓坑保存较完整，长190、宽76厘米，灰黄色填土，墓内人骨和葬具均无，葬具葬式不详，东北部发现残瓷片，可辨认器形为罐1件，盏1件，但不能复原（图一三六）。

盏 1 件。标本 M87:1，灰白胎，白色釉，器形较薄。

罐 1 件。标本 M87:2，残，器形不明，红胎，褐釉。

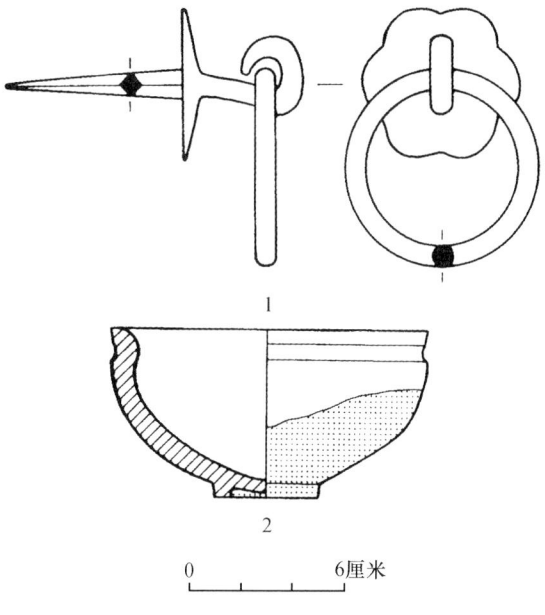

图一三三　M83 出土器物

1. 环钉（M83:2）　2. 瓷碗（M83:1）

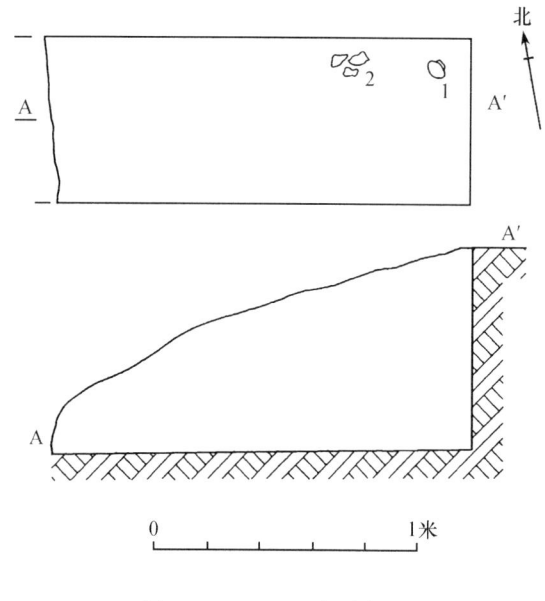

图一三四　M85 平、剖面图

1. 瓷盘　2. 瓷罐

图一三五　M85 出土瓷盘（M85:1）

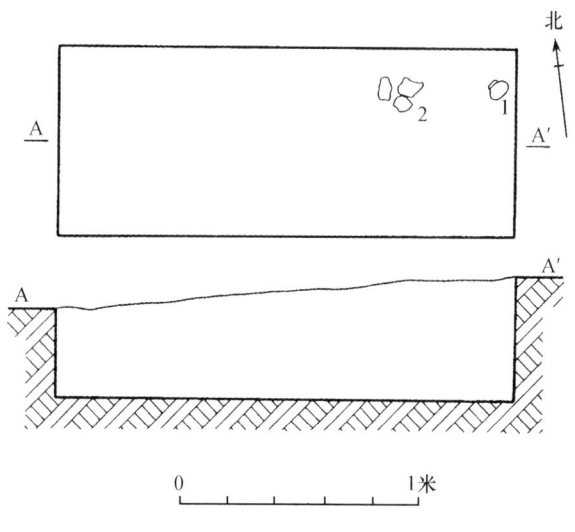

图一三六　M87 平、剖面图

1. 瓷盏　2. 瓷罐

三、分期与年代

36座唐宋墓葬，以土坑竖穴墓占绝大多数，随葬品以瓷罐、碗和铜钱居多（表六），个别墓只随葬铜钱，我们首先对这些随葬品进行逻辑分析排队。

表六　陶家坡唐宋墓出土铜钱登记表　　　　　　　　　　（单位：厘米）

墓号	钱名	面、背特征	数量	合计	直径	备注
M7	开元通宝	面背均有轮有郭	1	1	2.3	
M36	开元通宝	面背均有轮有郭	2	3	2.3	
	元丰通宝	面背均有轮有郭	1		2.5	
M22	景祐元宝	面背均有轮有郭	1	45	2.5	
	太平通宝	面背均有轮有郭	1		2.4	
	圣宋通宝	面背均有轮有郭	3		2.3~2.4	
	元丰通宝	面背均有轮有郭	4		2.4~2.5	
	元祐通宝	面背均有轮有郭	4		2.2~2.4	
	天圣元宝	面背均有轮有郭	5		2.4	
	景德元宝	面背均有轮有郭	1		2.4	
	治平通宝	面背均有轮有郭	1			残
	政和通宝	面有轮有郭，背有郭，轮磨平	1		2.5	
	祥符元宝	面背均有轮有郭	5		2.5	
	祥符通宝	面背均有轮有郭	1		2.5	
	嘉祐通宝	面背均有轮有郭	5			残
	熙宁通宝	面背均有轮有郭	3		2.4	
	绍圣元宝	面背均有轮有郭	3		2.45	
M24	元祐通宝	面背均有轮有郭	1	1		残
M26	祥符元宝	面背均有轮有郭	5	15	2.5	
	天圣元宝	面背均有轮有郭	3		2.5	
	至道元宝	面有轮有郭	4			残损严重
	熙宁元宝	面有轮有郭，背无	3		2.4	
M27	开元通宝	面背均有轮有郭	1	2	2.45	
	元祐通宝	面有轮有郭，背有郭无轮	1		2.4	
M28	天圣元宝	面背均有轮有郭	1	1	2.5	
M29	至和元宝	面背均有轮有郭	1	1	2.5	
M40	开元通宝	面背均有轮有郭	1	1	2.5	
M41	至和元宝	面有轮有郭，背无	1	6	2.35	
	熙宁元宝	面背均有轮有郭	1		2.35	
	祥符元宝	面背均有轮有郭	1		2.55	
	开元通宝	面背均有轮有郭	2		2.4	
	嘉祐元宝	面背均有轮有郭	1		2.45	

续表

墓号	钱名	面、背特征	数量	合计	直径	备注
M45	祥符通宝	面背均有轮有郭	1	2	2.5	
	皇宋通宝	面有轮有郭，背轮，郭磨平	1		2.4	
M52	皇宋通宝	面有轮有郭，背有郭	1	1		残
M57	开元通宝	面有轮有郭，背有郭	1	1	2.3	
M58	景德元宝	面背均有轮有郭	1	1	2.5	
M68	熙宁元宝	面背均有轮有郭	2	16	2.5	
	景德元宝	面背均有轮有郭	2		2.6	
	皇宋通宝	面背均有轮有郭	2		2.5	
	绍圣元宝	面背均有轮有郭	2		2.5	
	元丰通宝	面背均有轮有郭	4		2.2~2.4	
	元祐通宝	面背均有轮有郭	3		2.4	
	太平通宝	面背均有轮有郭	1		2.5	
M77	五铢	字体瘦长，五字交股较弯曲	1	1	2.4	
M80	景德元宝		1	1		残损

罐　分A、B、C三型。

A型　四耳。分a、b两个亚型。

Aa型　长腹。分二式。

Ⅰ式　M7:1。

Ⅱ式　M17:1。

Ab型　扁腹。M17:3。

B型　双耳。分a、b两个亚型。

Ba型　双耳、双唇。M18:1。

Bb型　双耳、直口。分三式。

Ⅰ式　鼓肩。M17:2、M17:7。

Ⅱ式　上腹鼓。M40:1、M41:1。

Ⅲ式　下腹鼓。M55:2、M26:2。

C型　无耳。分a、b、c、d四个亚型。

Ca型　斜直壁。M17:4、M17:8。

Cb型　深弧腹。M27:2、M29:2、M20:1、M71:1。

Cc型　鼓腹。M80:3。

Cd型　扁腹。M24:1、M57:2。分二式。

Ⅰ式　M57:2。

Ⅱ式　M24:1。

碗　分A、B、C三型。

A型　花瓣口。M44:4。

B 型　敞口。分 a、b 两个亚型。

Ba 型　尖唇。M44:1、M44:2。

Bb 型　圆唇。M55:3、M70:1、M83:1。

C 型　撇口。M33:1。

盏　分 A、B 二型。

A 型　敞口。分 a、b 两个亚型。

Aa 型　圆唇。M17:9~13、M41:2。

Ab 型　尖唇。M51:1、M40:2、M44:3、M45:1。

B 型　敛口。M27:3、M29:3、M53:1-2。

盘口壶　M7:9。

壶　M17:5、M17:6。

以上排序共涉及 22 座唐宋墓葬，其主要随葬品组合见表七。

表七　陶家坡唐宋典型墓葬随葬品型式组合关系表

	罐								碗				盏			盘口壶	壶	盘	铜镜	铜钱
	Aa	Ab	Ba	Bb	Ca	Cb	Cc	Cd	A	Ba	Bb	C	Aa	Ab	B					
M7	I															√		√		
M17	II	√		I	√								√				√			
M18			√																	
M33												√								
M80							√													√
M44									√	√			√							
M57							I													√
M45													√							√
M29				I										√						√
M71				I																
M85																			√	
M41				II									√							√
M40				II										√						√
M26				III																√
M83										√										
M70										√										
M55				III						√										
M27						II									√					√
M20						II														
M24							II													√
M51														√						
M53															√					

从表七我们可以看到，陶家坡唐宋时期墓葬主要随葬品组合是罐、碗、壶、盏、盘、铜钱等。就瓷器而言，36座墓中，罐、碗（或盏）组合的有6座；只有一个罐的有5座；只有碗的有8座；粉盒、剪刀组合的1座。只有铜钱的4座、只有石器和瓦的1座、只有铜镜的1座。根具器类和型式组合关系的变化，我们把可资比较的22座墓归纳为四组。

一组 包括M7、M8、M9、M17、M18、M33，共6座。主要组合为盘口壶、双唇罐、双耳罐、Ca型斜直壁无耳罐、执壶、碗、盏、铜镜。

二组 包括M80、M44、M57。主要组合为Cc型罐、CdⅠ式罐、A型碗、Ba型碗、Ab型盏、铜钱。

三组 包括M45、M29、M71、M85，主要组合为CbⅠ式罐、Ab型盏、B型盏、铜钱。

四组 包括M41、M40、M26、M83、M70、M55、M27、M20、M24、M51、M53。主要组合为BbⅡ式罐、BbⅢ式罐、CbⅡ式罐、CdⅡ式罐、Bb型碗、Aa型盏、Ab型盏、B型盏、铜钱。

在出铜钱的17座墓中，我们根据器形特征，参考其最晚年号铜钱，综合判断其时代，早期的墓未见晚期的铜钱。一组的双唇罐、盘口壶、执壶、釉下彩罐、Ca型斜直壁罐、C型碗在二、三、四组未见。M7:9盘口壶口外撇，器身较长的造型仍保留前期遗风，双唇罐胎质粗，灰褐色，酱釉，与江夏流芳唐墓出土的双唇罐相似①，此器形还见于2000年巴东西瀼口M10:16②和巴东雷家坪遗址第三次发掘M5:6③。M17的Ca型斜直壁罐不见于以后各期，青瓷点彩罐和釉下彩执壶是湖南长沙窑比较成熟的代表器物，所以这两座墓应为唐代墓葬，M7略早于M17，与这两座墓时代相当的还有M18。二组的Cc型罐、A型碗、Ba型碗在前期和后期未见，均为江西景德镇北宋早期产品④，与秭归庙坪M85出土的瓷碗相似⑤；M80:2器形见于江西南丰白舍窑⑥，M80:1瓜棱罐为北宋早期常见器形；M57出土景德元宝，未见晚期钱币，所以也应归入二组。三组、四组在器物组合上共性较多，式别上稍有差别，CbⅠ式罐四期未见，三组更多的出现景德镇湖田窑和浙江龙泉窑瓷器，与M45同出的还有北宋中期祥符通宝和皇宋通宝，其时代应为北宋中期。四组常见的Bb形碗，施酱色釉，见于湖南青冲窑⑦，敛口盏在北宋早期未见，为北宋中晚期常见器形，这些墓中大多数伴出有北宋晚期铜钱。

根据以上分析排队，我们将这四组墓葬分为一至四期。

一期 唐代。

二期 北宋早期。

---

① 武汉市文物考古研究所、武汉市江夏区博物馆：《武汉江夏流芳唐墓清理发掘简报》，《江汉考古》2003年第4期。
② 广西壮族自治区文物工作队：《巴东西瀼口古墓葬2003年发掘简报》，《湖北库区考古报告集》第一卷，科学出版社，2003年。
③ 吉林大学边疆考古研究中心：《巴东雷家坪遗址第三次发掘简报》，《湖北库区考古报告集》第四卷，科学出版社，2007年。
④ 江西省文物工作队：《江西景德镇柳家湾古瓷窑址调查》，《考古》1985年第4期。
⑤ 湖北省文物事业管理局、湖北省三峡工程移民局：《秭归庙坪》，科学出版社，2003年。
⑥ 江西省文物工作队、南丰县文化馆：《江西南丰白舍窑调查纪实》，《考古》1985年第3期。
⑦ 周世荣、郑均生：《湖南古窑址调查之二——彩瓷》，《考古》1985年第3期。

三期　北宋中期。

四期　北宋晚期。

一至四期的主要随葬品组合归纳为表八。

表八　陶家坡唐宋典型墓葬随葬品分期表

	罐								碗				盏			盘口壶	壶	盘	铜镜
	Aa	Ab	Ba	Bb	Ca	Cb	Cc	Cd	A	Ba	Bb	C	Aa	Ab	B				
四				ⅡⅢ	Ⅱ		Ⅱ				√			√	√				
三				Ⅰ		Ⅰ								√	√			√	
二							√	Ⅰ	√	√				√					
一	ⅠⅡ	√	√	Ⅰ	√								√	√		√	√		√

四、小　　结

陶家坡 36 座唐宋墓葬中有 3 座唐代砖室墓，这三座墓从形制和砌法上一反三峡地区东汉石室墓的形制和错缝平铺的砌法，而采用三横一竖或四横一竖的砌法。M8 打破 M9，说明 M8 晚于 M9，而这二座墓在砌法上是一致的，M8 亚字形与江夏流芳唐墓形制相似，是两湖地区唐墓中比较流行的一种形制。M7 为长方形双室墓，墓壁中部四周均留有小窗，这种现象在长江中下游地区唐宋墓中常见。这些材料表明，在唐代初期，三峡一带就与周边地区的文化融合在一起，其地域特征并不明显。

借墓为室的现象在唐代就已出现，M17 打破 M38，而 M17 的随葬品保存较好，种类丰富，不能不说是一种有意识的行为，这种现象在三峡地区较常见，在其他地区很少见到。

从墓葬形制来看，绝大多数为小型土坑墓，砖室墓和石室墓少见，与其他地区相比，形制较为简单。在与陶家坡隔江相望的庙坪，发掘了一批唐宋时期的洞室墓，大多数保存较好，而陶家坡只发现这一时期的长方形土坑墓，未见洞室墓，且随葬品的数量和质量均不及洞室墓，是否反应了民族习俗的不同和两岸经济发展的不平衡。

陶家坡唐宋墓葬的随葬品种类较单一，以瓷器为主，以青白瓷、青瓷、釉陶器居多，瓷器多出于长江中下游地区的民窑，如湖田窑、白舍窑、长沙窑、青山窑、梁子湖窑等，说明在唐宋时期，三峡一带与周边地区的贸易交往相当频繁。

伍 明清墓葬

一、概 述

陶家坡墓地发掘的明清时期墓葬共 27 座，均为土坑竖穴墓，无随葬品，其中 2004 年 1 座、2005 年 10 座、2007 年 16 座。分布在①层下或②层下，排列无一定规律，有些墓的表面用大石块围成半圆，墓坑大多数为长方形，少数梯形，保存较完整的不多，一般长 200~250、宽 70~120、深 20~70 厘米。墓葬填土多为灰褐色，较松散，有的棺内垫有草木灰或石灰，有的放有石灰包，少数头枕板瓦，个别脚顶板瓦。人骨保存状况较好，均为单人仰身直肢，头向北或向东，葬具保存较差，仅存棺木痕迹，未发现头龛，无随葬品（表九）。

表九 陶家坡明清墓葬一览表 （单位：厘米）

墓号	层位关系		形制结构	墓底长×宽	方向	葬具	葬式	随葬品	备注
	开口	打破							
M10	②层下	生土	长方形土坑	170×70	25°	棺钉	仰身直肢		
M11	②层下	生土	长方形土坑	残长150×90	10°	棺钉	不详		
M12	②层下	生土	长方形土坑	残长160×80	20°	棺钉	不详		
M13	②层下	生土	长方形土坑	240×80~70	33°	棺钉	仰身直肢		女性
M14	②层下	生土	长方形土坑	残长200×75	340°	棺痕	仰身直肢		
M16	②层下	生土	长方形土坑	230×70	28°	棺痕	仰身直肢		
M19	②层下	②层	长方形土坑	残长126×72	32°	棺痕	仰身直肢		
M21	②层下	生土	长方形土坑	残长134×50	50°	棺钉	不详		
M32	②层下	生土	长方形土坑	240×70	24°	棺痕	仰身直肢		
M34	②层下	生土	长方形土坑	250×106	35°	棺痕	仰身直肢		
M60	②层下	生土	长方形土坑	220×68	105°	棺痕	仰身直肢		
M61	②层下	生土	长方形土坑	220×76~68	70°	棺痕	仰身直肢	板瓦2块	

续表

墓号	层位关系		形制结构	墓底长×宽	方向	葬具	葬式	随葬品	备注
	开口	打破							
M62	②层下	生土	长方形土坑	205×70	95°	棺痕	仰身直肢	板瓦2块	
M64	②层下	生土	长方形土坑	230×96	90°		仰身直肢		
M67	①层下	生土	长方形土坑	240×100	105°	棺痕	仰身直肢		
M69	②层下	生土	长方形土坑	190×80~68	98°	棺钉	仰身直肢	板瓦6块	
M73	②层下	生土	长方形土坑	190×72	50°		仰身直肢		
M78	②层下	生土	长方形土坑	200×68	97°		仰身直肢		
M79	②层下	生土	长方形土坑	198×80	103°		仰身直肢		
M81	①层下	②层	长方形土坑	184×90	105°		仰身直肢		
M84	①层下	生土	长方形土坑	220×120	90°	棺痕	仰身直肢		
M86	②层下	生土	长方形土坑	216×72	97°		仰身直肢	板瓦	
M88	①层下	生土	长方形土坑	196×70	90°	棺痕	不详		
M92	①层下	生土	长方形土坑	210×84	100°	棺痕	仰身直肢		
M93	①层下	生土	长方形土坑	236×110~72	95°	棺痕	仰身直肢		

二、墓葬介绍

M6 长方形土坑竖穴墓，开口①层下，打破M7，方向90°，墓坑西部将M7南部券顶打破，墓口距现地墓最深处60厘米，坑长260、宽100，墓内填土为灰白色，葬具已朽，人骨的上半部分保存较好，下肢骨残缺，为单人仰身直肢葬，无随葬品（图一三七）。

M10 长方形土坑竖穴墓，开口②层下，打破生土，方向25°。墓坑保存较好，墓口距地面深85厘米，墓口长170、宽70厘米；墓底距地面深140厘米，长165、宽68厘米，褐红色填土，墓内人骨胫骨以下已无存，其余部位保存较完整，单人仰身直肢葬，葬具已朽，发现棺钉2枚，无随葬品（图一三八）。

M11 长方形土坑竖穴墓，开口②层下，打破生土，方向10°。墓口距地面深85厘米，墓坑南部已破坏，口残长150、宽90厘米，墓底距地面深180厘米，长147、宽87厘米。墓内填土为红褐色黏土，人骨及葬具均已无存，只在墓底清理出铁棺钉15枚（图一三九）。

M12 长方形土坑竖穴墓，开口②层下，打破生土，方向20°。墓口距地面深90厘米，墓底距地面深150厘米。该墓北端已被破坏，墓口残长160、宽80厘米，墓底残长158、宽78厘米，南部残存下肢骨，头向北，墓具和葬式不详，墓内发现7枚铁棺钉（图一四〇）。

伍 明清墓葬

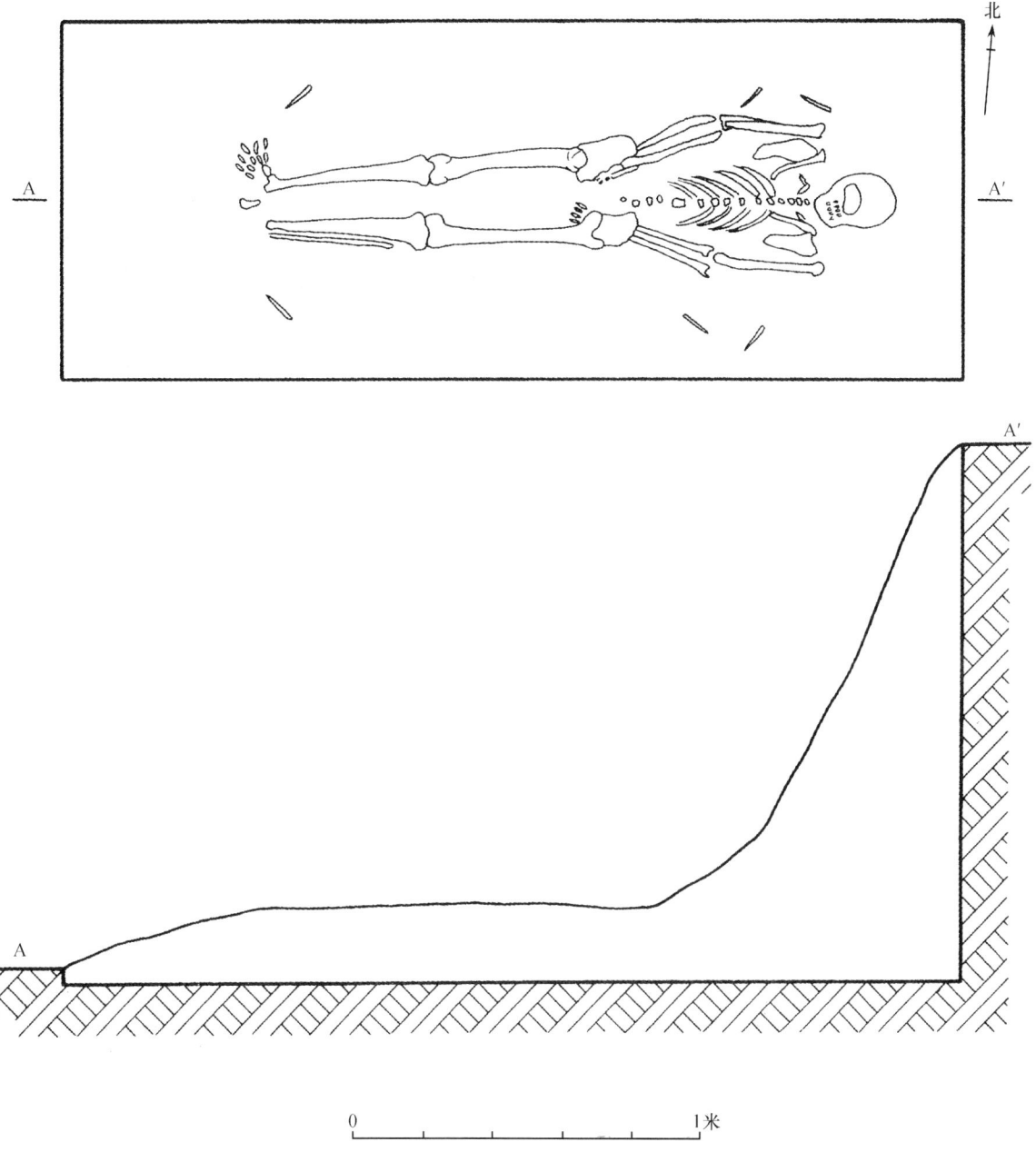

图一三七 M6 平、剖面图

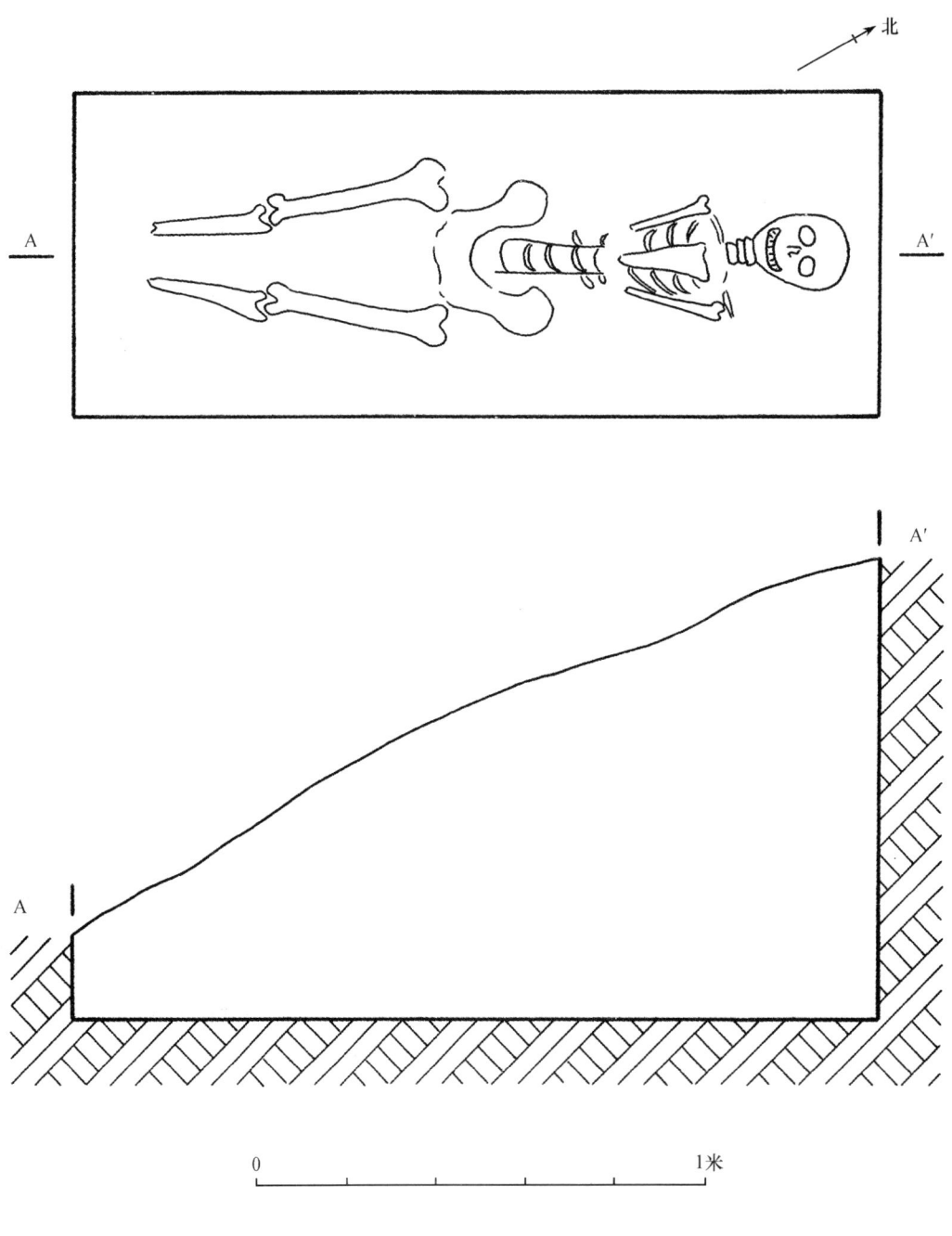

图一三八 M10 平、剖面图

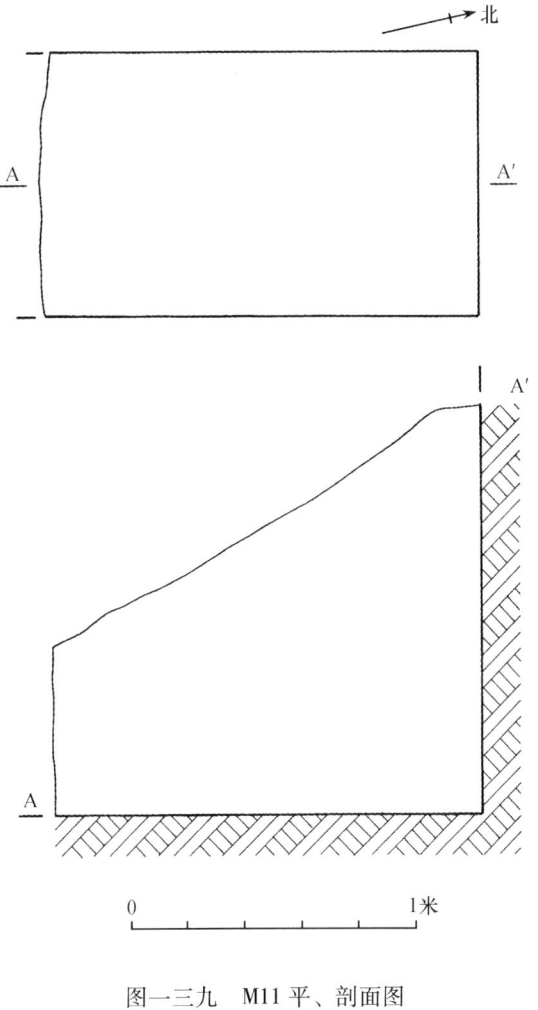

图一三九　M11 平、剖面图

M13　长方形土坑竖穴墓，开口②层下，打破生土，方向33°。墓口距地面深50厘米，墓口长240、北端宽80、南端宽70厘米，墓底长230、宽65～75厘米。填土为灰褐色花土，墓内有人骨1具，基本保存完好，仰身直肢，女性，牙齿磨损较严重，葬具已朽，发现棺钉6枚（图一四一）。

M14　长方形土坑竖穴墓，开口②层下，打破生土，方向340°。墓口距地面深50厘米，墓坑南部已残，墓口残长200、宽75厘米，墓底残长190、宽66厘米。填土为花土和红烧土块，墓内葬具和人骨已朽，但从墓底的腐烂痕迹可看出棺痕，葬式仰身直肢，无随葬品（图一四二）。

M16　长方形土坑竖穴墓，开口②层下，打破生土，方向28°。墓口距地面深50厘米，墓坑保存较好，口长230、宽70厘米，墓底长220、宽65厘米。灰褐色填土，人骨保存较好，仰身直肢，从盆骨分析为成年女性，没有随葬品，葬具已朽，发现棺钉和朽木渣（图一四三）。

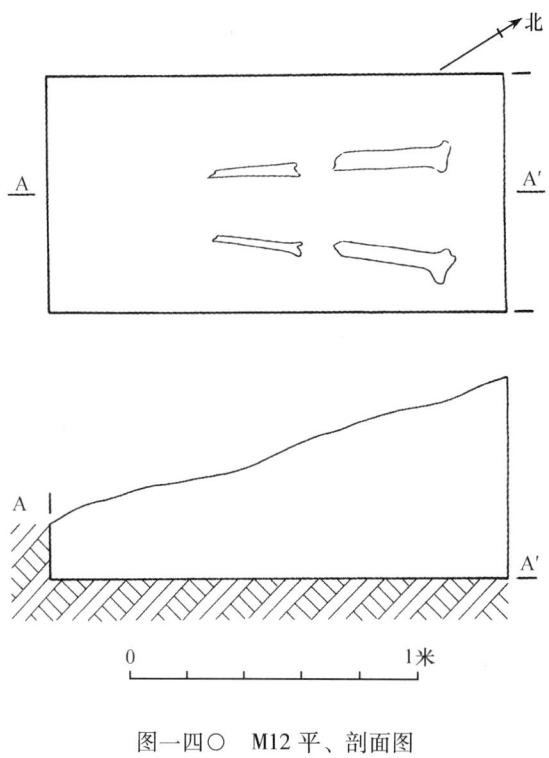

图一四〇 M12 平、剖面图

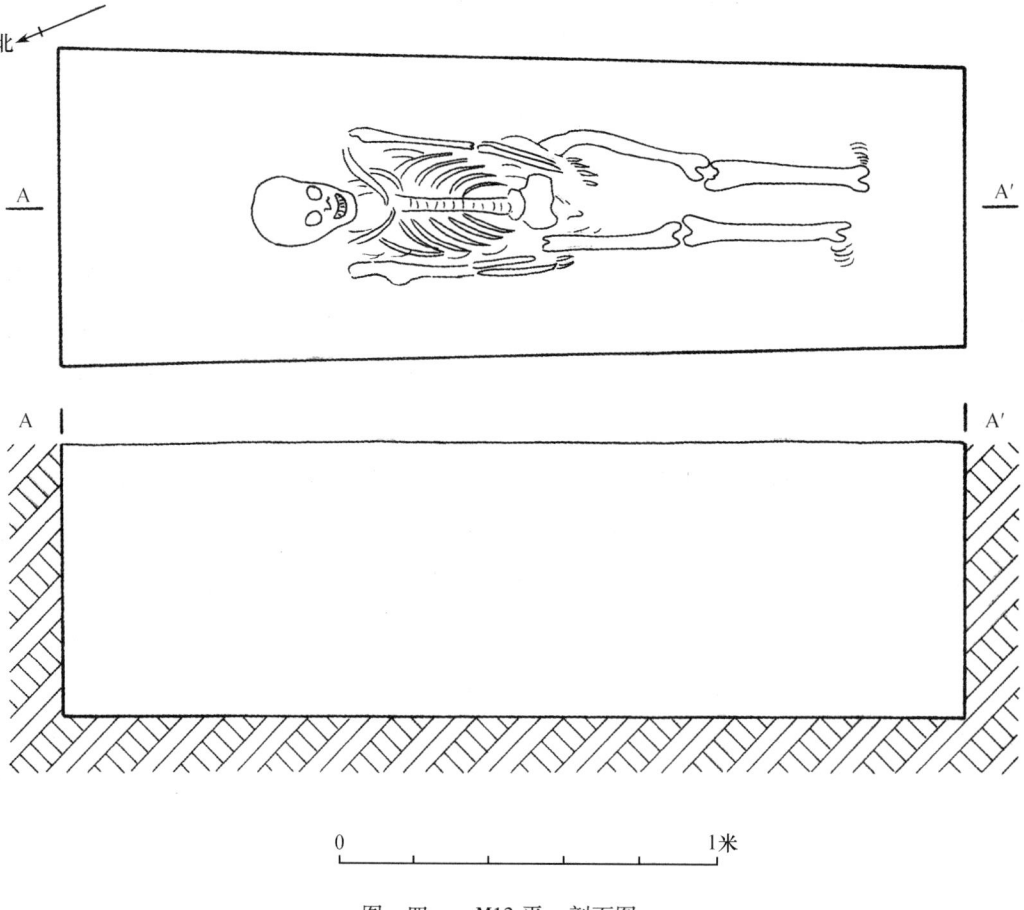

图一四一 M13 平、剖面图

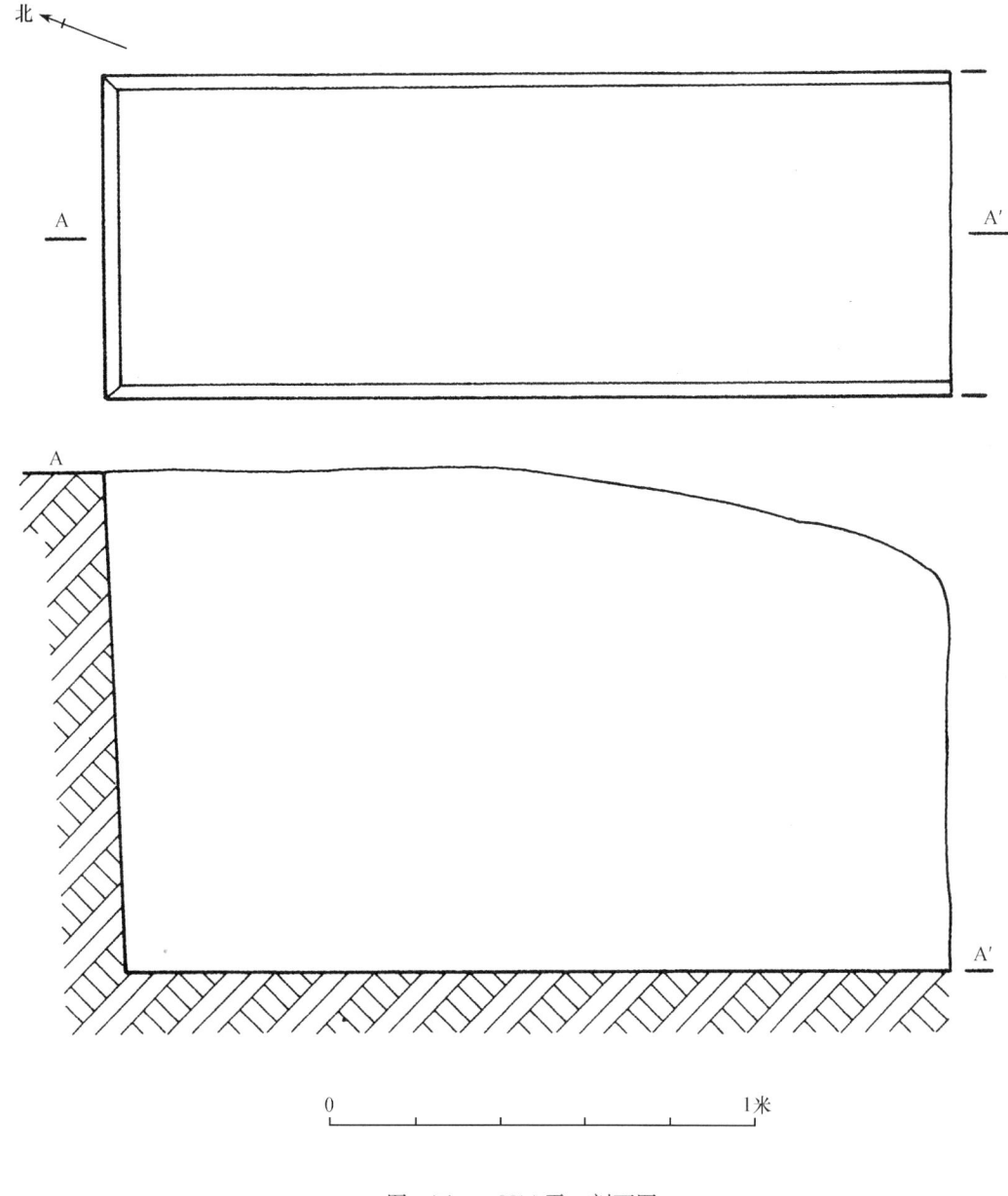

图一四二　M14 平、剖面图

M19　长方形土坑竖穴墓，开口①层下，打破②层，方向32°。墓口距地面深30厘米，墓坑北部遭严重破坏，墓口残长126、宽72厘米，墓底残长118、宽66厘米。灰黑色填土，墓内有人骨1具，上肢无存，仅剩下肢骨，头向东北，仰身直肢，墓底有棺木腐烂痕迹，无随葬品（图一四四）。

M21　长方形土坑竖穴墓，开口②层下，打破生土，方向50°。墓口距地面深70厘米，墓坑已遭破坏，残长134、宽50厘米，北部有一个直径40厘米的扰坑，墓内有人骨1具，仅残存头骨及少量肢骨残片，葬式不详，葬具已朽，清理出3枚铁棺钉（图一四五）。

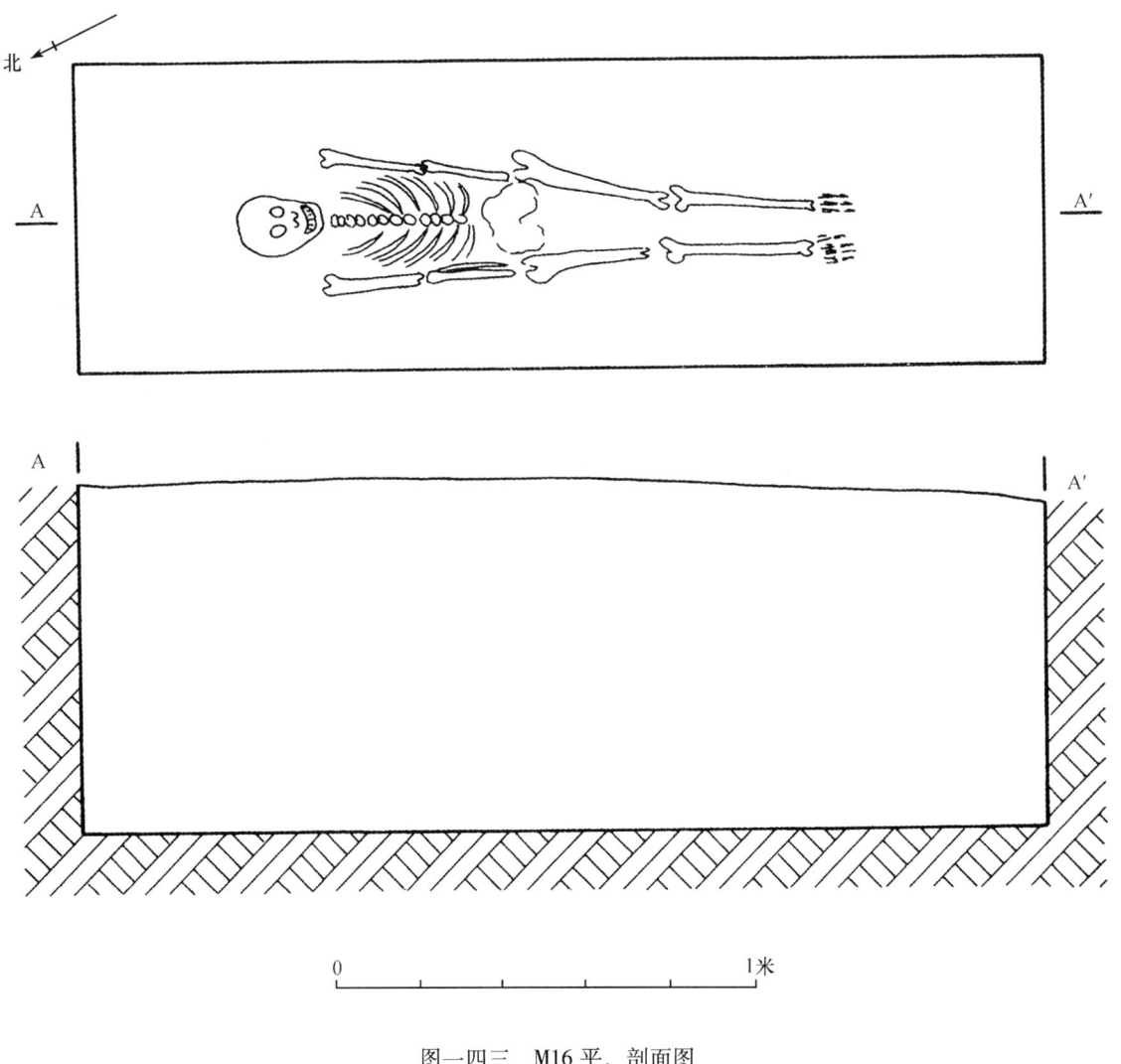

图一四三 M16 平、剖面图

M32 长方形土坑竖穴墓，开口②层下，打破生土，方向24°。墓口距地面深50厘米，墓底距地面深130厘米。墓坑保存较完整，口长240、宽70厘米，底长230、宽60厘米，灰黑色填土，人骨保存较好，头向北，仰身直肢，从骨骼分析为成年男性，葬具已朽，可见棺钉和朽木渣（图一四六）。

M34 长方形土坑竖穴墓，开口②层下，打破生土，方向35°。墓口距地面深105厘米，墓底距地面深119～195厘米，墓坑保存较好，墓口略大于墓底，口长250、宽106厘米，墓底长220、宽70厘米。灰黑色填土，墓内人骨基本完整，头向北、仰身直肢，葬具无存（图一四七）。

M60 长方形土坑竖穴墓，开口②层下，打破生土，方向105°。墓坑保存较完整，口长220、宽68厘米，底长200、宽60厘米。灰黑色填土，墓内有人骨1具，头向东，仰身直肢，棺木已朽，可见腐烂痕迹（图一四八）。

伍 明清墓葬

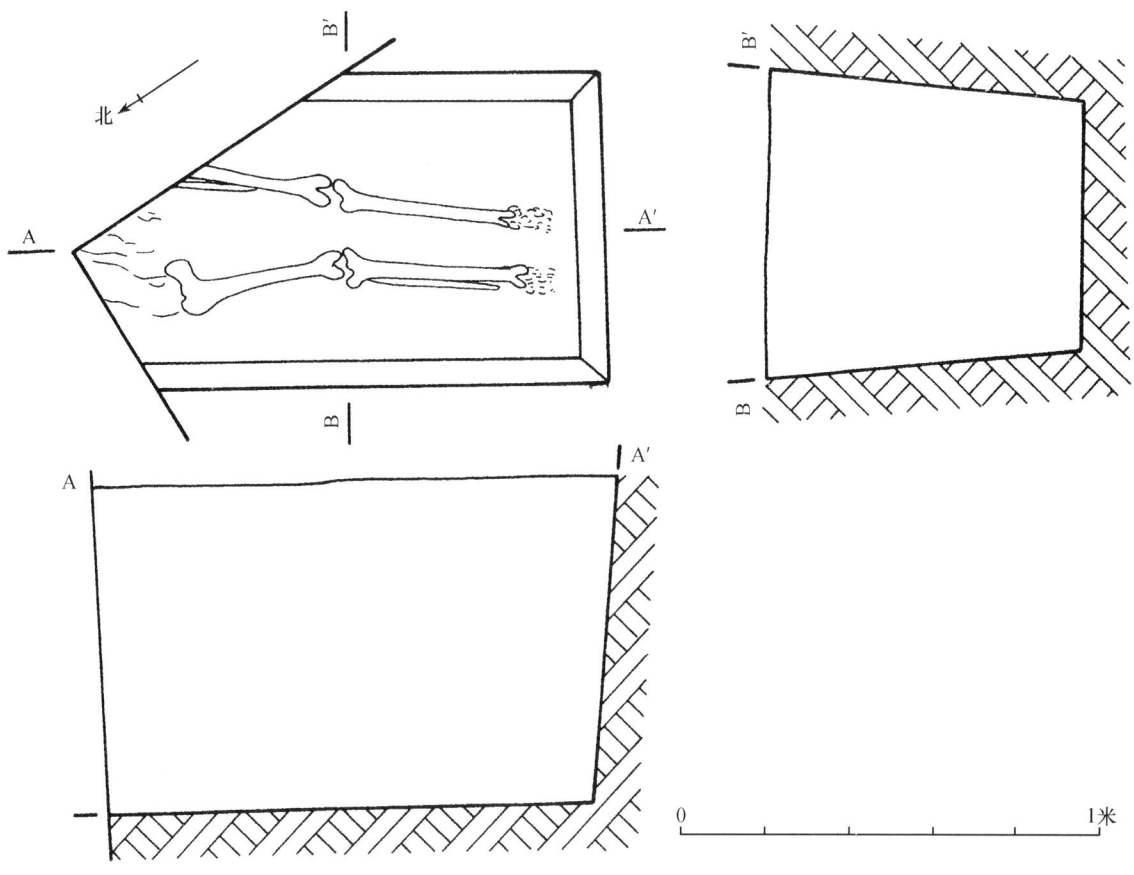

图一四四 M19 平、剖面图

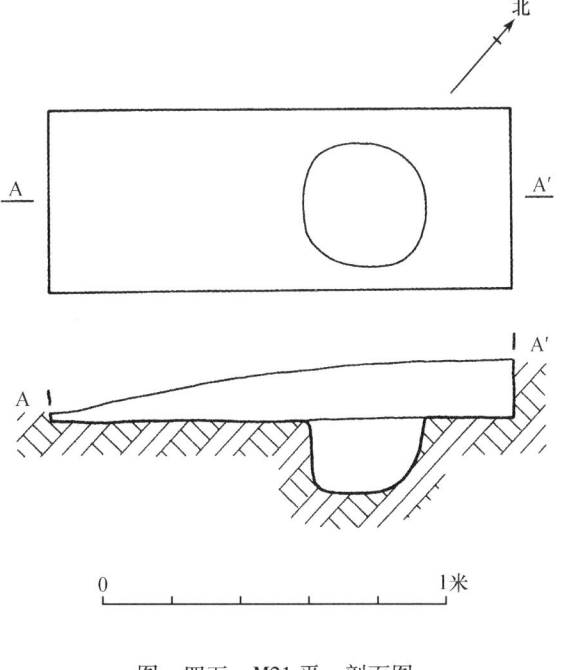

图一四五 M21 平、剖面图

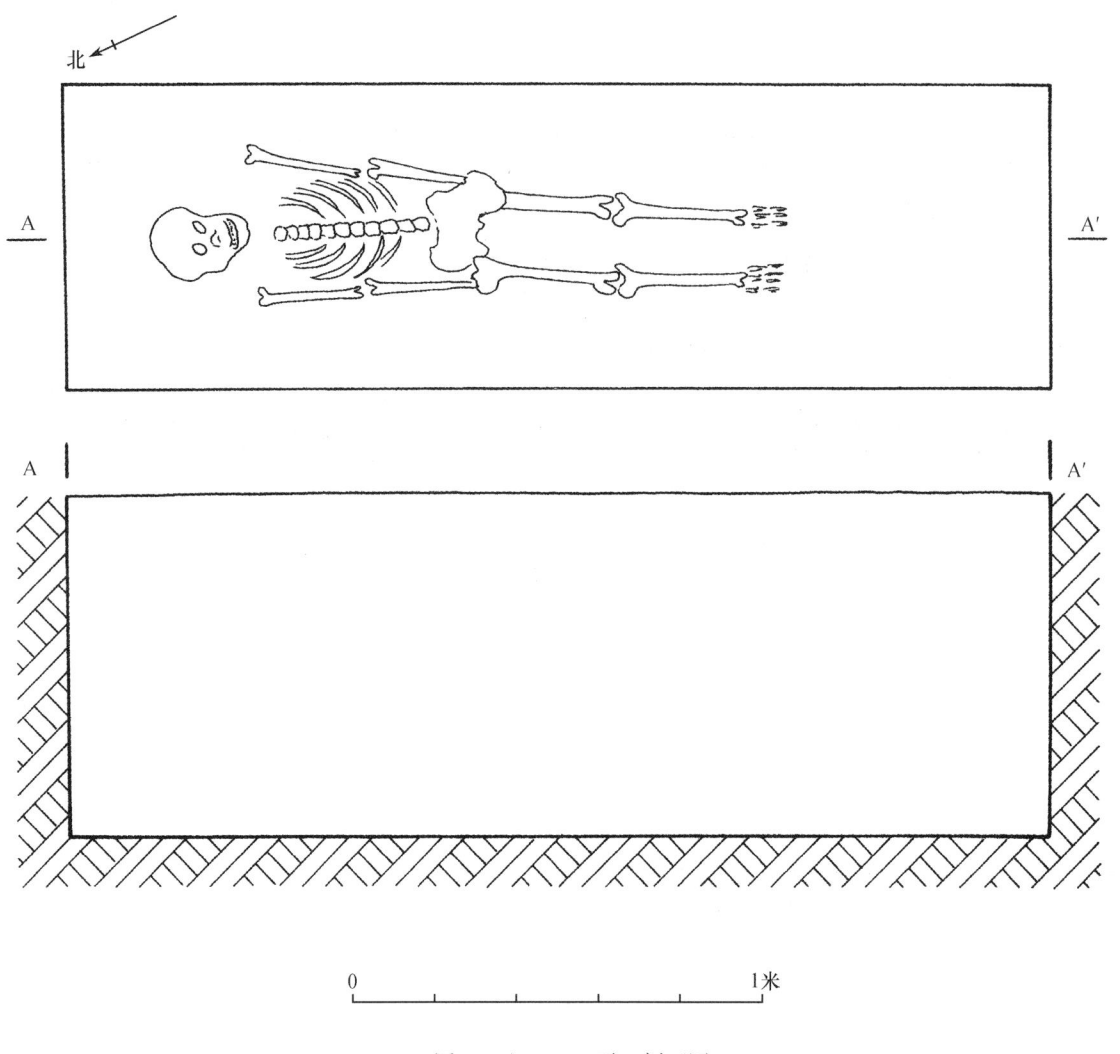

图一四六 M32 平、剖面图

M61 长方形土坑竖穴墓，开口②层下，打破生土，方向70°。墓口距地面深30厘米，墓底距地面深160厘米，墓坑保存较完整，长220厘米，该墓东部稍宽于西部，东壁宽76厘米、南壁宽68厘米。灰白色填土，墓内有人骨1具，头向东，仰身直肢，肩部有板瓦两块，棺木已朽，清理出棺钉7枚（图一四九）。

板瓦 2块。标本M61∶1，青灰色，长20.5、宽18、厚1.2厘米。

M62 长方形土坑竖穴墓，开口②层下，打破生土，方向95°。墓口距地面深80厘米，墓底距地面深132厘米，墓坑长205、宽70厘米，直壁、平底，灰褐色填土内夹少量石灰，墓内有人骨1具，保存较完整，头向东，仰身直肢，头部两边发现两块板瓦，棺木已朽，墓底铺2厘米石灰，发现棺钉3枚（图一五〇）。

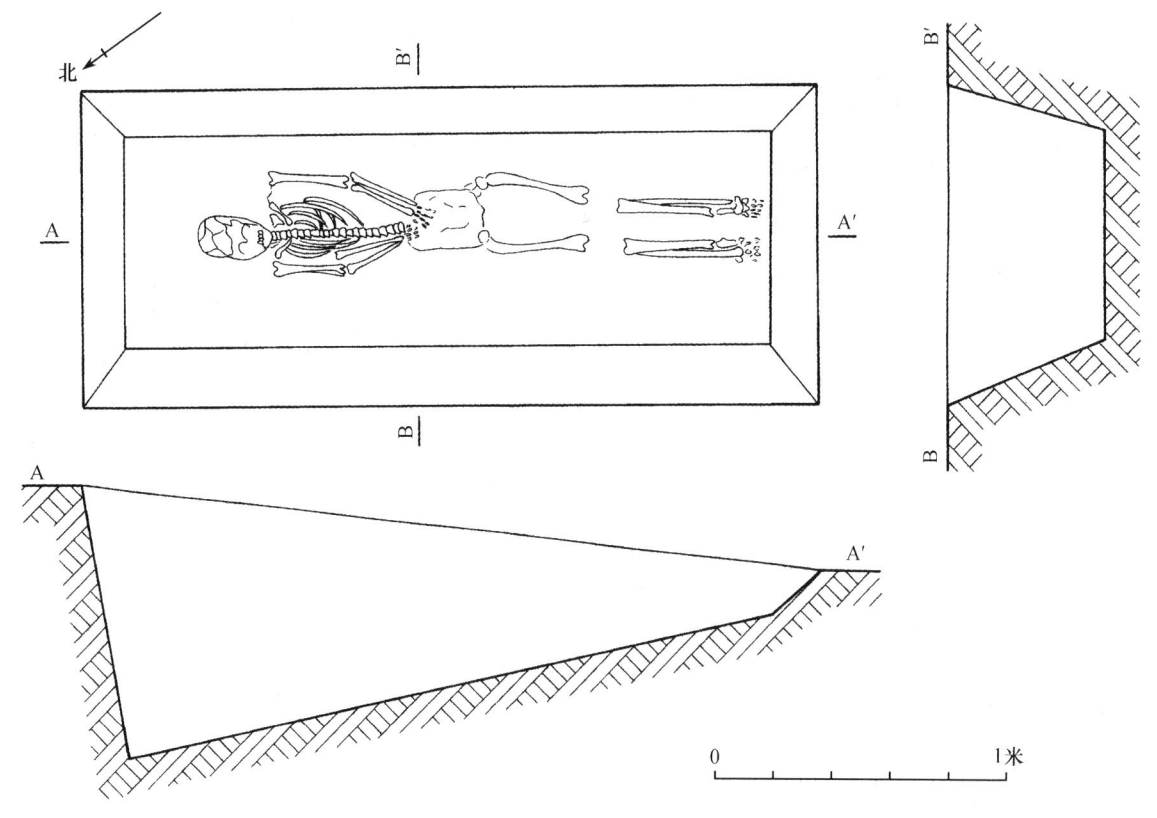

图一四七　M34 平、剖面图

板瓦　2 块。标本 M62:1，青灰色，上宽 19.6、下宽 17、长 18.6、厚 1.2 厘米，凹面有布纹（图一五一，1）。标本 M62:2，上宽 20、下宽 18.5、长 14.5、厚 1.3 厘米，凹面有布纹（图一五一，2）。

M64　长方形土坑竖穴墓，开口②层下，打破生土，方向 90°。墓口距地面深 105 厘米，墓坑基本完整，西南角被破坏，口长 230、宽 96 厘米，底长 215、宽 85 厘米。灰褐色填土，墓内有人骨 1 具，腓骨以下残缺，其他各部位基本保存，头向东，仰身直肢，葬具不明，无随葬品（图一五二）。

M67　长方形土坑竖穴墓，开口①层下，打破生土，方向 105°。开口距地面深 30 厘米，墓坑保存较完整，口长 240、宽 100 厘米，墓底长 230、宽 85 厘米。灰褐色填土夹石灰，清理出人骨 1 具，基本完整，头向东，仰身直肢，棺木已朽，可见棺痕，痕内四周均有石灰包，证明这些石灰包放在棺内，起防潮作用，无随葬品（图一五三；图版二五，1）。

M69　长方形土坑竖穴墓，开口②层下，打破生土，方向 98°。墓口距地面深 75 厘米，墓坑保存较好，墓口呈梯形，东壁小于西壁，口长 190、东壁宽 68、西壁宽 80 厘米，口略大于底。灰黄色填土，墓内有人骨 1 具，头向东，仰身直肢，头部两侧各竖置 1 块板瓦，脚上盖有 4 块，葬具已朽，清理出棺钉 2 枚（图一五四；图版二五，2）。

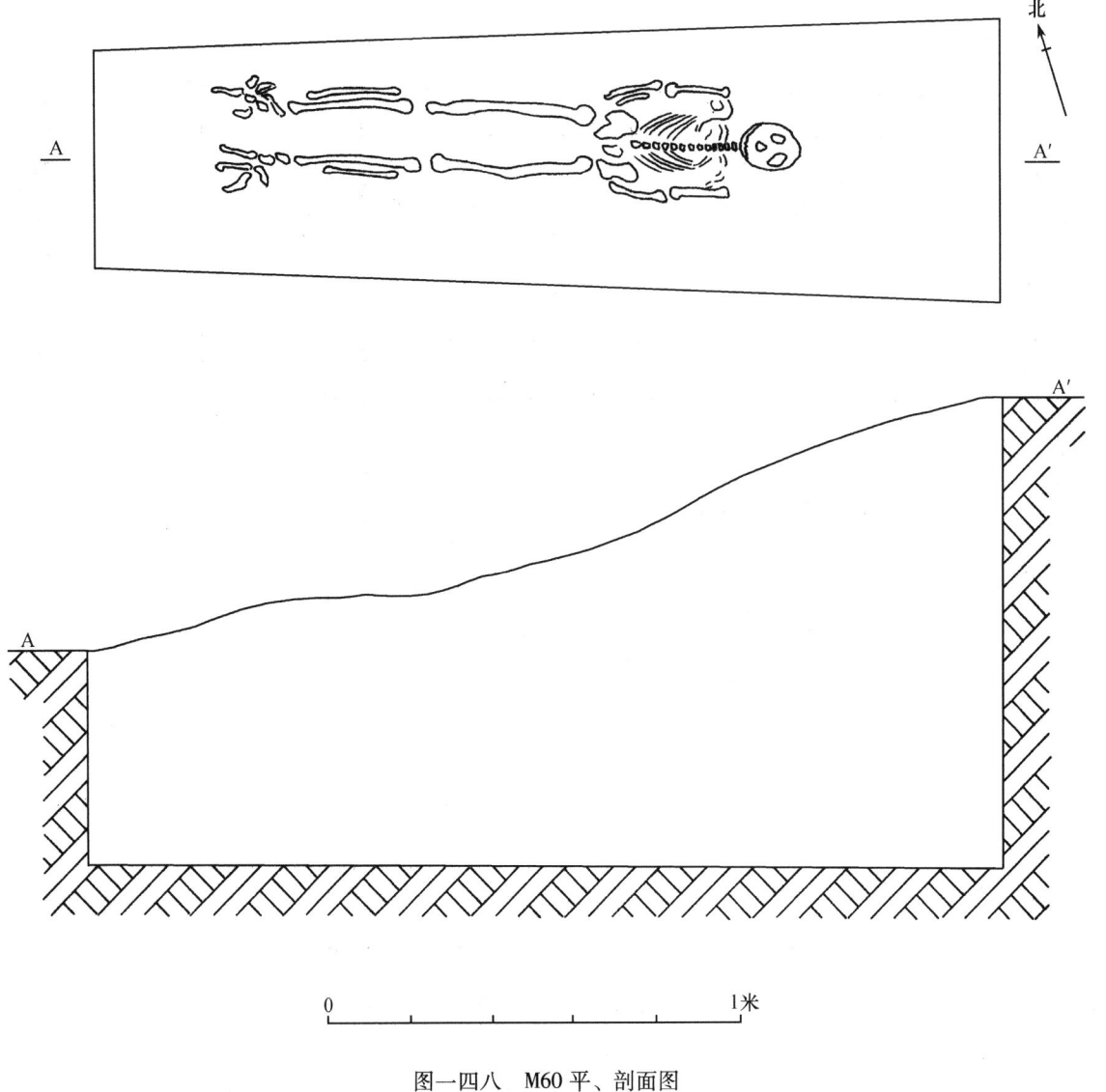

图一四八　M60 平、剖面图

板瓦　6 块。形制基本一致，标本 M69:1，瓦长 23、宽 18、厚 1.4 厘米。

M73　长方形土坑竖穴墓，开口②层下，打破生土，方向 50°。墓口距地面深 70 厘米，墓坑保存较好，口长 190、宽 72 厘米，墓底长 185、宽 70 厘米，灰褐色填土夹少量石灰，墓内有人骨 1 具，基本完整，头向东，仰身直肢，葬具不详，坑底有一层石灰，厚约 2 厘米（图一五五；图版二七，1）。

M74　长方形土坑竖穴墓，开口①层下，打破②层，方向 50°。墓口距地面深 50 厘米，墓坑南部已被破坏，残长 200、宽 56 厘米，填土为灰黑色，较松散。棺木已朽，人骨保存较完整，头向北，下肢骨残缺，仰身直肢，从骨骼分析，墓主为一壮年男性（图一五六）。

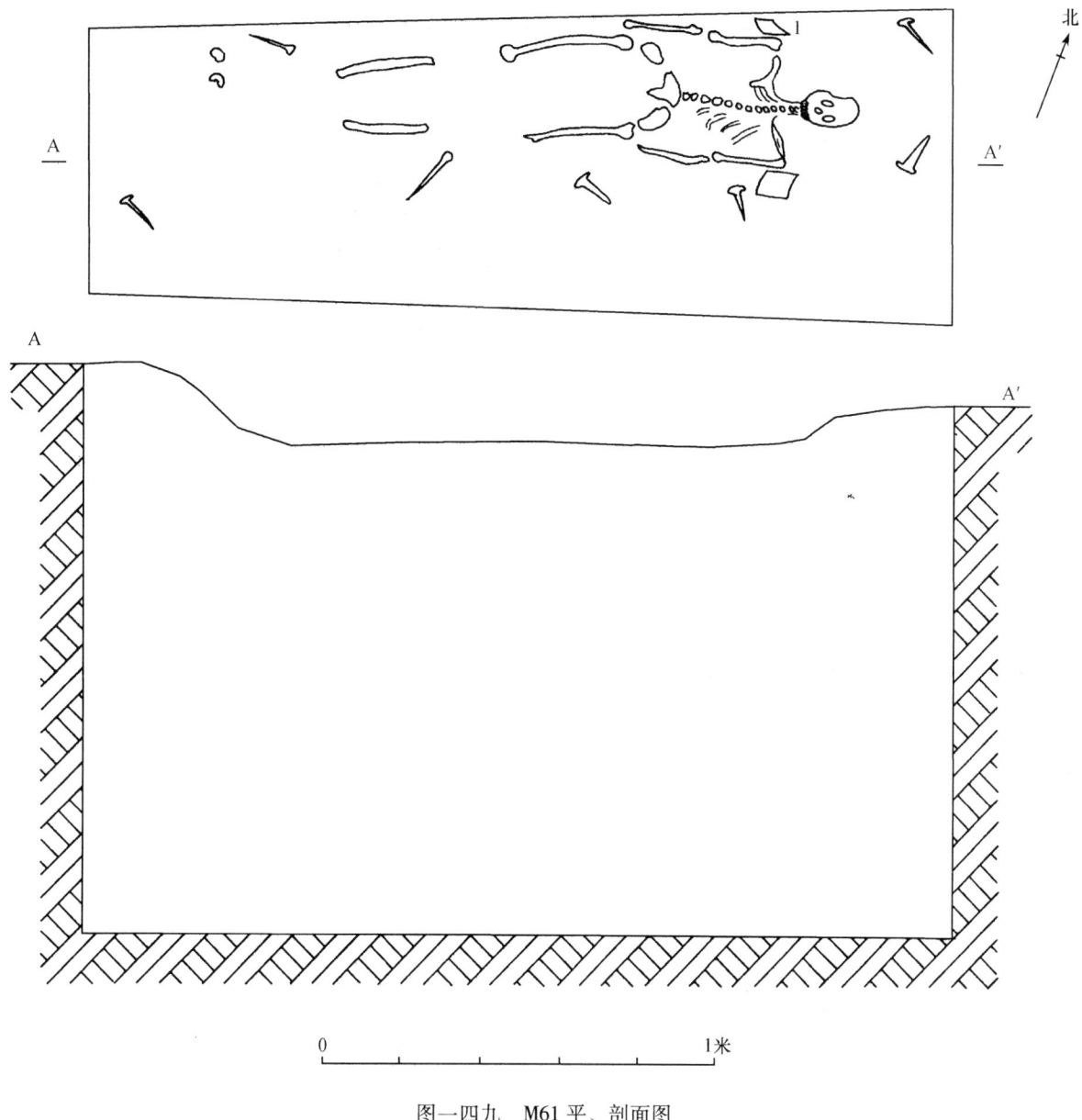

图一四九　M61 平、剖面图

M78　长方形土坑竖穴墓，开口②层下，打破生土，方向97°。墓口距地面深80厘米，墓口南部和西部用大石块围成半圆形，石块经过修整，墓坑保存较好，长200、宽68厘米，墓底略小于墓口。填土为灰黄色，清理出人骨1具，基本完整，头向东，仰身直肢，牙齿磨损程度中等，性别不详，未发现葬具（图一五七；图版二六，1）。

M79　长方形土坑竖穴墓，开口②层下，打破生土，方向103°。墓口距地面深50厘米，其西部用大石块将墓口围成半圆形，石块大小不一，经过修整，墓坑长198、宽80厘米，墓底略小于墓口，填土为灰黄色，墓内清理出人骨1具，保存较好，头向东，仰身直肢，从骨骼的大小和牙齿磨损程度分析为成年男性。未见葬具（图一五八；图版二六，2）。

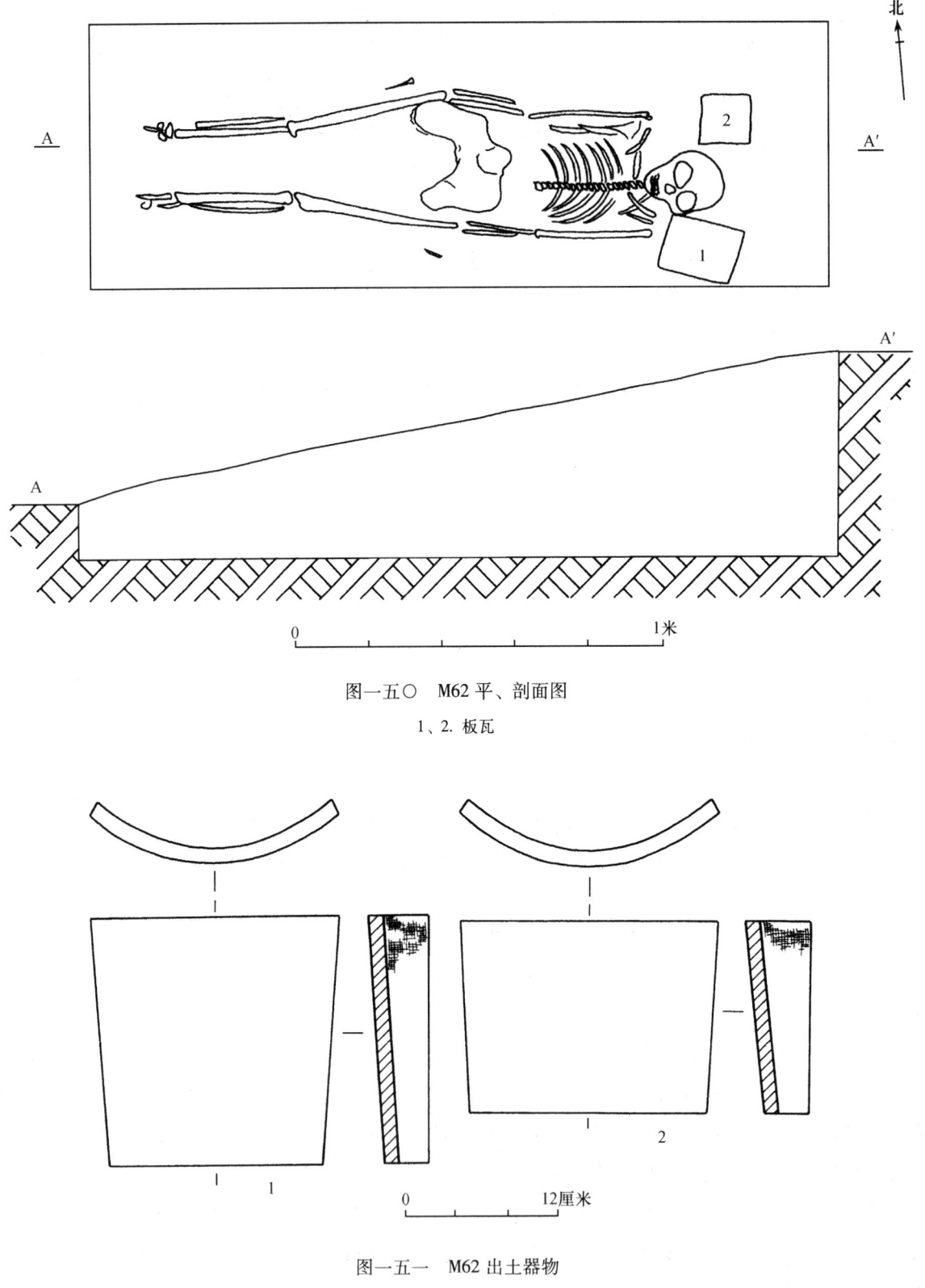

图一五〇　M62 平、剖面图
1、2. 板瓦

图一五一　M62 出土器物
1、2. 板瓦（M62:1、M62:2）

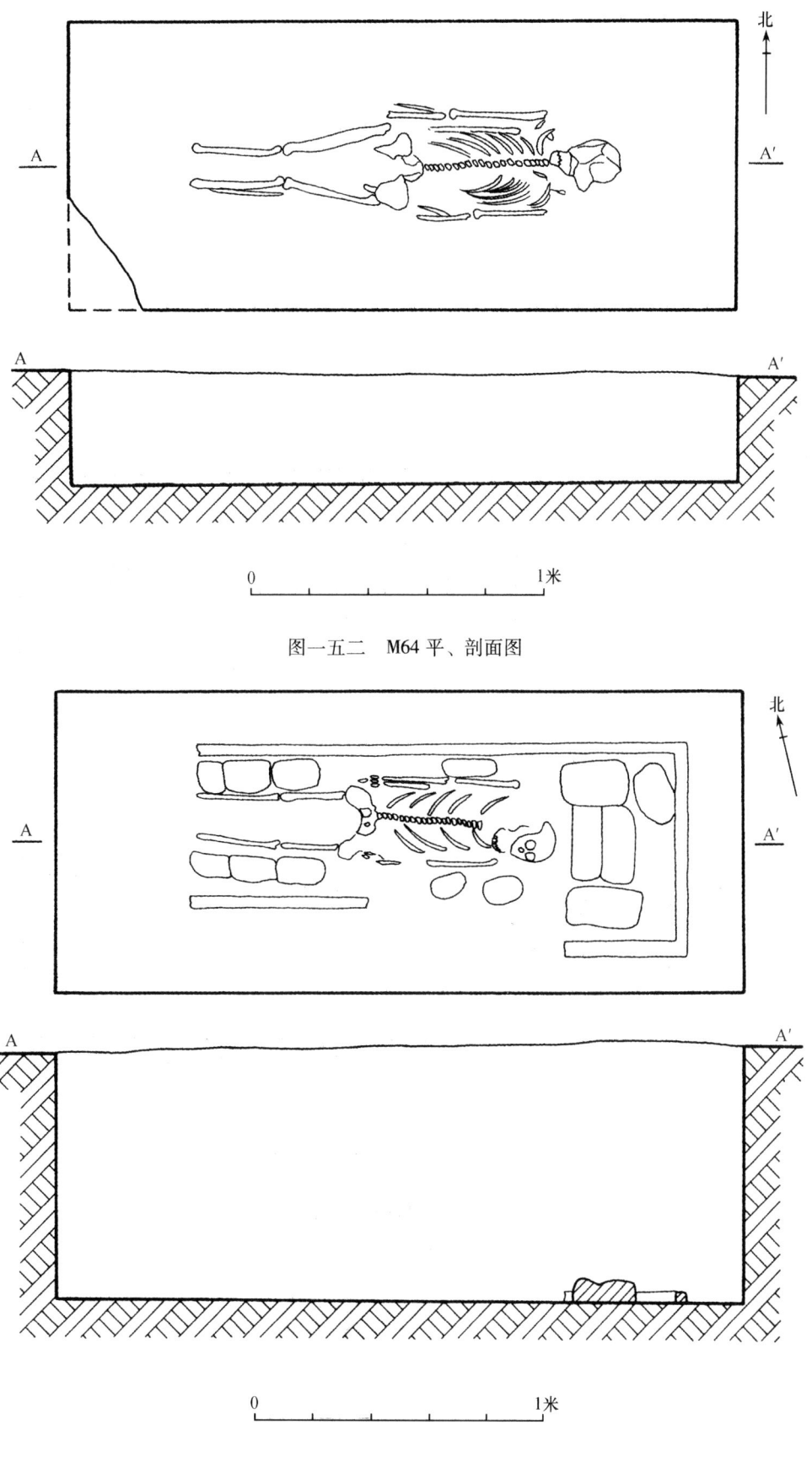

图一五二　M64 平、剖面图

图一五三　M67 平、剖面图

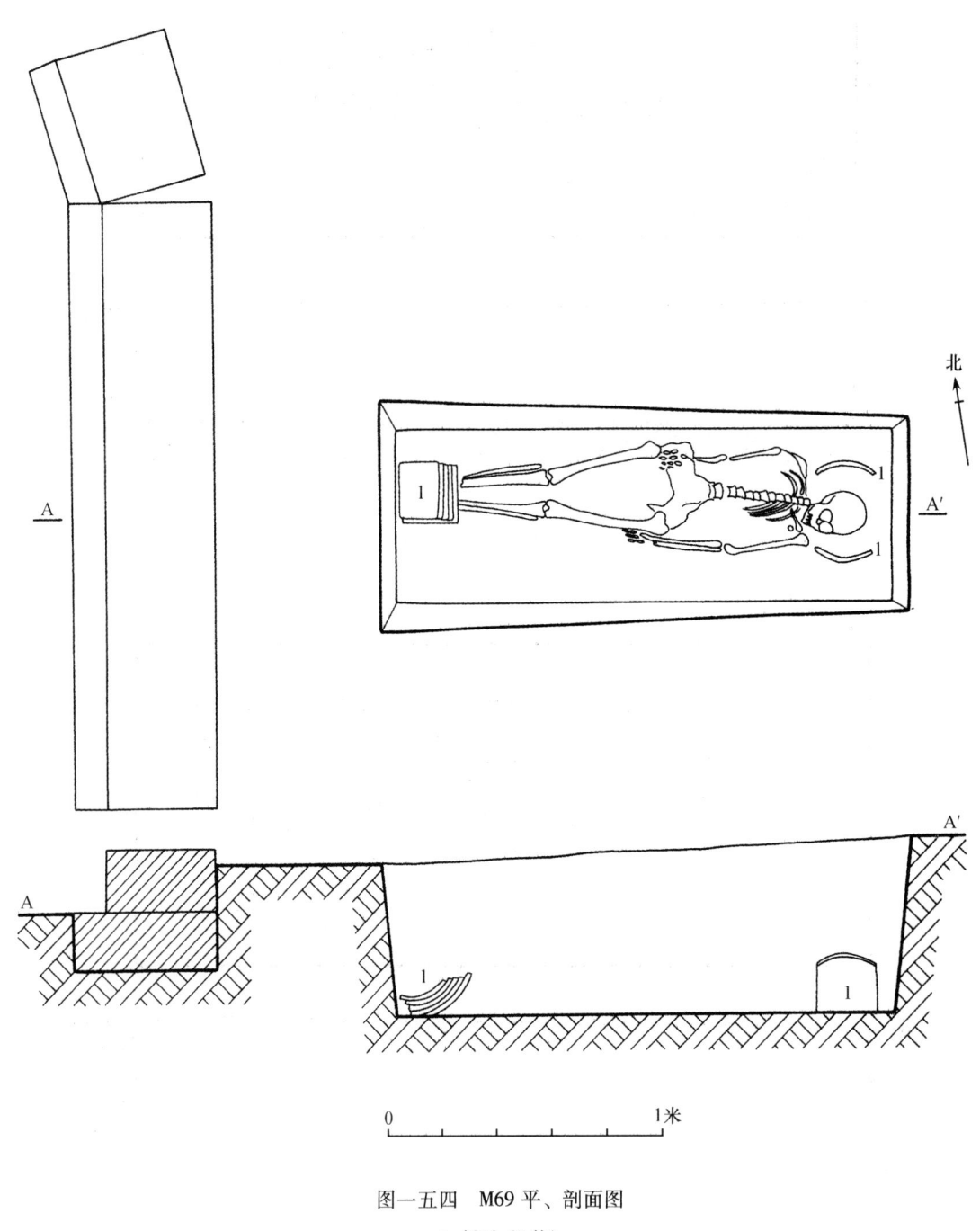

图一五四　M69 平、剖面图
1. 板瓦（6 块）

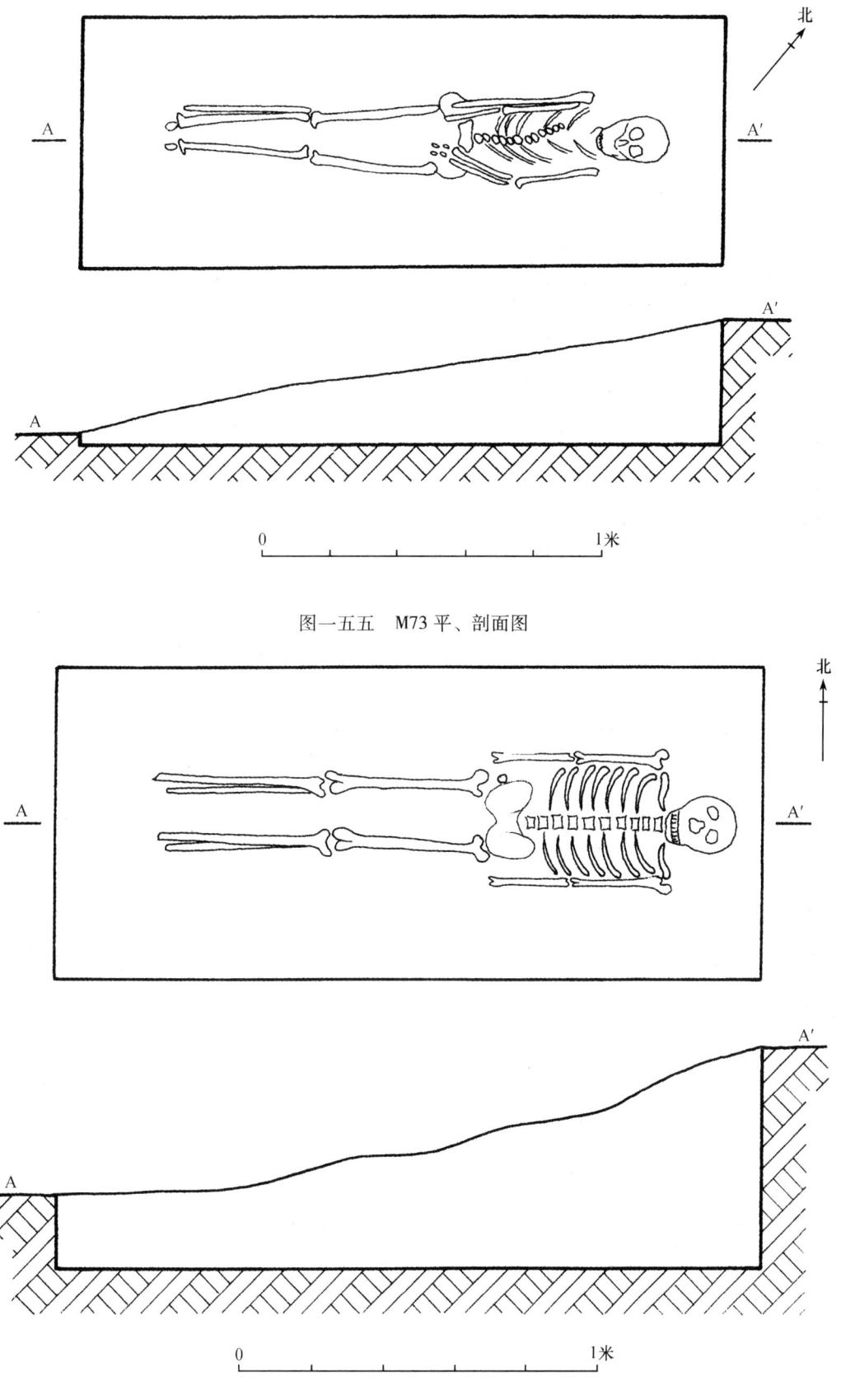

图一五五　M73 平、剖面图

图一五六　M74 平、剖面图

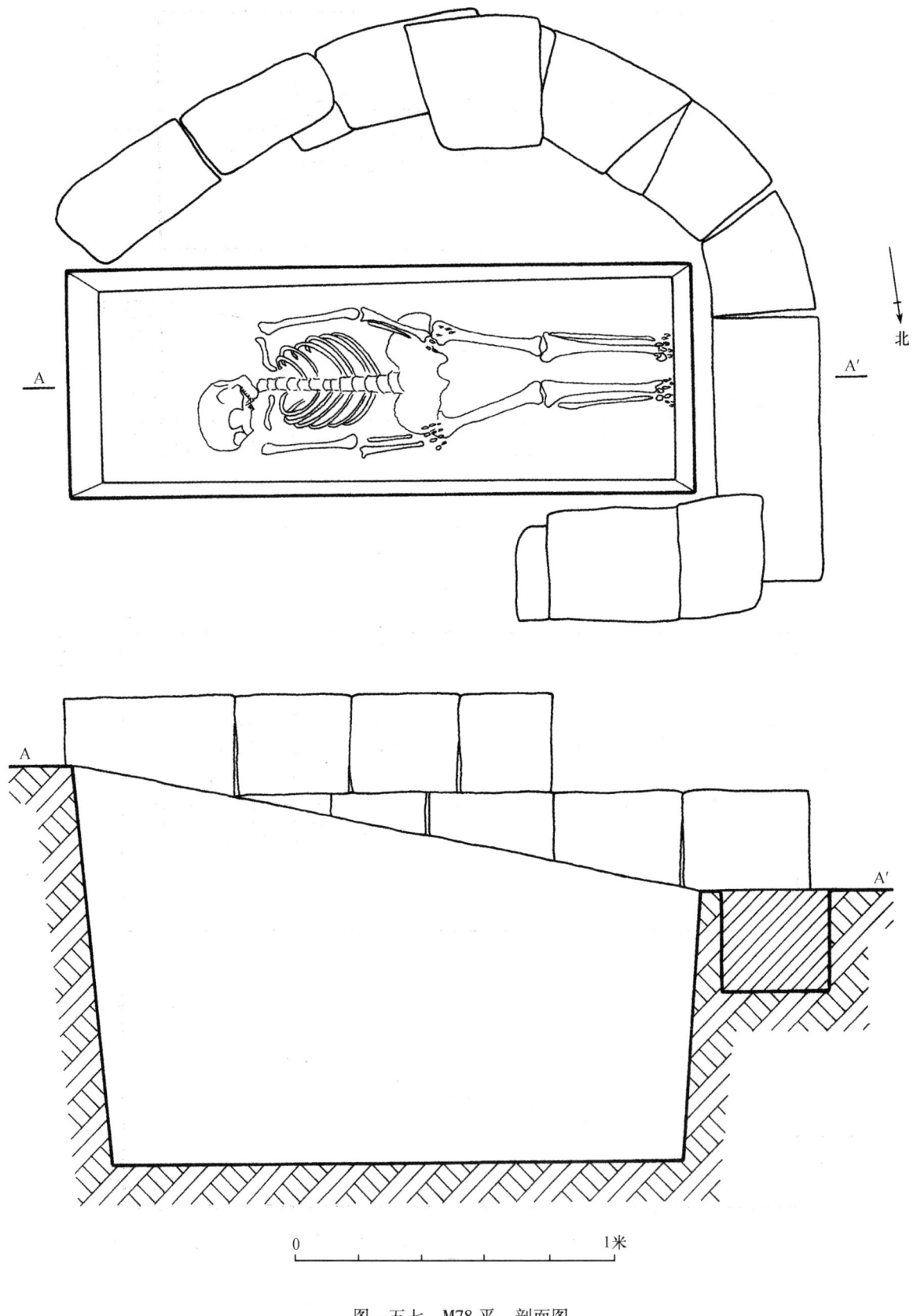

图一五七　M78 平、剖面图

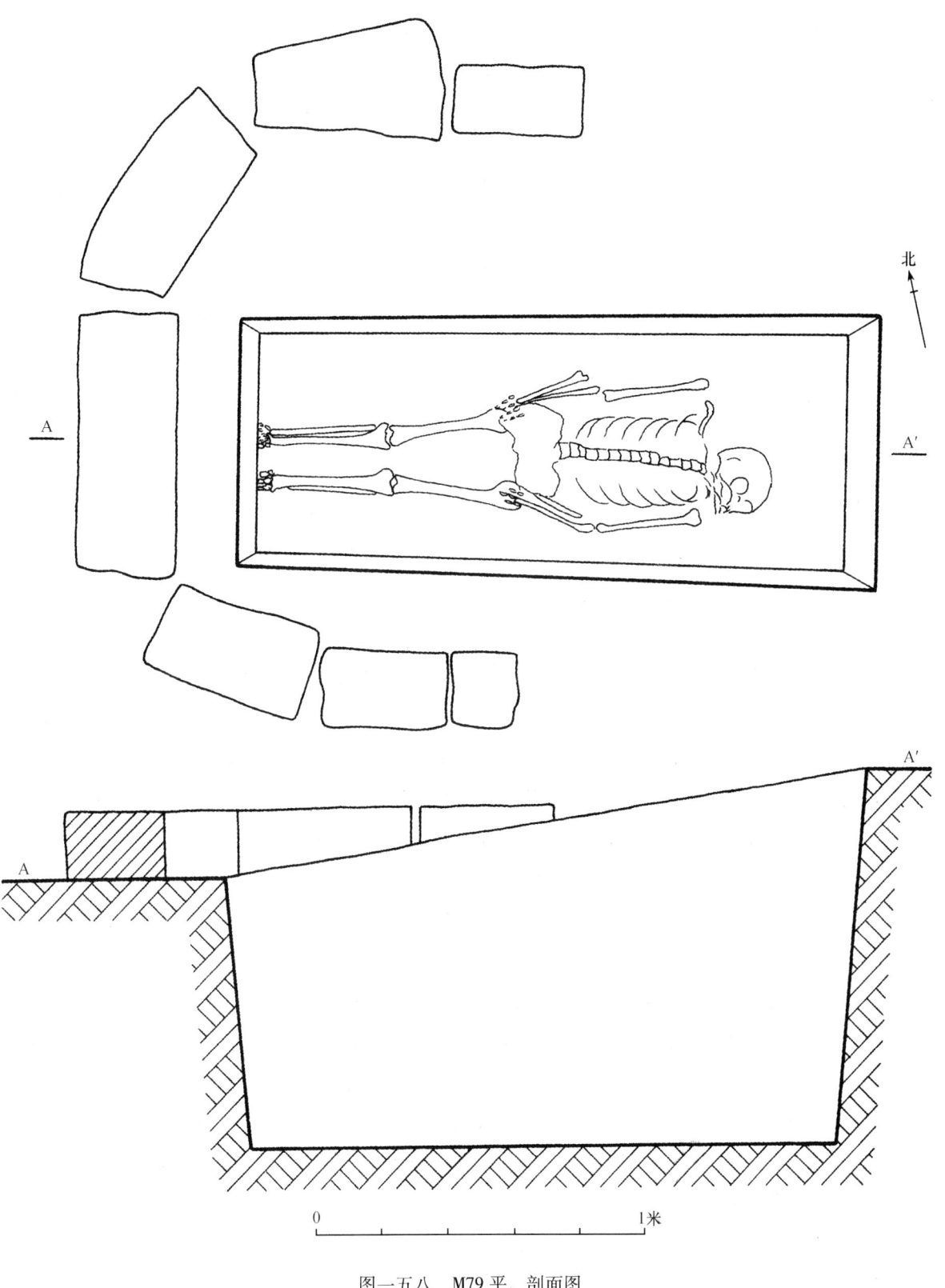

图一五八　M79 平、剖面图

M81 长方形土坑竖穴墓，开口①层下，打破②层，方向105°。墓口距地面深35厘米，墓坑西部已被破坏，残长184、宽90厘米，填土为灰褐色夹石灰，清理出人骨1具，头和上肢保存较完整，下肢残，头向东，仰身直肢，性别不详，未见葬具和随葬品（图一五九）。

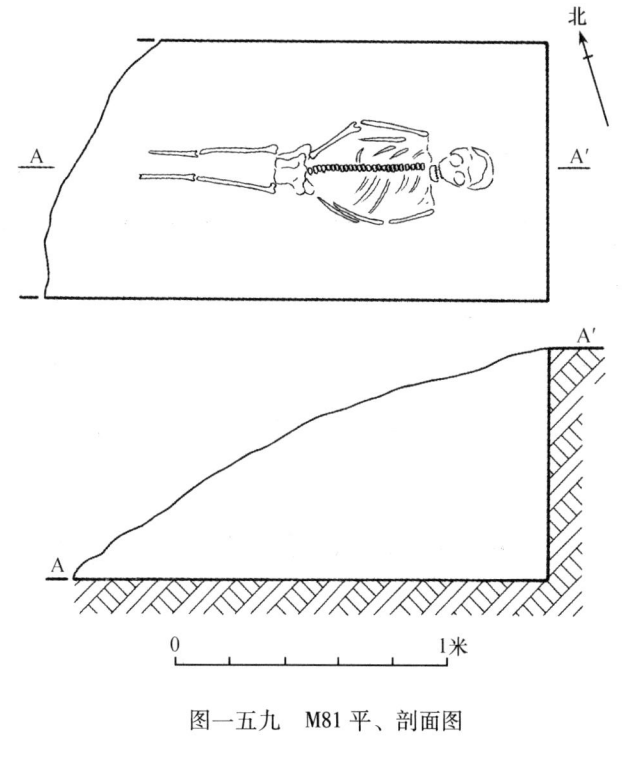

图一五九 M81平、剖面图

M84 长方形土坑竖穴墓，开口②层下，打破生土，方向90°。墓口距地面深30厘米，墓底距地面深164厘米，墓坑保存较好，口长220、宽120厘米，墓底长210、宽115厘米，灰褐色填土夹石灰，墓内人骨基本完整，头向东，仰身直肢。葬具已朽，可见石灰痕迹，无随葬品（图一六○；图版二七，2）。

M86 长方形土坑竖穴墓，开口②层下，打破生土，方向97°。墓口距地面深35厘米，墓坑保存较好，口长216、宽72厘米，底部略小于墓口，长210、宽68厘米。填土为灰褐色花土，人骨保存基本完整，头向东，仰身直肢，头下枕两块板瓦，未见葬具（图一六一）。

板瓦 2块。长20、宽16、厚1.3厘米，素面。

M88 长方形土坑竖穴墓，开口①层下，打破生土，方向90°。墓口距地面深40厘米，墓底距地面深86厘米，墓坑保存较好，口长196、宽70厘米，墓底长190、宽65厘米。填土为灰褐色，墓内人骨和葬具均已腐烂，可见灰白色腐烂痕迹（图一六二）。

M92 长方形土坑竖穴墓，开口①层下，打破生土，方向100°。墓口距地面深40厘米，表面用长条形石块围成圆形，石块经过修整。墓坑保存较好，口长210、宽84厘米；墓底略小于墓口，长200、宽80厘米。填土为灰褐色，墓内有人骨1具，下肢残，头向东，仰身直肢，棺木居墓坑正中，痕迹明显，棺长170、宽40厘米，内铺石灰，厚约2厘米，无随葬品（图一六三）。

M93 长方形土坑竖穴墓，开口①层下，打破生土，方向95°。墓口距地面深20厘米，地面用长条形石块围成半圆形，墓坑保存完整，东壁略宽于西壁，长236、东壁宽110、西壁宽72厘米；墓底略小于墓口，长230、东壁宽105、西壁宽70厘米。墓内有人骨1具，保存较完整，头向东，仰身直肢，可见棺木痕迹，从盆骨及牙齿磨损程度分析，为成年女性（图一六四）。

伍 明清墓葬

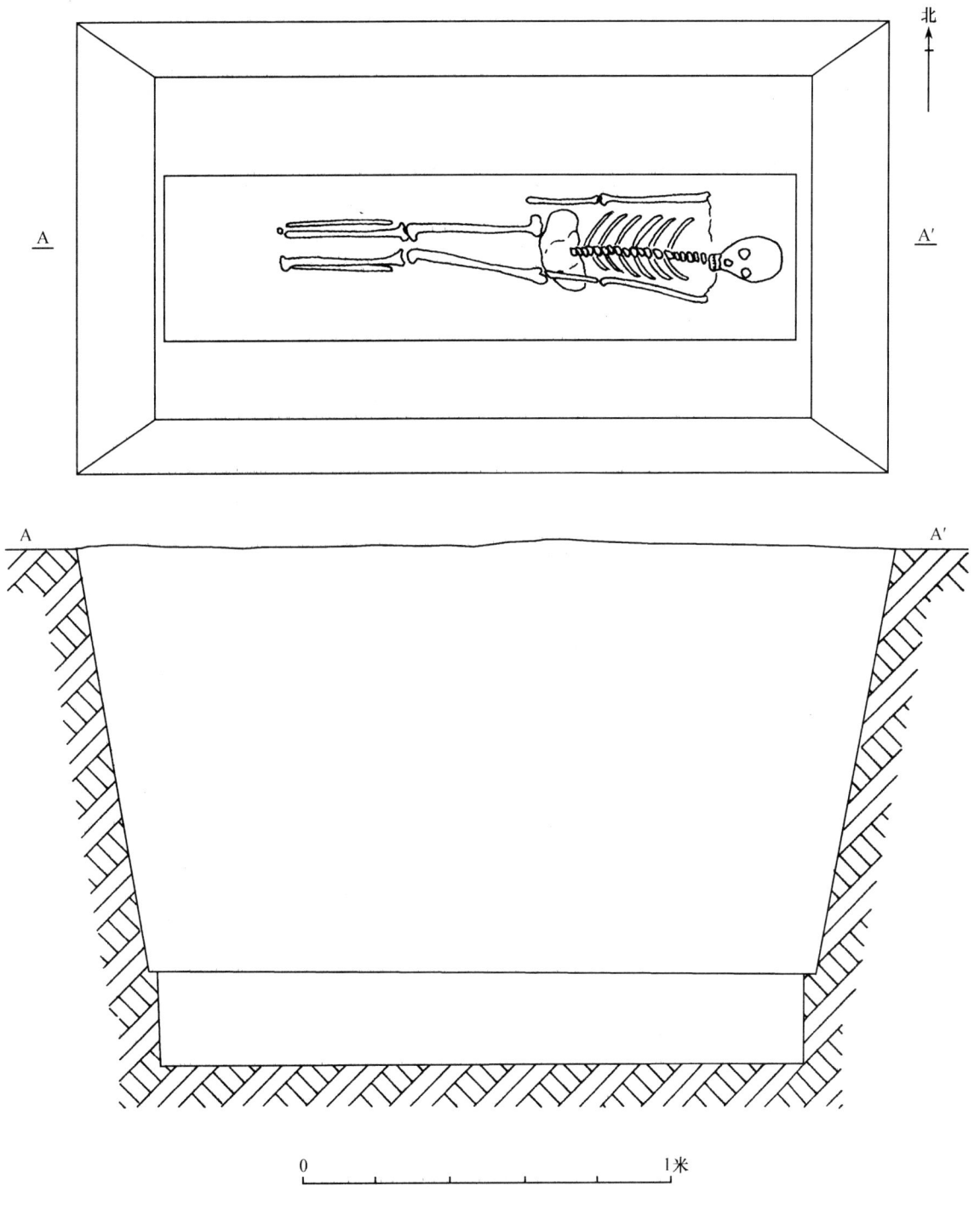

图一六〇　M84 平、剖面图

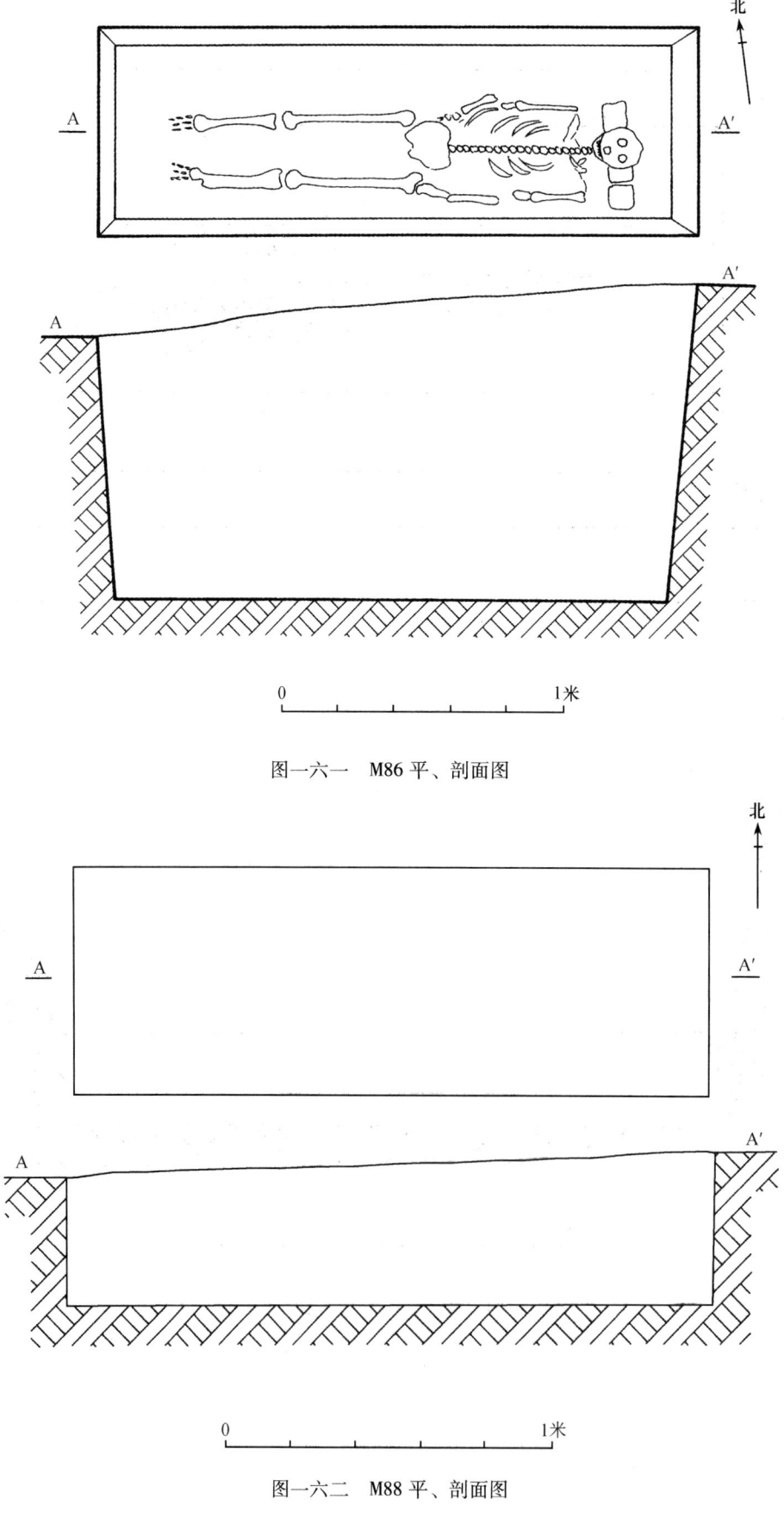

图一六一　M86 平、剖面图

图一六二　M88 平、剖面图

伍 明清墓葬

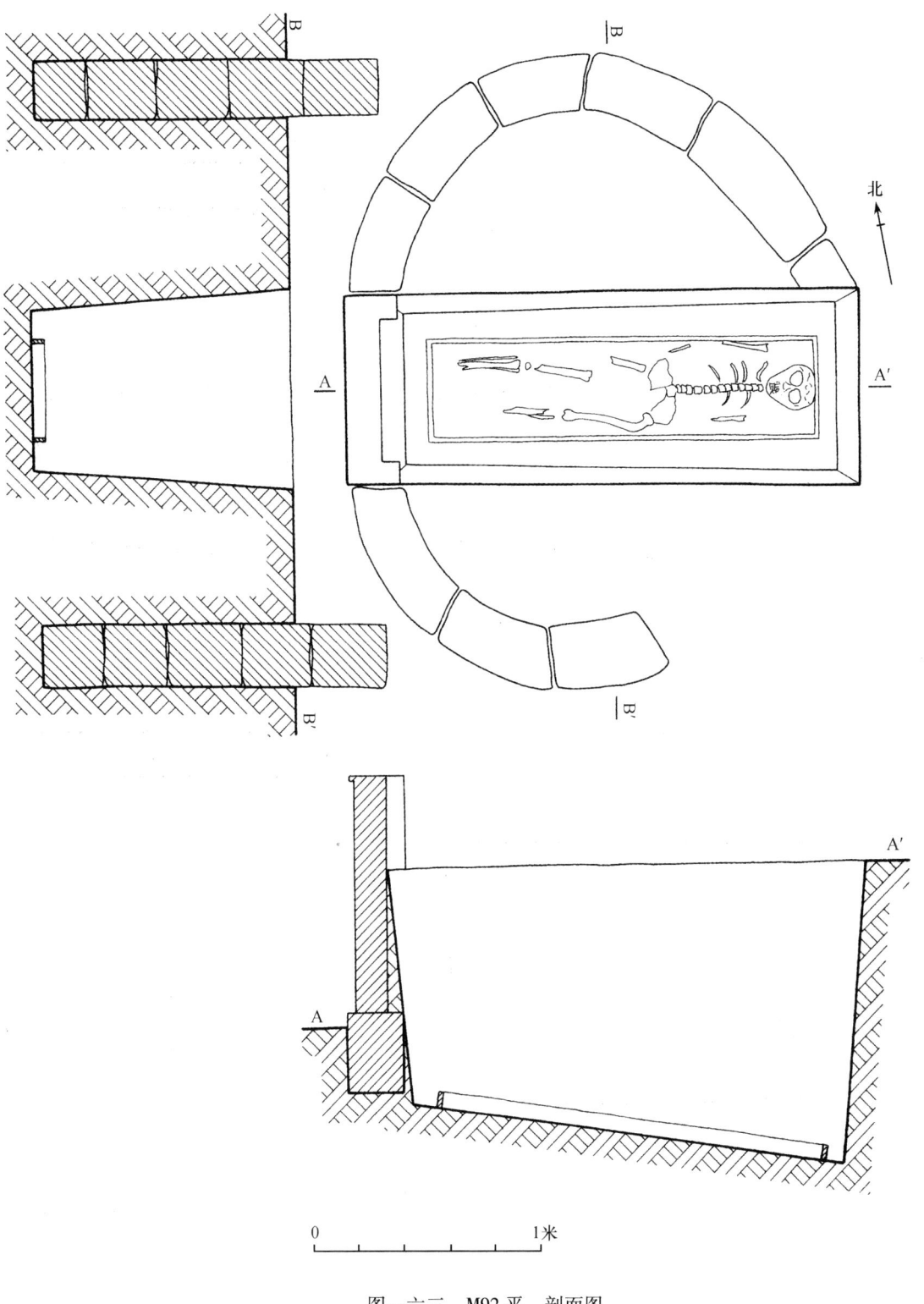

图一六三　M92 平、剖面图

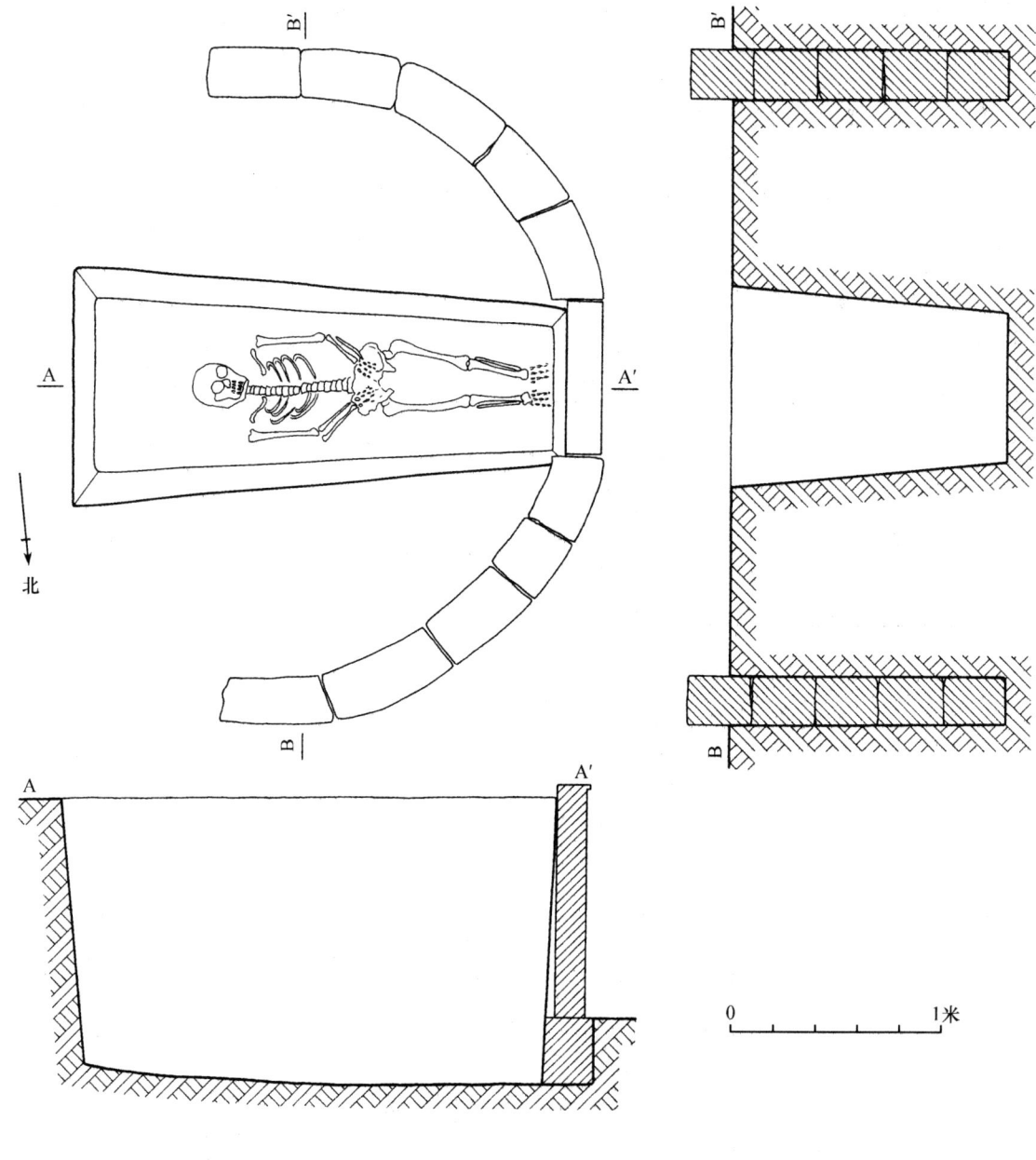

图一六四 M93 平、剖面图

三、小　　结

陶家坡明清时期的墓葬形制较单一，均为土坑竖穴墓，无随葬品，也没有发现有纪年的材料依据，但这 27 座明清墓葬的发掘，使我们了解和认识了秭归一带明清时期的埋葬情况，从这些墓葬中得到如下几点认识。

（1）从墓葬形制和葬式看，陶家坡明清时期的墓葬以长方形土坑竖穴墓为主，有的为梯形，葬式为单人仰身直肢葬，排列无规律，坑长 200~250、宽 60~100 厘米者居多，大多数保存较好。

（2）从埋葬习俗上看，比较简单，不崇尚厚葬，均无随葬品。有部分墓葬用石灰或石灰包放于墓底，起到防潮驱虫的作用。墓葬表面多用石块将封土围成半圆形。

（3）从时代看，M61、M62、M69、M84 在头部两侧放有瓦片，M69 脚上盖有 4 块板瓦，这种埋葬习俗在三峡地区的同时期墓中常有发现。在本发掘区的长江对面的庙坪墓葬中，M19、M18、M11、M28、M35 都用板瓦垫在头下或两边，并伴出有明代纪年契砖和随葬品，所以我们认为这 4 座墓应为明代墓葬。

（4）陶家坡的明清墓葬均为土坑竖穴墓，规模不大，等级较低，为一般平民墓，反应了下层人们的生活情况和埋葬习俗，为我们了解三峡地区明清时期的历史提供了不可多得的资料。

陆　结　语

长江三峡是世人瞩目的最美丽的自然景观之一，山峰挺拔峻峭、层峦叠嶂，河流曲曲弯弯，支叉密布，独具特色的自然景色让多少古今游人流连忘返。山水辉映，气候温暖的自然条件，孕育了中华民族古代文明。三峡，不仅以优美险峻的自然景观享誉海内外，其丰富多彩的文化内含也越来越受世人瞩目。

1960年前后，国家计划建设三峡水库，通过调查摸底，在湖北境内发现的古代文化遗存有几十处，其中秭归就有二十余处，开始引起考古工作者的注意。80年代，为配合葛洲坝水利工程，文物部门对三峡地区发现的重要遗址进行了发掘，主要遗址有秭归鲢鱼山、朝天嘴、官庄坪、柳林溪，宜昌中宝岛、白庙、杨家湾、三斗坪、伍相庙等。通过对这些遗址的发掘，初步认识了这一地区新石期时代—唐宋时期的文化发展序列。

90年代初，长江三峡水利枢纽工程开始兴建，文物部门及时对175米水位线以下的区域及迁建区进行了深入细致的普查、复查和勘探工作，在秭归县确认的文物点有102处。根据地上地下文物的具体情况，制订了详细的保护或发掘计划，对一些重要遗址和墓葬进行了大规模发掘，陶家坡就是其中一个重点项目。经过几十年的努力，三峡地区古代文化面貌基本清晰，巫山以东的先秦文化序列已基本完善，从城背溪文化、大溪文化、屈家岭文化、石家河文化到楚文化的发展序列已被确认。三峡作为长江中游与西南两大传统文化区的中间环节，其地理位置更显重要，在新石器时代以前，这里主要受长江中游新石器文化的影响，夏商时期主要受西南传统文化三星堆文化的影响，西周中晚期以后，主要受楚文化的影响，这些不同区域、不同文化因素的影响，正说明三峡地理位置的重要性。

陶家坡墓地的发掘经历了四年，这里虽然没有早期人类生活的遗址和墓葬，但所发掘的墓葬时代为东汉—明清时期，近两千年时间，其墓葬形制多种多样，埋葬习俗也随着时间的推移而不同。从这里我们可以窥见秭归一带近两千年的埋葬习俗和风格，从墓葬中丰富三峡地区古代环境、人地关系、人群迁徙、生产劳作、贸易往来、经济生活等方面的实际内容，从而深化了我们对三峡地区古代文化复杂性和多元性的认识。

彩版一

1. 陶家坡墓地全景（由东南向西北）

2. 陶家坡墓地Ⅲ区发掘现场（由南向北）

陶家坡墓地

彩版二

1. 铜钱（M3）

2. 瓷罐（M90∶1）

汉代器物

1. M15（由东向西）

2. M82（由北向南）

六朝墓葬

彩版四

1. 博山炉（M82∶3）

2. 熏炉（M63∶6）

3. 四系罐（M46∶1）

4. 盘口壶（M76∶7）

六朝瓷器

彩版五

1. 瓷盘（M76∶5）

2. 瓷碗（M76∶6）

3. 辟邪（M30∶4）

4. 骨哨（M37∶4）

六朝器物

彩版六

1. 料珠（M30∶6）

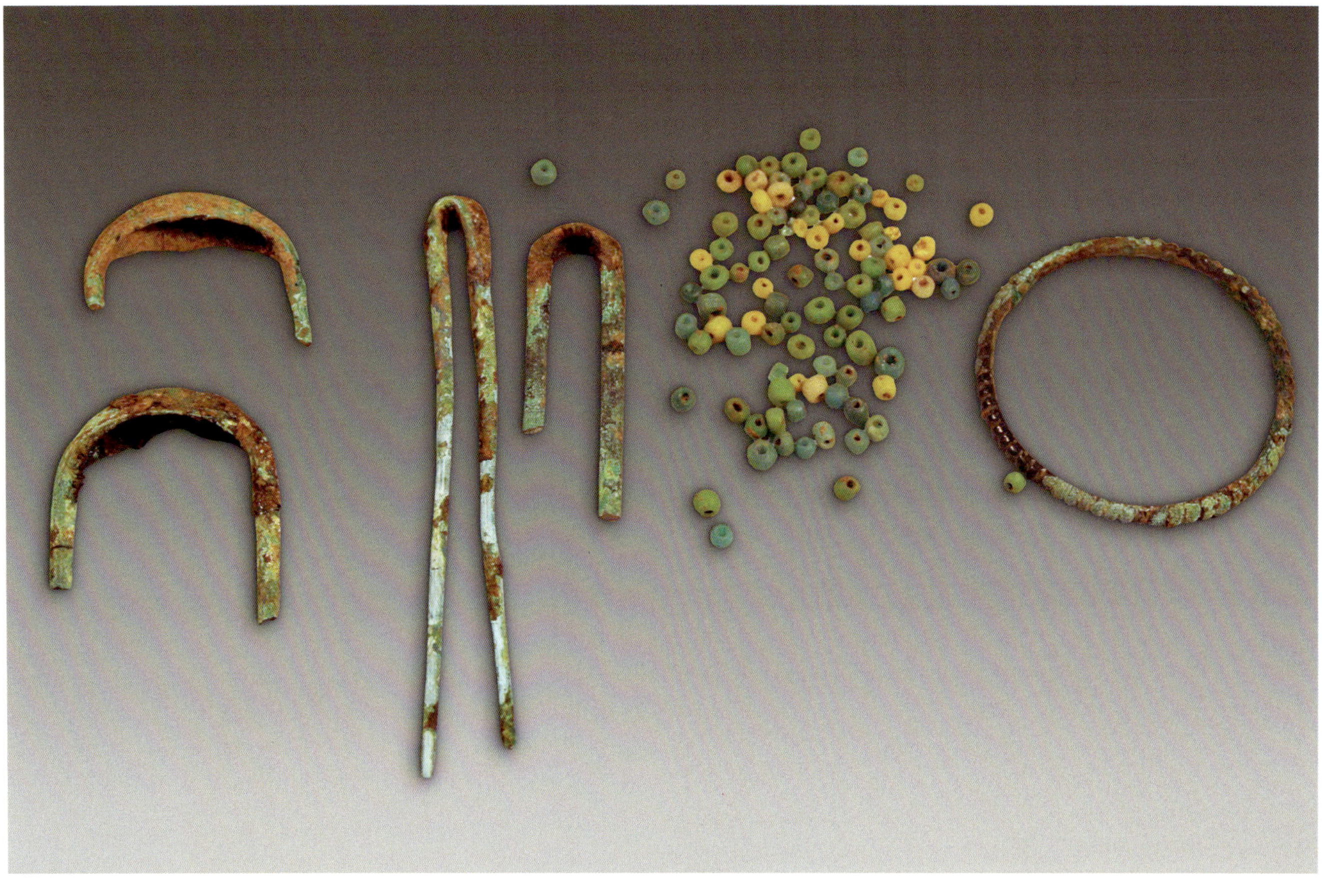

2. 料珠、铜钗、铜环（M15）

六朝饰件

彩版七

1. 执壶（M17∶6（M38∶06））

2. 双耳罐（M17∶2（M38∶02））

3. 执壶（M17∶5（M38∶05））

唐宋瓷器

彩版八

1. 瓷盘口壶（M7∶9）

2. 瓷碗（M45∶1）

3. 铜镜（M23∶1）

4. 瓷粉盒（M54∶1）

唐宋器物

图版一

1. M4墓室（由南向北）

2. M4清理现场（由南向北）

汉代墓葬

图版二

1. M89（由南向北）

2. M90（由西南向东北）

汉代墓葬

图版三

1. M91（由南向北）

2. M91（石雕）

汉代墓葬

图版四

1. 瓷盘口壶（M4:7）

2. 瓷罐（M4:4）

3. 瓷罐（M4:3）

4. 瓷罐（M90:1）

5. 瓷盏（M91:1）

6. 铁器（M90:2）

汉代器物

图版五

1. M35（由东北向西南）

2. M38（由西向东）

六朝墓葬

图版六

1. M47（由西南向东北）

2. M72（由北向南）

六朝墓葬

1. M63（由西向东）

2. M76（由西向东）

六朝墓葬

图版八

1. M75（由西向东）

2. M65（由西南向东北）

六朝墓葬

1. M30发掘前（由西向东）

2. M30墓室（由东向西）

六朝墓葬

图版一〇

1. M82

2. M66

六朝墓砖

图版一一

1. 盘口壶（M42:3）

2. 盘口壶（M39:5）

3. 盘口壶（M66:2）

4. 盘口壶（M76:1）

5. 盘口壶（M37:1）

6. 四系罐（M75:1）

六朝瓷器

图版一二

1. 灯（M39:1）

2. 罐（M66:3）

3. 盘（M39:3）

4. 盘（M66:6）

5. 盘（M39:2）

6. 碗（M42:2、M42:5、M42:6、M42:10）

六朝瓷器

图版一三

1. M38∶4

2. M38∶2

3. M38∶3

4. M66∶5

5. M15∶1

6. M42∶2

六朝瓷碗

图版一四

1. M82器物组合：滑石猪、瓷博山炉、瓷三足盘

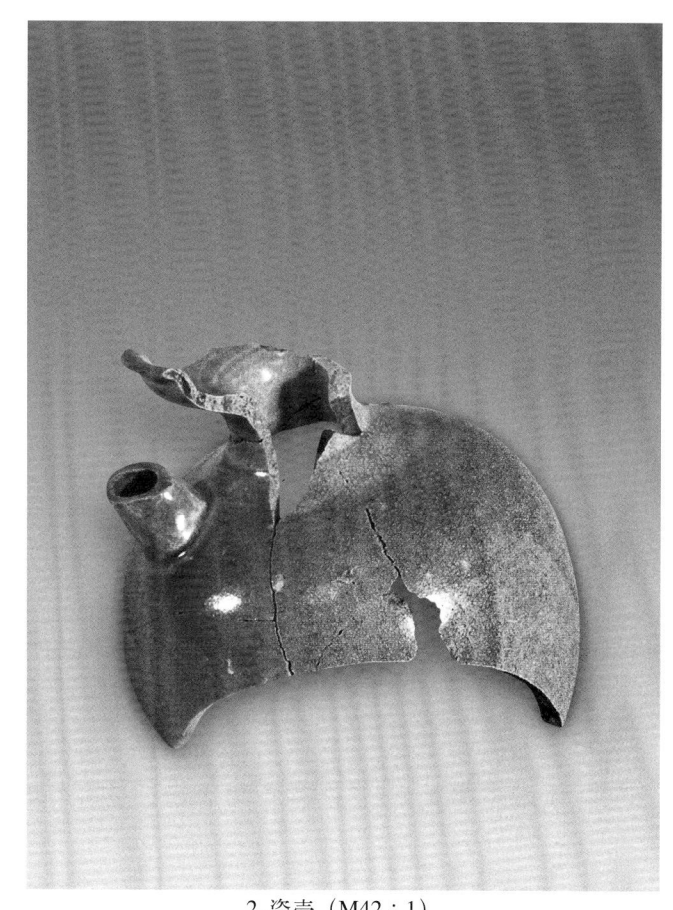

2. 瓷壶（M42：1）

3. 马头（M15：8）

4. 瓦当（M37：3）

六朝器物

1. M7清理现场（由东向西）

2. M7（由西向东）

图版一六

1. M20（由西南向东北）

2. M22（由西南向东北）

唐宋墓葬

图版一七

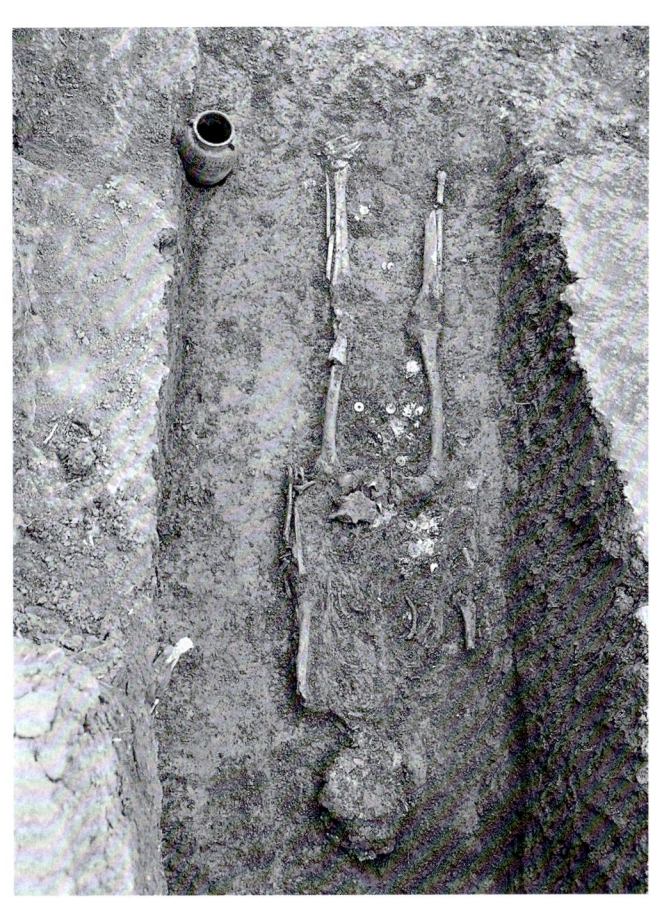

1. M26（由北向南）

2. M27（由西南向东北）

唐宋墓葬

图版一八

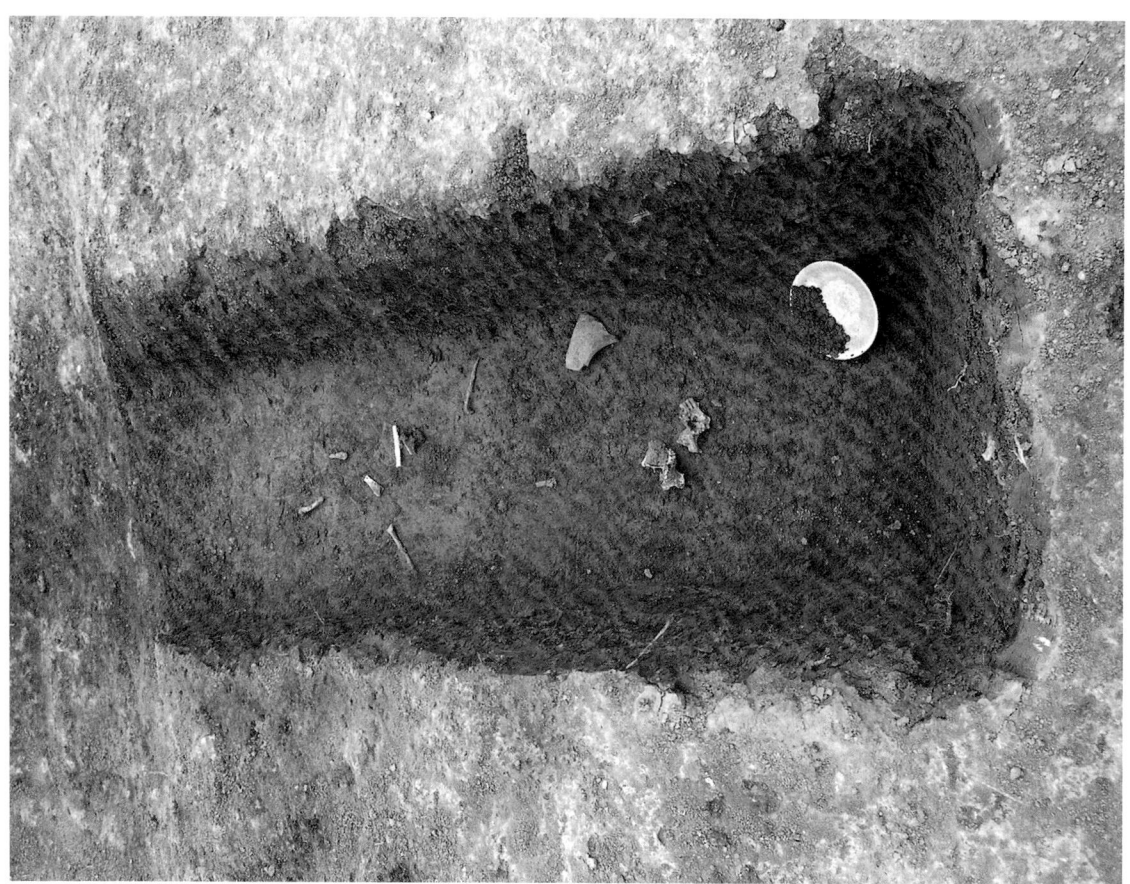

1. M68（由西向东）

2. M85（由东向西）

唐宋墓葬

图版一九

1. M7∶1

2. M18∶1

3. M17∶1 (M38∶01)

4. M17∶3 (M38∶03)

5. M26∶2

6. M40∶1

唐宋瓷罐

图版二〇

1. M17:2 (M38:02)

2. M41:1

3. M55:2

4. M17:8 (M38:08)

5. M20:1

6. M27:2

唐宋瓷罐

图版二一

1. 罐（M29∶2）

2. 罐（M71∶1）

3. 罐（M58∶2）

4. 罐（M24∶1）

5. 罐（M80∶3）

6. 碗（M44∶3）

唐宋瓷器

图版二二

1. 碗（M44:1）

2. 碗（M7:5）

3. 盏（M53:1、M53:2）

4. 钵（M7:10）

唐宋瓷器

图版二三

1. 碗（M55∶1）

2. 碗（M44∶2）

3. 碗（M70∶1）

4. 碗（M80∶2）

5. 盏（M29∶3）

6. 盏（M27∶3）

唐宋瓷器

图版二四

1. 瓷盏（M51∶1）

2. 瓷盘（M85∶1）

3. 瓷粉盒（M54∶1）

4. 铜镜（M7∶4）

唐宋器物

图版二五

1. M67（由北向南）

2. M69（由西向东）

明清墓葬

图版二六

1. M78（由西向东）

2. M79（由东向西）

明清墓葬

图版二七

1. M73（由东南向西北）

2. M84（由西向东）

明清墓葬

(K-1477.0101)

ISBN 978-7-03-029272-8